エリック・バーン
心理療法としての交流分析

その基本理論の誕生と発展

著

エリック・バーン

監訳

繁田千恵

訳

丸茂ひろみ　　三浦理恵

星和書店

Transactional Analysis In Psychotherapy

The Pioneering Work that
Is the Foundation
of All Transactional Analysis

by

Eric Berne

Translated from English
by
Chie Shigeta
Hiromi Marumo
Rie Miura

医学博士であり，外科のマスター。
そして貧しき人々の医者であった
私の父，デイビッドを追悼して。

　　　カナダ　モントリオール，1882-1921

監訳者まえがき

"Transactional Analysis in Psychotherapy" は 1961 年，エリック・バーンが 51 歳の時に交流分析（Transactional Analysis：TA）の本として初めて出版されたものです。バーンの略歴にも書かれていますが，彼はカナダ・ケベック州モントリオールで 1910 年に生まれました。その地で育ち，モントリオールにあるマギール大学医学部を卒業し，その後まもなくアメリカに移住，1936 年には市民権を得て，苗字も Bernstein から Berne に変えています。渡米直後ニュージャージーの病院で，内科のインターンとして病院で働きましたが，すぐにエール大学医学部の精神医学・精神衛生学部に行き 2 年を過ごしています。その後，個人での診療と病院で働く傍ら精神分析医資格を目指し，ポール・フェダーン（オーストリアからアメリカに移住，フロイトの直弟子で自我心理学の大御所）に精神分析医になるため教育分析を受けながら，臨床と研究を行っていました。太平洋戦争のため軍隊に召集され，1943 年から 46 年までは陸軍軍医として「選抜チーム」という召集された新兵の適性を判断する仕事に従事しました。ここでバーンは，後々彼の主題の一つである「直感」を養ったのです。彼の直感に関する 6 本の論文は，このときの経験が基になっていると言われています。太平洋戦争終結後，ニューヨークからカリフォルニア州カーメルに住まいを変え，サンフランシスコとカーメルの両方で病院や研究所に勤務し，個人としても精神科の開業医として仕事をしています。精神科医としてのバーンは精神分析をバックアップ理論として臨床を行ってきて，この時代も精神分析医の資格取得を目指し，サンフランシスコで開業をしていたエリック・エリクソン（発達の 8 段階理論を作った著名な精神科医）の教育分析を受けています。しかしその間にも，バーンは精神分析に関する様々な問題点を取り上げ，論文を書き，講演をして，新たな彼の考えを

交流分析という理論に形作っていきました。1956 年にサンフランシスコ精神分析協会に精神分析医としての資格申請をしましたが,「もう数年の実践と教育分析が必要」と申請は却下されました。サンフランシスコ精神分析協会の大御所たちは,彼の精神分析に対する批判的な態度や行動を苦々しく思っていたのでしょう。そこで彼は自分の臨床経験から観察を通して得た,独自の「自我状態の構造理論」を作り上げ,精神分析から決別して交流分析という新しい理論を作り上げたのです。

"Transactional Analysis in Psychotherapy" はバーンが初めて「交流分析」を世に問うための第一歩として書かれました。この本は,精神科病棟での治療グループや,個人治療の中で患者さんと共にした経験とそれらの観察から生まれた人間の心の構造に関するバーン独自の理論です。交流分析と言えば理論の 4 つの柱,自我状態分析・やり取り(交流)分析・ゲーム分析・脚本分析の 4 理論を中心に展開されていると TA を勉強されている方は考えられると思います。しかしこの最初の本は,医療や,公衆衛生の機関で行われた治療グループにおいて患者さんと共に過ごして,その直接の観察から生まれた理論で,その中心は,各個人の精神世界がどのように形造られているかに焦点を当てた構造分析です。そしてこのような精神構造を持っている患者さんや医師をはじめ,その人たちが周りの他者(家族を含め)とどのようにやり取りするのかという観察と報告から作り上げたものです。

この本は TA の本としては,生まれたて,よちよち歩きの理論ともいえるでしょう。それだけに率直で,ストレート,飾り気のない TA の本質があります。

その後 63 年に "The Structure and Dynamics of Organizations and Groups", 64 年には "Games People Play", 66 年 "Principles of Group Treatment", 1970 年 "Sex of Human Loving", 72 年 "What Do You Say After You Say Hello"(これはバーンの没後,書き残した原稿を編集したもの)の合計 6 冊の本が出版されています。日本では 2018 年にバーンの

TA の著書としては最後の 6 冊目の本 "What Do You Say After You Say Hello" が『エリック・バーン　人生脚本のすべて』という日本語のタイトルで出版されています。今回，"Transactional Analysis in Psychotherapy" という第 1 作目の本が出版されますが，少し順序が逆になりました。正直に言いますと，私は 10 年以上前から，この本の翻訳を志し仲間で勉強会を開いて読み進めてきていたのですが，10 年かかっても 3 分の 2 までも行かず，翻訳出版とはほど遠くなっていました。この講読会はコロナ禍で現在中断していますが，出版することを目標に始めたものではないので，ゆっくり納得いくまで翻訳のプロセスを楽しむという趣旨で，今後も続けたいと思っています。

　そして，今回，最後の 6 冊目『What do You Say After You Say Hello/エリック・バーン　人生脚本のすべて』を翻訳された丸茂ひろみ氏，三浦理恵氏と共に，念願の 1 冊目の著作を日本の TA 社会に紹介したい，という私の願いをついに実現することができました。お二人と，出版社，本を手に取って頂いている皆さまに心から感謝を申し上げます。

　なお，自我状態の図式，数字と名称については現在の TA と異なっているものがあります（例えば 16 章）。私たちはこれを現在通用している名称・数字に変更するか否か，色々と考え話し合いましたが，ここではやはりバーンの原文通りにすべてを表示することに致しました。旧仮名遣いの古典を読みこなすと同じように皆さまの思考を自由に羽ばたかせてお読みいただければ幸いです。

2021 年 2 月

繁田　千恵

はじめに

　本書は個人と社会精神医学の統合システムの概要を述べている。この統合システムに関しては，この5年間にサンフランシスコのマウント・ジオン病院（Mount Zion Hospital）でのグループセラピーセミナー，モントレー半島精神医学臨床会議（Monterey Peninsula Clinical Conference in Psychiatry），サンフランシスコ社会精神医学セミナー（San Francisco Social Psychiatry Seminars）で，またより最近ではアタスカデロ州立病院（Atascadero State Hospital）やラングレー・ポーター神経精神医学研究所（Langley Porter Neuropsychiatric Institute）で教えてきたものだ。このアプローチは，現在ではほとんどすべての精神，情緒，人格障害に対応するために，あらゆる施設や個人開業の場でセラピストやグループに関わる人々が用いている。関心が高まり，その理論が普及するにつれ，講義，リプリント，手紙のやり取りなどですべての要望に応えることがいよいよ難しくなり，この本の必要性が出てきた。

　著者はヨーロッパ，アジア，アフリカ，そして大西洋や太平洋の島々など30を超える国々の精神病院を訪問し，さまざまな人種や文化背景を持つ人々に対して構造分析の原則を試す幸運を得た。それらの的確さと予測値は，非常に風変りなものの考え方をする人々に接するために通訳の協力を必要とするような，特に厳しい状況下でもかなり高いものだった。

　構造分析は従来の精神分析より一般的な理論なので，読者は自分自身と著者に対してより公平に，少なくとも当初は抵抗を示したとしても前者を後者に当てはめようとする試みは理解できる誘惑だ。もしこの一連の行為が逆なら，そして実はそうあるべきなのだが，精神分析は方法論として構造分析の高度に専門化した側面であることが簡単にわかるだろう。例え

ば，構造分析の社交的側面であるやり取り分析では，いくつかの異なった
タイプの「交叉的なやり取り」が明らかになる。転移の多種多様な現象は
ほぼすべてが，交叉的なやり取りのひとつのタイプに含まれ，本書では
「交叉するやり取りタイプ1」と表示した。精神分析と構造分析の関係に
ついての他の実例は本文で示す。

意味論

交流分析という用語は，あとで構造分析を含むシステム全体を表す言葉
として使用される。適切な文脈では，この用語は単一のやり取りの分析を
意味する，より厳密な意味合いで使用される。

本書では**社会精神医学**は，ある時ある場所で2人またはそれ以上の人数
の特定の人々の間で行われる特定のやり取り，または一連のやり取りにつ
いての研究を意味している。比較精神医学の疫学，または多様な社会，文
化，または国家のグループにおける精神医学上の問題の比較は時として
〈社会精神医学〉と呼ばれるが，〈比較精神医学〉という表現の方が，おそ
らく適切でより正確だろう。（この用語の命名については著者（1956）が
それ以前にヤップ（Yap）（1951）が用いた〈比較精神医学〉を指摘しな
がら，討議した。）

He はしばしば両性を含む人間一般をさす。**Is** は技術的な文脈では〈通
常，著者の体験からすると〉を意味する。**Seems to be** は〈繰りかえさ
れる観察から，私はそう思うが，まだ確信はもてないこと〉を意味する。
現実に存在する人々は "adult"（成人），"parent"（親），"child"（子ども）
を用いる。これらが大文字で始まる "Adult"，"Parent"，"Child" は，人で
はなく自我状態を指す（訳注：日本語版では，「親」，「成人」，「子ども」
と表記する）。同様に形容詞の "parental"（親のような），"adult"（成人の
ような），"child"（子どものような），"child-like"（子どもらしい）も内容
によって大文字や小文字の場合がある。

　本書で使われる精神分析とそれに関連した用語は〈従来の〉精神分析として知られるものを指すときに用いるが，それは転移と抵抗の現象をフロイドの原則に則り，幼児期の葛藤を体系立った自由連想を用いて解決し，対処するものだ。しかしながら，著者は 15 年にわたる精神分析の活動後に，数年前に（最も友好的な関係で）公に袂を分かたったこと，そして著者の自我機能のコンセプトは大多数の従来の精神分析家たちのものとは異なり，フェダーン（Federn）（1952）と彼の弟子のエドアルド・ワイス（Edoardo Weiss）（1950）の視点により近いアプローチであることに留意されたい。

謝　辞

　まず最初に，交流分析の初期の段階から興味を示し，私を励ましてくれ
たサンフランシスコ在住の人々に感謝を申し上げたい。その人々とは交流
分析の発展を最初から見守ってきた R. J. Starrels 博士，マウント・ジオ
ン病院で最初のセミナーシリーズを企画した Martin Steiner 博士，夜の
セミナーを企画してくれたサンフランシスコ保健局の Eugenia Prescott
女史だ。また，私を招待してそれぞれのスタッフの皆さんに私の考えを話
し，彼らからの批評的な意見を聞く機会を作ったり，臨床現場でそれらを
示してくれたりしたマウント・ジオン病院の Norman Reider 博士，退役
軍人援護局精神衛生クリニックの Donald Shaskan 博士，ラングレー・ポ
ーター精神神経研究所の M. Robert Harris 博士，アタスカデロ州立病院
の Reginald Rood 博士と Victor Arcadi 博士には特に感謝を申し上げた
い。

　最も飛躍的な発展は，サンフランシスコ社会精神医学セミナーでなされ
た。このセミナーには多くの人々が毎週，毎月，さらに最終的には何年に
もわたり，ほとんどの場合多忙なスケジュールを犠牲にして，遠距離から
参加してくれたことには感謝してもしきれない。定期的に批評や補足をし
たり，構造とやり取りの分析を各自のグループや個人ケースで活用し，そ
の結果を報告してくれたことは理論の公式化に最も役立った。この分野で
の多くの協力をしてくれたのは，セミナーの秘書役だった Viola Litt 女史，
毎週交流分析に多くの時間を割き，多くの有用なアイデアを提供してくれ
た Barbara Rosenfeld 女史，そして Harold E. Dent 氏，Franklin Ernst
博士，Margaret Frings 女史，Gordon Gritter 博士，John Ryan 博士，
Myra Schapps 女史，そして Claude Steiner 氏だった。私はまたモントレ
ー半島精神医学臨床会議（心地よく形式張らない啓発的な毎週の体験に，

威厳をつけるための正式名称）を定期的に聴講し，貢献してくれた人々に感謝を述べたい。参加者には Bruno Klopfer 博士，David Kupfer 博士，Herbert Wiesenfeld 博士，そして Anita Wiggins, R.N. 女史がいた。この謝意リストは，セミナーに時々参加し，その質問や所見が刺激となり，さらに考察を深めることに貢献してくれた人々を含めるとさらに長くなる。加えて，私を招き，講義をする機会の企画を立ててくれたすべてのプログラム委員長たちに感謝したい。また，私が行うセラピーグループで起こることが単なる私のファンタジーなのか，それともなんらかの意見の一致があるのかを判断するオブザーバーという役割を果たしてくれた皆さんにも感謝する。そして，何にも増して，私に各自のパーソナリティの構造を開示し，交流分析の原則を展開する機会を提供してくれた患者たちに感謝したい。

　最後に，この著書そのものを執筆することに協力をしてくれた人々にも感謝したい。原稿を注意深く読み，それぞれの意見を私に提供してくれた100名以上の臨床家たちに感謝を述べなければならない。また，私の妻には機器が常に円滑に機能するように維持してくれたこと，そして長期間にわたり夜遅くまで仕事部屋に籠っていた私に対し，我慢強く耐えてくれたことに感謝したい。さらに，秘書業務を誠実にそして賢明に遂行してくれた Allen Williams 女史にも感謝を述べる。

1960 年 4 月
カルフォルニア州の海辺の街，カーメルにて

序　論

　自我状態は，現象学的にはある対象者に関する感情の一貫したシステムということができるし，運用的にみると一貫性のある行動パターンであり，実際的には関連する一連の行動パターンを動機づける感情のシステムということができるだろう。ペンフィールド（Penfield）[1] は，てんかんの患者では記憶は自我状態という自然の形態で保持されることを実証した。彼は患者の露出した両側の側頭葉に直接電気刺激を与えることで，これらの現象を引き起こすことができた。

　「患者はもともとの状況下で自分の中で起こった感情を再び感じ，また正誤はともかく，最初に経験した時に自分自身がしたのと同じ解釈をしているのに気づいている。したがって，誘発された想起は過去のシーンや出来事の正確な写真や録音の複製ではない。そうではなく，それは患者が見聞きし，感じ，理解したものの再生なのだ」。ペンフィールドはさらに，これらの喚起は完全に個別で，「他の類似の体験とは融合しない」と指摘した。

　ペンフィールドはさらに，個々の精神の実体はそれぞれにはっきりと異なっているので，2つの異なった自我状態が同時に意識を占領できるのを実証した。そのような電気刺激による〈強制的〉な再体験のひとつの事例では，患者は人々が笑っているのを聞いたと叫んだ。しかしながら，患者自身は「それが何であれ，その冗談を笑う気にならなかった。彼はどういうわけか同時に起こっている2つの状況を，二重に意識していた。患者の叫び声は，2つの体験の不一致に対する瞬時の認識を表した。ひとつは現在のもので，もうひとつは意識の中に強制的に入れられた過去の経験だ」。これは患者が自分は手術室にいて医師に驚きについて述べる一方で，同時にそのような記憶が「患者の意識に強制的に入れられると，患者にはそれ

が今現在の体験に感じられる」という事実を指す。これは実験が終わって初めて，患者はそれが過去の鮮やかな記憶だと認識する。そのような記憶は「それを体験した 30 秒後のように鮮明」なのだ。刺激の瞬間，患者は「自分自身が演者であり，同時に観客でもある」。

　ペンフィールド，ジャスパー（Jasper），ロバーツ（Roberts）[2, 3] は，そのような完全な記憶の再体験，つまり完全な自我状態の復活と，視覚や聴覚をつかさどる大脳皮質の刺激，会話，言葉の記憶で起こる単独の現象の違いを強調した。彼らは，一時的な記憶には，経験が持つ意味を理解したり，経験によって生じる感情といった重要な精神的な要素が付いてくることを強調した。しかし，ペンフィールド自身は〈自我状態〉という言葉は使用していない。

　クービー（Kubie）は，これらの実験[1] に対するコメントのなかで，患者は観察者であるとともに観察される対象の両方であり，新外套と同様に古外套の貯留層が活用されたと指摘した。「想起は基本的にすべてを含み，患者が意識的に回想できるよりはるかに多く，想起の総量は時として催眠下で患者が達成する量と変わらないほどだ」。過去は現在と同程度の切迫感と鮮明さがある。引き起こされるのは特定の体験を特定に追体験することだ。言語，または新外套の記憶は視覚的記憶の役割を果たすようで，それが，同じ体験の感覚記憶または〈腹の底にある直感的〉記憶にも及ぶ。クービーが意味するのは，出来事は〈古外套〉と〈新外套〉の両方で同時に体験されるということだ。同じ討論会でコブ（Cobb）が述べたことに注目するのは的を射ている[4]。彼は，「感情の研究は今や医師の当然の仕事だ」とし，それを〈原皮質〉の生理機能に関連づけた。

　すべての自我状態は生涯にわたって維持されるだろうということは，学位は何であれ，心の勉強をしている心理学者にはよく知られていることだ。心理的実存性は完全で個別の自我状態に基づいていることを精神医学の領域で強調した最初の人物はフェダーン[5] だった。これをペンフィールドが後に注目に値する神経外科の実験で実証した。〈自我状態〉という言

葉を最初に紹介した時には抵抗にあったとフェダーンは言う。人々にとって旧来の概念用語で考え続ける方が，現象学的アプローチに移行するより簡単だったのだ。

　フェダーンの主要な解説者だったワイス[6]は，フェダーンの自我心理学を明確化し，体系化した。ワイスは，自我状態を「その人が生きた間に，精神と肉体の自我が実際に体験した事実」だと説明した。これに関連して，フェダーンは，〈日々の自我状態〉について述べている。ワイスは，ペンフィールドが証明したことを的確に指摘する。つまり，以前の年齢段階でのその自我状態は，パーソナリティの中に潜在的な存在として維持されている。そのような自我状態は，「催眠，夢，そして精神病のような特定の条件下では直接的に心的エネルギーを再注入することが可能だ」という事実で，臨床的にはすでに確立されていた。彼はまた「2つかそれ以上の別々の自我状態は統合を維持するのに苦労し，意識的に同時に存在することもある」と指摘した。フェダーンは，トラウマ的な記憶や対立を抑圧することは，多くの事例では関連のあるすべての自我状態の抑圧を通してのみ可能だという。早期の自我状態は潜在状態として保持され，心的エネルギーが再注入されるのを待つ。さらに，自我状態の心的エネルギーの備給について言うなら，フェダーンはその備給自体が自我感覚として体験されると言う。これは〈自己〉が何で構成されているかというテーマに関係する。

　ワイスは，「大人のなかに残存する幼児期の自我状態は通常心的エネルギーが注入されたままだが，いずれにしても，簡単に再注入され」，それは〈子どもの自我〉のようだと言う。一方で，彼が〈精神的な存在〉と呼ぶ異なった種類の影響がある。これは〈ほかの自我状態の精神的なイメージ〉で，時としては親的なもので，それはその人の感情や行動に影響を及ぼす。彼は，(a) 残存する幼少期の自我状態，(b) 現在の自我状態，(c) 精神的な存在がそれぞれに個人の反応を決定するさまざまな状況を説明する。

　より最近では，LSD-25 について研究を行っているチャンドラー（Chandler）とハーマン（Harman）[7] は，初期の自我状態の薬理学的な再活性化と皮質への電気刺激によって得られるものの間の驚くほどの類似性を実証した。しかし，彼らもまたペンフィールド同様，〈自我状態〉という言葉自体は用いていない。彼らは2つの自我状態が同時に同じ体験をしていて，ひとつは現在の外的，心理的現実に方向づけられ，もうひとつは人生の最初の年にまで戻って，その場面を〈再体験〉（単に思い出すのではなく）していると述べている。その体験は「色やその他の詳細が非常に鮮明で，患者は自分自身がその場面に戻り，当初体験した時と同じ強烈さで体験している」と感じると説明した。

　ほかにも自我状態のテーマに関連した著書を執筆した人々はいるが，読者の注目をこれらの現象に向けるという目的には，これまでに示した見解で充分だろう。現在の研究テーマである構造とやり取りの分析は，先入観を横に置き，もっぱら患者の臨床での観察によるものだ。このような状況下で，全面的な自我状態の研究は心理学と心理療法の〈自然〉な取り組み方として浮上してきた。しかし，フェダーンが示唆したように，ほとんどのセラピストたちは従来の概念の用語で考え，働くように訓練されているため，自然論的な手法は十分に研究されているわけではない。構造とやり取り分析に関する発見を文献に探し求めた結果，著者は自分の2人の素晴らしい教師（ペンフィールドとフェダーン）の足跡を辿っていたことを発見，あるいは再発見したのが大きな喜びとなった。ここにまとめた引用の適切性は，この後の過程のなかで明らかになるだろう。

参考文献

1) Penfield, W. "Memory Mechanisms," *Arch. Neurol. & Psychiat.* 67：178-198, 1952, with discussion by L. S. Kubie et al.
2) Penfield, W. & Jasper, H. *Epilepsy and the Functional Anatomy of the Human Brain*. Little, Brown & Company, Boston, 1954, Chap. XI.

3) Penfield, W. & Roberts, L. *Speech and Brain-mechanisms*. Princeton University Press, Princeton, 1959.

4) Cobb, S. "On the Nature and Locus of Mind." Ref. 1, 172-177.

5) Federn, P. *Ego Psychology and the Psychoses*. Basic Books, New York, 1952.

6) Weiss, Edoardo. *Principles of Psychodynamics*. Grune & Stratton, New York, 1950.

7) Chandler, A. L. & Hartman, M. A. "Lysergic Acid Diethylamide (LSD-25) as a Facilitating Agent in Psychotherapy." *A.M.A. Arch. Gen. Psychiat.* 2 : 286-299, 1960.

も く じ

個人の精神医学と構造分析

第1章　概　論

1．論理的根拠

　構造とやり取りの分析は，臨床経験から生じたシステマティックで，パーソナリティと社会力動の一貫した理論であり，大多数の精神病患者に適し，理解されやすく，自然に受け入れられる行動的で合理的なセラピーの形を提供する。

　従来の心理療法は大まかに2つの種類に分類される。提案や安心感，その他の〈親的〉な機能を含むものと，対決と解釈による〈合理的〉なアプローチで，これには非指示的療法や精神分析が含まれる。〈親的〉なアプローチには患者の原始的な空想を見落としたり，覆すという難点があり，その結果長い目で見ると，セラピストも往々にして状況のコントロールができなくなり，事例の最終的な結果に驚いたり，失望してしまうことが起こる。合理的なアプローチは内部からのコントロールを確立するように意図されている。通常の手法では，これは長期間かかり，その間は患者だけでなく，親しい友人や同僚も患者の無分別な行動にさらされる可能性がある。もし患者に小さな子どもがいる場合，このような長期に及ぶ遅れはその子の性格形成に決定的な影響を与えるかもしれない。

　構造－やり取りのアプローチはこれらの困難を乗り越える助けになる。それは患者の不安耐性や制御能力を急速に向上させる傾向にあり，行動化を抑制するので，〈親のような〉セラピーの長所の多くを持っている。同時に，セラピストは患者のパーソナリティの原始的な要素を十分に認識し

ているので，合理的なセラピーの価値を失うことはない。このアプローチは，従来のセラピーを効果的に活用するのが難しい事例で，特に価値があることが証明されてきた。これらにはいろいろなタイプの反社会性人格障害や潜在性，弛張型，境界性の統合失調症と躁うつ病，そして精神遅滞の成人が含まれる。

　教育の視点からは，構造とやり取りの分析は他のほとんどの臨床的アプローチより効率的に教えやすい。原理は 10 週間で把握することができるし，スーパービジョンを 1 年間受ければ，資質の高い臨床医や研究員なら理論と実践に熟達する。正式な精神分析のトレーニングは，その個人が自我心理学に特に興味を持っていない限り，少なくとも当初は構造分析の原則に強い抵抗を引き起こすかもしれない。

　このシステムの自己評価は自己精神分析のいくつかの難しさがなく，実務家は自分自身の反応の原始性や偏見の要素を探り当て，コントロールすることが比較的簡単にできる。

2. 手　順

　この手法では，個人とグループワークの両方で明確に定義可能な段階を次から次へと，少なくとも図式的には進むので，セラピストと患者は，両者ともいつでもセラピーがどの段階にいるかをある程度正確に言うことができる。つまり，それまでのところ何を達成してきたのか，そして次の段階はどのようになる可能性が高いのかということだ。

　構造分析はやり取り分析に先行しなければならない。そして，構造分析は自我状態の分離と分析に関係している。この手順のゴールは，現実検討の自我状態の優位性を確立し，原始や異質な要素による自我状態の汚染を解除することにある。これが達成されると患者は**やり取り分析**に進むことができる。最初は単純なやり取り，それから型にはまった一連のやり取り，そして最後にしばしば何人かを巻き込み，大抵はかなり詳細な空想に

基づく，長く複雑な工程の分析を行う。最後の例としては，次から次へと
アルコール依存症の男性と結婚する女性の救済空想がある。この段階のゴー
ルは**社交コントロール**だ。それは他者を破壊的または無駄な方へと操る
という自分自身の傾向をコントロールすることと，他者からの操作に洞察
や選択肢なく反応するという自分の傾向をコントロールすることだ。

　これらのセラピーの過程で，トラウマ的に固着した原始の自我状態は分
離されるが，解決はされていない。このプログラムの最後には，その人は
現実検討が優位になっているため，原始の葛藤と認知の歪みを解決しよう
とする試みには非常に望ましい立場にいる。これまでの経験から，このよ
うな帰結はこの手法の治療的な成功に不可欠ではないことがわかってお
り，それを行うかどうかを決定するのは，臨床上の判断と状況の自由度の
課題になる。

3. 専門用語

　理論の解説はもっと複雑だが，構造とやり取り分析の使用にはわずか6
つの深遠な用語が必要なだけだ。**外心理**，**新心理**，**原始心理**は心的器官と
みなされ，現象学的には外心理（例：同一化），新心理（例：データプロ
セシング），そして原始心理（例：退行）の**自我状態**として現れる。口語
体では，これらの自我状態のタイプを「**親**」，「**成人**」，「**子ども**」と呼ぶ。
これらの3つの具体名詞が構造分析の専門用語を構成する。器官から現象
そして具体名詞に移動するという方法論の問題は現実的な適用とは無関係
だ。

　ある一連の反復的な社会的駆け引きは防衛と満足の機能の両方を兼ね備
えているように思われる。そのような駆け引きは，口語では**暇つぶし**と**心
理ゲーム**と呼ばれる。これらのうちのいくつかは，簡単に一次的，二次的
両方の利益を生み出すので，当たり前になってくる傾向がある。例えば，
この国では親たちが集まって団体やグループになるところでは何処でも，

〈PTA〉という心理ゲームが広く行き渡っている。さらに複雑な工程は人生脚本と呼ばれる大掛かりな無意識の人生計画に基づく。**人生脚本**とは劇の脚本から名付けられたが、人生脚本はこれらの心理ドラマから直感的に派生したものなのだ。これら3つの用語、〈暇つぶし〉、〈心理ゲーム〉、〈人生脚本〉が交流分析の語彙を形成する。

「親」、「成人」、「子ども」は超自我、自我、イドのような概念ではないし、ユング派の構成概念でもなく、現象学的な事実だということは後で明示する。一方、暇つぶし、心理ゲーム、人生脚本は抽象概念ではなく運用上の社交的現実だ。ひとたび、これら6つの用語の心理、社交、臨床上の意味をしっかりと把握したら、その人が臨床医、心理学者、社会科学者、またはソーシャルワーカーであっても、交流分析家であり、その人の職場と資格に則って、交流分析をセラピー、研究、ケースワークの道具として使うことができる。

［注　釈］

経験豊富なセラピストはみな柔軟性を持っているので、心理療法を厳格に分類することは不可能だ。〈親的〉と〈合理的〉なタイプは、おおよそ1943年にG・W・トーマス（Giles W. Thomas）[1] が提供した図解に合致する。彼の分類はメリル・ムーア（Merrill Moore）（1942）が行ったものを基にしている。K・E・アペル（K. E. Appel）[2] は、心理療法を〈症状性と直接的心理アプローチ〉、そして〈パーソナリティの再編を含むアプローチ〉に分けた。前者に催眠、暗示、道徳的説得、説得、権威、指示、そして意志を含めた。そして後者には〈精神生物学〉（A・メイヤー；A. Meyer）、〈人格研究〉、精神分析とその修正版、そして〈動的成長〉療法を含めたが、これには今日、非指示的療法（ロジャーズ；Rogers）が追加されるだろう。これら2つの分類も、おおよそ〈親的〉と〈合理的〉アプローチにそれぞれ合致する。特別なカテゴリーとなる第3のタイプは、子ども対象のプレイ・セラピーだ。これは時として〈親的〉でも〈合理

的〉でもなく，〈子供らしさ〉だろう。

　現在のシステムの教育の可能性（または学習の可能性）は，交流分析を学ん
だ人々が今ではあらゆる場で個人そしてグループ療法としてそれを活用してい
ることからわかる。その場とは，一般的な精神科患者や，本書で触れたり述べ
たりするさまざまな特別のカテゴリーだ。（さらに最近では，精神科の看護師，
保護観察司や保護観察官，聖職者，そして陸軍や海軍の職員も活用している。）

　自己分析に関しての公式見解は「自己分析の困難は逆転移だ」というものだ。
（この格言は自分に由来する，と控えめに言う精神分析医は少なくとも片手では
数えきれないほどいる。）この難しさは構造の過程でかなり効果的に対処できる。

　語彙について言うならば，〈新心理〉と〈原始心理〉は，Hinsie と Shatzky
の『精神医学辞書』[3] に掲載されている。〈原始皮質〉と〈新皮質〉は確立され
た神経学用語[4] だ。

参考文献

1）Thomas, G. W. "Group Psychotherapy : A Review of the Recent Litera-
　　ture." *Psychosom. Med.* 5 : 166-180, 1943.
2）Appel, K. E. "Psychiatric Therapy." In *Personality and the Behavior Dis-
　　orders.* (Ed. by J. M. Hunt) Ronald Press Company, New York, 1944, pp.
　　1107-1163.
3）Hinsie, L. E. & Shatzky, J. *Psychiatric Dictionary.* Oxford University
　　Press, New York, 1940.
4）Tilney, F. & Riley, H. A. *The Form and Functions of the Central Nervous
　　System.* Paul B. Hoeber, New York, 1928.

第2章 パーソナリティの構造

　若い主婦のプリマス夫人は，かかりつけの医師から診断面接をしてほし
いとリファーされてやってきた。彼女は1～2分の間緊張して伏し目がち
にしていたが，それから笑い始めた。その後すぐに笑うのをやめ，医師を
盗み見，そして目をそらして再び笑い出した。この一連の行動が3～4回
繰り返された。その後突然忍び笑いをやめ，椅子にまっすぐに座りスカー
トを整え，頭を右のほうに向けた。精神科医は，プリマス夫人の全く新し
い態度を短い時間観察した後，彼女に何か声が聞こえているかと尋ねた。
彼女は首の向きを変えずに頷き，声を聞き続けた。精神科医は再び遮り，
彼女に何歳かと尋ねた。彼は慎重に計算された声のトーンで，うまく彼女
の注意を引くことができた。彼女は精神科医のほうに顔を向け，冷静さを
取り戻し，医師の質問に答えた。

　この後，プリマス夫人は関連する質問に対して簡潔に，的を射た応答を
した。おかげで，短時間のうちに急性期の統合失調症という仮の診断を保
障するのと，彼女がある状態に陥る原因や，幼少期のおおまかな特徴のい
くつかをつなぎあわせることができる充分な情報を得ることができた。そ
の後，しばらくの間質問をしないでいると，彼女はまた以前の状態に陥っ
た。それらの声が誰のもので，何と言っているのかと問われるまで，はに
かんだくすくす笑い，ひそかな値踏み，そしてとりすました風情で幻聴に
注意を向けるという一連のサイクルが繰り返された。

　プリマス夫人は，幻聴が男性の声であるらしいこと，その声は彼女がそ
れまでに聞いたことのないような言葉で彼女にひどい悪態をついている，

と答えた。それから話題は彼女の家族のことへと切り替えられた。彼女は，父親がいかにすばらしい男性で，思慮のある夫で，愛情深い親であり，地域でも人々に好かれているなどと述べた。しかし，まもなく父親は大酒飲みで，酒を飲むと人が変わることが明らかになった。酔っ払った父親は下品な言葉を使った。下品な言葉がどのようなものか聞かれると，彼女は父親が幻聴の声と同じ口汚い言葉をいくつか使うのを聞いたことを思い出した。

　この患者は，3つの異なった自我状態をかなりはっきりと示していた。それぞれの自我状態は彼女の姿勢，態度，表情，その他の身体的特徴の違いから見分けることができた。1番目はある特定の年齢の小さな女の子を連想させる，はにかんだクスクス笑いに特徴づけられ，2番目は性的なちょっとした過ちをもう少しで見つけられそうになった女子学生の完璧なお澄まし，3番目はまさに彼女そのもの，つまり成人女性として質問に答えられる自我状態で，この状態で彼女は理解，記憶，論理的思考能力がすべて完全であることを証明することができた。

　最初の2つの自我状態は，彼女の過去のある経験段階では適切であったが，面接時の現実には不適切な原始の性質を持っていた。3番目の自我状態は，情報を整理したり処理したり，その場の状況に関する認知について相当なスキルがあることを示した。それは幼児にも，性的なことに興奮している女子学生にもできない「成人」の機能であることは容易に理解できた。〈自分を立て直す〉過程は，精神科医の実務的な声のトーンによって活性化され，原始の自我状態から，この成人の自我状態に移行したことを意味した。

　〈自我状態〉という用語は単に心の状態とそれに付随して自然に起きる行動のパターンを意味しようとしたもので，まず第一に〈直感〉，〈文化〉，〈超自我〉，〈アニムス〉，〈心像〉などといった構成概念の使用を避ける。構造分析ではそのような自我状態のみが分類や明確化が可能で，精神科の患者の場合はそのようなやり方が〈良い〉ことを前提としている。

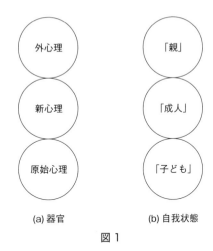

(a) 器官　　　　　　　　(b) 自我状態

図1

　分類の枠組みの探求において，仮説を示す臨床データから幼児期の自我状態は成人の中に遺物として存在し，特定の状況下でそれらが蘇ることが見出された。すでに「はじめに」の章で言及したが，この現象は夢，催眠，精神病，薬理学的な麻酔剤，そして側頭皮質への直接の電気刺激と関連して繰り返し報告されている。しかし，注意深い観察からその仮説をさらに一歩進めて，そのような遺物は通常の目覚めている状態のときでも，自発的な行動を示すことがあると推定した。

　実際に起こったのは，患者のある精神状態と行動のパターンが他のパターンに移行することが観察されたり，また患者たち自身がそれを観察したりしたことだ。典型的には，ある程度適切に現実検討と合理的な予測ができることに特徴づけられるひとつの自我状態（二次過程）と，自閉的思考と原始の恐れと期待によって識別される自我状態（一次過程）があった。前者は通常の責任ある大人として機能する状態の資質があり，後者はいろいろな年齢の幼児がいつも通りにすることに類似していた。これらのことから，新心理と原始心理という2つの心的器官の仮説が導き出された。これら2つの器官の現象学的で操作的な表出をそれぞれ「成人」と「子ど

も」と呼ぶことが妥当だと思われ，すべての関係者に総じて受け入れられた。

　プリマス夫人の「子ども」は，2つの異なった形で現れた。ひとつは気を散らすような刺激がないときに支配的になる，〈悪い〉（セクシーな）女の子だった。この状態では，性的に成熟した女性としての責任に取り組むプリマス夫人を想像するのは難しい。彼女の行動と小さい女の子の行動との類似性は非常に高いので，この自我状態は原始のものに分類できる。ある時点で，外から来たと理解した声に，彼女は急にハッとして〈良い〉（上品ぶった）小さな女の子の自我状態に移る。前に述べた基準からすると，この状態もまた原始のものに分類されるのは当然だ。この2つの自我状態の違いは〈悪い〉女の子は多かれ少なかれ，気ままな自律的な自己表現で自然なふるまいだったが，〈良い〉少女は折檻されていたという事実に順応したものだった。自然な状態と順応の状態はともに原始心理が現れたもので，それがプリマス夫人の「子ども」の側面だ。

　セラピストの介入は，異なったシステムへの移動をもたらした。彼女の行動，反応，現実検討，思考方法だけでなく，姿勢，顔の表情，声，筋緊張が，おなじみの責任ある主婦の「成人」の自我状態のパターンとして再活性化された。このシフトは面接の間に繰り返し起こり，精神病の短時間の寛解の性質があった。これは精神病の解説として，心的エネルギーの移動，もしくはより一般的に受け入れられた言葉を使うなら，「成人」のシステムから「子ども」のシステムに心的エネルギーの備給が変わったということを意味する。それはまた，この寛解の説明がシフトの反転だということを意味する。

　〈よく知らない〉わいせつなことを言う幻聴の由来は，患者の行動に変化をもたらしたことを見れば，教育を受けた観察者であれば誰にでも明白だろう。この印象を確認することだけが残っていたので，話を患者の家族のことに変えたのはこれが目的だった。予想した通りその声は，彼女がとても驚いたことに彼女の父親の言葉を使っていた。この声は外心理または

「親」のシステムに属していた。それは彼女の〈超自我の声〉ではなく，実際の人の声だった。これは「親」，「成人」，「子ども」が現在存在するか，または以前に存在した実際の人で，実名や身元のある市民である点を強調する。プリマス夫人の場合，「親」は自我状態としてではなく，幻聴の声としてのみ現れた。初期段階では，診断と「成人」や「子ども」を識別するのに集中することが第一で，「親」についての考察は臨床場面では後回しにすることが有益だ。「親」の活動は他の２つのケースで解説しよう。

　セグンド氏は，構造分析の展開への刺激を最初に与えてくれた人物だが，ある時以下のような話をしてくれた。

　カウボーイの恰好をして牧場で休暇を過ごしていた８歳の少年は，使用人が馬の鞍を外すのを手伝った。それが終わった時，使用人が「ありがとな，カウボーイ」と言ったら，そのアシスタントは答えた。「僕はカウボーイじゃないよ，ただのちいさな男の子だよ」

　それからその患者は言った。「そうなんです。それがまさに私が自分に対して感じていることなのです。私は本当は弁護士ではなく，ただのちいさな男の子なのですよ」。セグンド氏は，評判が高く成功した法廷弁護士だった。彼はきちんと家族を持ち，コミュニティに役立つ仕事をし，社交的にも人気があった。しかし，治療の場では，確かに小さな男の子のような態度をよく見せた。時々彼は面接中に訊ねた。「あなたはちいさな男の子に，それとも弁護士に話しているのですか？」。事務所や法廷の外では，小さな男の子がほとんどの時間を占領するようだった。彼は家族と離れ，ウイスキー，モルヒネ，わいせつな写真，拳銃を用意してある山小屋に引きこもった。そこで，彼は子どもらしいファンタジー，それらは彼が子どもの頃抱いていたもので，また通常〈幼児性〉と呼ばれる性的行動にふけった。

　後日セグンド氏は，自分の中の何が「成人」で，何が「子ども」（実際彼は時々本当に弁護士で，常に小さな男の子ではなかった）なのかをある程度明確化した後に，自分の「親」をその状況に招き入れた。つまり，彼

の行動や感情を最初の2つのカテゴリーに分類した後に，その2つのカテ
ゴリーに当てはまらない状態が残っていたのだ。これらには彼にとって両
親がどのように見えていたかを連想させるような特別な資質があった。こ
のため，3つ目のカテゴリーが必要となり，さらなる検査の後にそれは臨
床上充分に妥当性が認められた。これらの自我状態は，「成人」と「子ど
も」のような自律的な資質に欠けていた。それらは外部から取り入れら
れ，模倣であるように思われた。

　特に，彼にはお金を扱うことについて，明らかに3つの異なった側面が
あった。「子ども」は，1セントにこだわるようなケチで，小銭をためて
幸運をつかむようなしみったれたやり方をした。彼のような立場の人が負
うリスクも顧みず，この状態のとき，彼は子どもの時にしたように，ドラ
ッグストアで嬉々としてガムやほかの小さなものを盗む。「成人」は，銀
行家の抜け目なさ，洞察力，上首尾で大金を扱い，金儲けのために喜んで
お金を費やした。しかし，一方では，儲けた金をすべて地域に役立てるた
めに提供するというファンタジーを持っていた。彼は信心深く人道主義の
人々の家系の出で，実際に彼は父親が行った感傷的な慈善と同じように多
額の寄付を慈善事業に行った。しかし，博愛主義の満足感が消えていくに
つれ，彼の「子ども」が受益者に対してもつ報復的な怒りに取って代わら
れ，「成人」はそのような感傷的な理由で，一体どうして支払い能力のリ
スクを自分が負いたいと思ったのだろうと戸惑う。

　実践で構造分析を行うときの最も難しい側面のひとつは，患者（または
研究者）に「子ども」，「成人」，「親」が扱いやすい発想であったり面白い
新語ではなく，実際に起こる現象を指すものだというのを理解させること
だ。セグンド氏のケースは，この点をかなり明確に示している。ガムを盗
んだ人を便宜上，また子どもはよくものを盗むからという理由で「子ど
も」と呼んだのではなく，彼自身子どもの時に大喜びで，同じテクニック
を使ってガムを盗んだから「子ども」と呼んだ。「成人」は，彼が成人男
性の行動を真似て，大人の役を演じたから「成人」なのではなく，彼の法

的，財務的な仕事で非常に効果的な現実検討能力を示したから「成人」なのだ。「親」は，伝統的に慈善家が〈父親的〉や〈母親的〉であるからではなく，慈善活動を行うときに，実際に自分の父親の行動と心の状態を真似たから「親」なのだ。

　代償性統合失調症（訳注：寛解ではないが症状をうまくコントロールできている状態の統合失調症患者）のトロイ氏のケースでは，彼は海軍での戦闘で心身の破たんをきたしたため，電気ショック療法を受けていた。親的状態が非常にしっかりと確立されていて，「成人」と「子ども」はめったに現れなかった。事実，彼は当初「子ども」の概念を理解できなかった。彼は人との関係で一様に批判的な態度を維持した。他者が子どもらしい行動，例えば無邪気さ，かわいらしさ，騒々しさ，軽薄さを見せると，特に軽蔑，叱責，せっかんの噴出をかき立てた。彼は〈小さな悪ガキを殺す〉という態度のため，参加したセラピー・グループで悪名が高かった。彼は自分に対しても同じように手厳しかった。グループ用語でいうならば，彼の目的は〈彼自身の「子ども」がクローゼットからちょっとでも頭を出さないようにする〉ことのように思われた。この態度は電気ショック治療を受けた患者に共通する態度だ。これらの患者は，彼らが受けた〈お仕置き〉を「子ども」のせい（たぶんそれは正しい）にしているようだ。「親」には大量の心的エネルギーが注入され，頻繁に「成人」の助けを借りてほとんどの子どもらしい兆候を強く抑圧する。

　トロイ氏の非難する態度にはいくつかの奇妙な例外があった。異性愛のふしだらさや飲酒に関して，彼は暴君のような人というよりも思慮深い善意ある父親のような態度で，若い女性や町中の男性みんなに彼の経験の恩恵を惜しみなく提供した。しかしながら，彼のアドバイスは偏り，陳腐な先入観に基づいていて自分のアドバイスが間違っていることが何度証明されても，それを正すことができなかった。彼は子どもの頃，無邪気さ，かわいらしさ，騒々しさや軽薄さを時々みせると父親に怒鳴られたり叩かれたので，わいせつな話や飲みすぎの話をするのを学んだことは，驚きでは

なかった。このように彼の親的な自我状態は自己防衛のために固着し，父親の態度をある程度詳細に再現した。この固着した「親」は「成人」や「子ども」が活動する余地を与えなかったが，彼の父親が巧みにやりたい放題やっていた領域だけは例外だった。

　このように固着したパーソナリティを観察することは有益だ。トロイ氏に見られるような不変の「親」，楽しみが少なく常に客観的な科学者によく見られる不変の「成人」，そして不変の「子ども」（〈歳とった小さな僕〉）は，しばしば3つのタイプの自我状態の外見上のいくつかの特徴をうまく示している。ある種類の専門家たちは，ある自我状態を公の場では継続的に表出することで，生計を立てる。例えば，聖職者は「親」で，診断医は「成人」で，道化師は「子ども」で生計を立てていると言える*。

　ここまで述べたケースは，構造分析の理論的基礎を示してきた。それらには3つの実用上絶対的なものと3つの一般的な仮説がある。〈実用上絶対的なもの〉とは，ここまでに例外が見いだせなかった状況を意味する。

1. すべての成人した個人は，かつては子どもであった。
2. 十分に機能する脳組織をもったすべての人間は，潜在的に適切な現実検討能力がある。
3. 大人になるまで生き残った人はみな，機能する親または**親代わりの**人がいた。

付随する仮説は，

1. 子ども時代の遺物は，完全な自我状態として後の人生まで存在し続ける。（原始心理の遺物）
2. 現実検討は，個別の自我状態の機能であり，分離した〈能力〉ではない。（新心理の機能）
3. 執行役はそれとはっきりわかるように，外部の個人の完全な自我状

---

*本書に示すケース検討は断片的だ。特定の論点を示すために時々同じケースの異なった側面を使う。各患者の参照は「患者索引」にまとめてある。本書で述べる特定のケースを追いたい読者に便利なものとして添付する。

態に乗っ取られることがある。（外心理の機能）

　以上を要約すると，パーソナリティの構造は３つの器官から成る。それらは図１(a)に示したとおり，外心理，新心理，そして原始心理だ。それらは現象論上そして操作上，図１(b)に示されたように，それぞれ「親」，「成人」，「子ども」と呼ばれる３つのタイプの自我状態として現れる。

［注　釈］

　〈一次過程〉，〈二次過程〉，〈現実検討〉といった精神分析用語は，フロイドの『精神分析概要 An Outline of Psychoanalysis』[1] に最も簡潔に説明されている。幻覚と原始の心的内容との関係，特に〈原初のイメージ〉については，著者がほかの場所で討議した [2]。

　プリマス夫人とセグンド氏のケースは以前にも報告した [3]。最近の私の患者には何人か弁護士がいたが，私は本人確認を未然に防ぐために強く強調するが，セグンド氏はその中のひとりではない。現実には，彼は他の専門職にあり，私のオフィスから 3,000 マイル離れた所で匿名性が確保され，安全に暮らしている。

参考文献

1) Freud, S. *An Outline of Psychoanalysis.* W. W. Norton & Company, New York, 1949.
2) Berne, E. "Primal Images and Primal Judgment." *Psychiat. Quart.* 29：634-658, 1955.
3) Berne, E. "Ego States in Psychotherapy." *Amer. J. Psychother.* 11：293-309, 1957.

第3章　パーソナリティの機能

1. 刺激への反応

　脳や体のさまざまな組織が刺激に対して異なった反応を示すように，パーソナリティの異なったシステムも異なった反応をする。外心理は，模倣した批判的態度で一連の借り物の基準を強要しようとする。新心理は，主に刺激を情報の要素に変換することに関わり，その情報を以前の経験に基づいて処理し，ファイルする。原始心理は，前論理的思考とお粗末な，あるいは歪んだ認知を基に，より唐突に反応する傾向がある。事実，これらの側面は各々の機能に則り環境を異なって理解するので，異なった一連の刺激に反応している。単純化しすぎではあるが，説明に役立つ例としては世間が好むニュースのひとつである横領犯に対する反応だ。ある人たちにとってこのニュースは，「親」的で倫理的な反応を喚起する。もっと多くの人にはどうやって横領したのだろうという，より事実に即した「成人」の興味を喚起させる。たぶん最も一般的な反応は，普通表には出さないが，天真爛漫な子どものような考え，「それって，やれたら面白いだろうな」だろう。これを交流分析の用語で言うなら，間違い探しの「親」があらさがしを演じ，「成人」が税理士を演じ，「子ども」は警察官と泥棒を演じたいのだ。(訳注：傍点は心理ゲーム名を表す)

　この3つの側面はまた，お互いに反応し合う。「親」は「子ども」のファンタジーに興奮し（言い換えれば，悩まされ），「子ども」は特に「親」からの抑制的な刺激に敏感だ。この関係性は通常，その人個人が実際に体

験した元々の親子関係の複製だ。

2．心的エネルギーの備給の流れ

　テター夫人は 22 歳の主婦で，第 2 子出産後に酷く興奮するようになったので，治療のためにリファーされてやってきた。セラピーの間に彼女が最もよく行ったのは，威圧的なしつこさだった。彼女は，セラピストにメイドが辞めてしまうがどうしたらよいだろうとか，病院に行くべきかと繰り返し尋ねた。まもなく，表面的には彼女の質問は情報を求める「成人」の探求のようにみえるが，他のレベルではセラピストを何らかの方法で操作しようとする「子ども」の試みだと指摘することが可能になった。患者は，母親が彼女を赤ちゃん扱いすることについて，怒りを示すことで反応した。彼女は，自分自身でも上手にできる事を母親にやってもらうよう懇願したという例を挙げた。彼女は，母親がそれらに応じるべきではなかったと思っていた。

　この問題を面接中に扱ったことで，患者の態度は次第に変化した。彼女は，姿勢を正し，表情はリラックスし，声もしっかりとして，めそめそしたり口やかましい代わりに，愛想の良い，快活で，話し好きになった。これは自分でも気づいたように本来の彼女だった。しかし，面接が終わりドアまで付き添われていった時，彼女は前の心の状態に逆戻りして，再びごね始めた。それから突然自分を取り戻し楽しげに微笑み，そして言った。「あら，私ったら，またですね！」

　自我状態のこのようなシフトは健康な人でも患者でもよく観察されるが，これは心的エネルギーあるいは心的エネルギーの備給の概念を用いることで説明でき，それは，ある瞬間に特定の方法でエネルギーが備給される自我状態が**執行役の力**を持つ，という原則に基づく。最初の例では，単に「備給の流れ」について語れば十分だ。例えば，与えられたテター夫人のデータからこの点について説明すると，彼女は高度に心的エネルギーが

備給された「子ども」で入室し，その備給は徐々に「子ども」から「成人」に流れ，執行役が「成人」になった。そして，帰る段になると，備給は「子ども」に逆流したが，彼女が〈冷静さを取り戻した〉時，備給は突然，「成人」に還流したと言える。

3.　自我境界

　上で，備給が「子ども」から「成人」へ流れたり，その反対が起こったりすると述べたが，この概念や比喩は，2つの自我状態の間には何らかの**境界**があるという意味を含む。この意味合いは神経医学用語として考えることはできるが，生理学的な検証はいまだできていないので，ここでは心理的な現象を考えることに限定しよう。

　テター夫人は，精神病になる前の状態とセラピーの間に起こった回復で，特定の強迫観念，恐怖症，衝動強迫は**自我異和的**であることに気づいていた。そのようなときは，彼女の清潔感，汚れに対する恐怖の強迫観念と，手を何回続けて洗わなければならないという強迫行動は，通常〈本当の自己〉の部分ではないことに気づいていた。このような考え方をしているとき，彼女の心は2つのシステムに分かれていた。それらは〈本当の自己〉と〈本当ではない自己〉だった。〈本当の自己〉は汚れと清潔に関して現実検討できる能力を持っていた。しかし，〈本当ではない自己〉はその能力がなかった。〈本当の自己〉は子どもでは正しく評価できないような衛生に関することを知っていた（特に彼女の夫は公衆衛生に関わる仕事をしていたから）が，一方，〈本当ではない自己〉は特定の成長段階の幼児に特徴的な魔法のような思考に導かれていた。それゆえ，〈本当の自己〉は特徴として「成人」で，〈本当ではない自己〉は特徴として「子ども」だった。

　パーソナリティの2つの異なった側面についてのテター夫人自身の考えは，この2つの間には境界が存在することを暗示していた。彼女の心の中

では，特定の行動と感情の型はひとつのシステムに関連し，それを彼女は〈本当の自己〉とみなし，他の型はその外側にあるシステムと関連するとみなした。このような報告が増えるに従い，それぞれの自我状態は残りの心的内容物とは何らかの違いがある存在だという推測が正当化される。それらの自我状態には，何年も前に存在したものや，ほんの少し前のもの，また今同時に活動しているものが含まれる。これを最も簡便にかつ正確に言うには，それぞれの自我状態が他の自我状態と分離する境界を持つものとして語ることだろう。こうして，パーソナリティの構造を表す正しい方法として，図1(b)のような一連の丸が作られた。

4. 自己の問題点

　テター夫人の手洗いが自我異和的だと言ったが，これは特に「成人」自我と異和的であることを意味した。しかし，彼女が明らかに精神的に異常な状態で，彼女の〈本当の自己〉が「子ども」のときは，手洗いは**自我親和的**になる。つまり，彼女はこの行動について，取ってつけたような理由づけを受け入れた。それは，その理由づけ自体が「子ども」から来ているのだから，当然予期される通りだ。神経症的なときは「成人」が聞いて同意しないが，精神病状態のときにはそれを考え出したのと同じパーソナリティが聞いている。言い換えるならば，手洗いは「成人」自我と異和的で，「子ども」自我と親和的で，彼女がある瞬間にそれを異和的または親和的と認識するかは，その瞬間にどちらが〈本当の自己〉であったかによって決まる。

　さて，次の問題は何が〈本当の自己〉を決定するかということを中心に展開する。これは，執行役によって決まるものではないことは明らかだ。彼女が精神的に異常ではない状況でいやいやながら手を洗ったりシミを探しているときは，彼女の「子ども」が執行役の力を持っていたにもかかわらず「成人」が〈本当の自己〉として体験された。

　この領域での臨床的な理解は，心的エネルギーが３つの状態を有すると
いう前提に立つことで得られる。その状態とは，束縛された，解放され
た，自由な，の３つだ。物理的な比喩としては木の上にいる猿が使われ
る。その猿が動かなければ，その高い位置は猿に潜在エネルギーを与える
だけだ。もし猿が落ちたら，この潜在エネルギーは運動エネルギーに転換
する。しかし，猿は生き物だから自ら飛び降りることができるので，猿が
どこにどのように着地するか理解するためには，３つ目の構成要素である
筋肉エネルギーを考慮に入れなければならない。猿が動いていないときは
言うなれば，身体的エネルギーはその場で束縛されている。猿が落ちる
と，このエネルギーは解放され，猿が飛ぶと自由な選択で３つ目の構成要
素を追加する。運動エネルギーと筋肉エネルギーは両方合わせて活動的エ
ネルギーと呼べるかもしれない。それから，束縛された備給は潜在的エネ
ルギーに相当し，解放された備給は運動エネルギーに，自由な備給は筋肉
エネルギーに相当する。解放された備給と自由な備給は合わせて**活動的な
備給**と呼んでよいだろう。

　自我境界は，ほとんどの状況下で半浸透性だと考えられる。それらは束
縛や解放の備給にとっては比較的不浸透性だが，自由な備給は比較的容易
にひとつの自我状態から他の自我状態に通過する。

　それゆえ，心理的状況は以下のように要約できるだろう。(a)**自由な備給**
が優位にある自我状態は**自己**と認識されるか，またはフェダーン[1] が言う
ように，「自我感覚と体験されるのは備給そのものだ」。(b)執行役の力は，
解放＋自由な備給（活動的な備給）の純合計がある瞬間に一番大きいとき
はその状態にとって代わられる。これら２つの原則は臨床の場で３つの異
なった状態をみせたテター夫人のケースが良い例だ。

1. 健康な状態では，彼女の〈古い自己〉では，「子ども」は**束縛された
備給**だけが含まれ，そのために**潜在的**だが，一方，「成人」は自由な
備給で充電されているため，彼女の〈本当の自己〉として体験され
る。「成人」は，また活動的な備給（解放＋自由）の合計が最も多い

ので，執行役の力も持っている。

2. 彼女の神経症的レベルの手洗いの状態では，自由な備給は未だ「成人」のなかにあるが，一方で「子ども」は**解放された備給**を含んでいる。この解放された備給は，「成人」の活動的な備給より量的に優位に立つ。そのため，「子ども」が執行役の力を持つが，「成人」はまだ彼女の〈本当の自己〉として体験される。

3. 彼女が精神病的状態にあるときは，「子ども」は解放された備給と，「成人」から流れてきた自由な備給をも含む。このため「成人」の活動的な備給は相対的に激減する。そのため，「子ども」は執行役の力を持ち，それとともに〈本当の自己〉として体験される。

5. 自我状態のシフト

　このようなシステムでの自我状態のシフトは3つの要因による。それらはそれぞれの自我状態に影響する力，自我状態間の境界の浸透性，そしてそれぞれの自我状態の備給の容量だ。これら3つの要因の量的なバランスが患者の臨床上の状態を決定し，またセラピー手順（または搾取者の腐敗的な手順）を示す。テター夫人のケースでは，セラピーはこれらの要因を次から次へと扱うように計画された。

　まず最初に，治療者はプリマス夫人のケースと同じように，現実検討を強調しつつ，「成人」を活性化しようと試みた。新心理はシステムとして損傷を受けずに存在していると推測した。問題はそれの活発な（すなわち，解放された＋自由なエネルギー）備給を増やすことだった。この流動化のために転移と社交的側面がそれぞれの役割を果たした。2番目にセラピストは「成人」と「子ども」の間の境界をはっきりさせ，強化することで，この「成人」の備給の増加を〈捕らえ〉ようとした。3番目に幼児期の葛藤を解決することで，「子ども」の備給の容量を絶対的と相対的の両方で増加させることを試みた。こうすることで，「子ども」が不適切な

きに不健全な方法で活発化する傾向を少なくしようとした。実際に使われた手法はこの討議には関連はなく，ここでの目的は，単に自我状態のシフトに影響する要因を学ぶことの重要性を示すだけだ。ここに含まれる原則を患者自身が直感的に認識することがよくある。特定の側面に関しては，後ほど討議しよう。

　この時点で，よく困難を引き起こす2つの特徴をはっきりさせる必要がある。「親」は，活動的な自我状態，あるいは影響力として機能することができる。トロイ氏のケースでは，「親」は執行役と〈本当の自己〉の両方であり，活動的な自我状態として機能していた。これは彼が**父親のように**行動したことを意味する。一方，プリマス夫人が自分のスカートを整えたときの活動的な自我状態は順応する「子ども」で，彼女の「親」は，幻聴の形で単に影響として機能しただけだった。彼女は，父親のような態度ではなく，むしろ**父親が気に入りそうな**態度を取った。それゆえ「親」について語るときは，それが**活動的な自我状態**なのか，**「親の」**影響を意味しているのかを理解しなければならない。

　ある時点で，順応する「子ども」あるいは自然な「子ども」が活動的になっているのかを決定するのは「親」の影響だ。**順応する「子ども」**は「親」の影響下にある原始の自我状態で，**自然な「子ども」**はそのような影響から自由，または自由になろうとする原始の自我状態だ。それは例えるなら，従順な子どもと駄々をこねている子どもの違いと言える。ここでも，「子ども」について言及するときにはどちらを意味しているのかを理解する必要がある。

［注　釈］

　フロイドの〈心的エネルギー〉と〈備給〉（占有されたエネルギー）に関する討議は最も曖昧なもののひとつだ。難しさのある部分は彼の翻訳者[2)]によるところがあるのかもしれない。コルビー（Colby）[3)]は，これらの問題のいくつか

を解決しようとした。もっとも単純な方法は，精神エネルギーの概念をありがたく受け入れ，そしてその人自身の観察結果と関連づけようとすることだ。

参考文献

1）Weiss, Edoardo. *Loc. cit.*, p. 37.
2）e.g., Freud, S. *An Outline of Psychoanalysis, loc. cit.*, p. 44 f.
3）Colby, K. M. *Energy & Structure in Psychoanalysis*. Ronald Press, New York, 1956.

第4章　精神病理学

構造分析は，精神障害を体系的に扱う**一般病理学**を目指す。**病理学**は，損傷に対する生体臓器の反応に関わる。特定の疾病の実体と特有の防衛機制についての研究は，**特殊病理学**の分野に属する。今，我々はすべての心的組織を包含する，より一般的な反応または障害という大きな範疇における共通なものに関心がある。

構造の病理学は心的構造の異常に取り組むが，その最も一般的なものは除外と汚染の2つだ。**機能の病理学**は，心的エネルギーの備給の不安定性と自我境界の浸透性に関係する。

1.　除　外

除外は，型にはまった予測可能な態度で現われ，どのような恐怖の状況にさらされても，できる限り根強く維持される。一貫した「親」，一貫した「成人」，そして一貫した「子ども」はすべて，主としてそれぞれのケースで補完する他の2つの側面を防衛的に除外した結果として起こる。二次的な交流の利益は除外を強化する傾向がある。

除外する「親」は〈代償性〉統合失調症では古くから見られ，このようなケースでは，除外は混乱した原始心理の活動への主な防衛を構成する。これらの人々は，「子ども」の存在を認めるのがこの上なく困難だ。というのも，除外の目的はその側面をコントロールし，否定することだからだ。そのような除外の不変性は海軍病院から退院して，グループセラピー

を6年間受けたトロイ氏がはっきりと示した。彼の多くのエネルギーが注入された「親」の構造についてはすでに述べた。「成人」と「子ども」は，最も好ましい状況でのみ，その姿を現した。

　事態が安心できるありふれた状況になると，トロイ氏の「親」は，「成人」がおっかなびっくり登場できるほど十分にリラックスした。こうなると，彼は天気，ニュース，時間，そして自分自身の個人的な出来事を，皮肉を交えてまともに話すことができた。彼の態度は感じが良く，問題なく平凡[1]だった。話の内容は，今日はとても温かった，黒人は良い人たちだけど気をつけないといけない，この前の戦争から何か学んだ人は誰もいない，車を洗うとその後にいつも雨が降る，といったものだった。時々彼は，この自我状態では，ボイオティアのオレイアス（訳注：ボイオティアは古代ギリシャの一地方。オレイアスはギリシャ神話に登場する山と岩屋の精霊［下級の女神］）のように，相手の最後の言葉をしっかりとそのまま繰り返す以上はほとんど何も言うことができなかった。例えば，「気をつけないといけない」，「この前の戦争」，「雨が降る」のように。しかし，議論の危険が迫るのが見えるとその瞬間に，弱々しく備給された「成人」は，復帰した「親」の猛烈な独断的態度の前から撤退した。

　一方，セラピストが話すと，彼は寡黙にして従順，ほとんど畏敬の念で，慇懃な態度で反応した。これは従順な「子ども」の態度で，警戒態勢の「親」の監視下での礼儀にかなったやり方だった。しかし，もしセラピストが彼の子どもらしい小さな過ち（例えば乱暴など，性的ではないもの）に対してやさしい態度で「親」の主導権を脅かすと，「子ども」は速やかに事態の推移から除外され，「親」が「そんなバカげたこと」や「チビ野郎を殺せ」という彼のやり方で即座に引き継いだ。セラピーグループの人たちは，「親トロイ」がある時に実際に「子どもトロイ」を崖から落とすことで「チビ野郎を殺せ」を実行に移そうとしたと確信した。それは，業を煮やした「子ども」がそれと反対のことをしていたのでなければ，だが。このすべてのことから，彼は〈補償された〉状態では，彼の

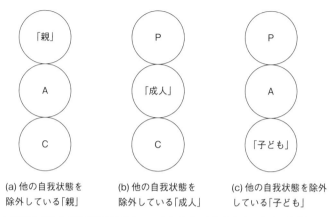

(a) 他の自我状態を　　(b) 他の自我状態を　　(c) 他の自我状態を除外
　　除外している「親」　　　除外している「成人」　　　している「子ども」

（訳注：バーン以降は「他の自我状態を除外している」は「一貫した」という表現も使用している。）

図2

「成人」と「子ども」には弱く（解放された）心的エネルギーが備給され，
「親」が圧倒的な強さを持つことを示した。図2⒜はこのようなパーソナ
リティを表す。これはトロイ氏に役立つように，彼の治療の適切な段階で
黒板に書かれたものだ。それは彼の周りにいる幼児を無差別に〈それ〉と
言う代わりに，現実の子どもを〈彼〉や〈彼女〉というように性別で区別
し始めた時期だった。

　クイント博士のパーソナリティは別の種類の構造を示した。社会科学者
だったクイント博士は，実験計画法や計算機で本領を発揮していた。一方
で彼は，健康な子どもの特徴である魅力，自発性，面白さに欠け，他方で
は健康な親に見られるような強い信念や憤りで味方をするということがで
きなかった。無価値の仮説は彼の好みの手段だった。彼はパーティで楽し
みに加わることができず，必要なときに妻の父親役になったり，学生に父
親らしい感化を与えることができなかった。彼は**他の自我状態を除外して
いる「成人」**を持っていたので，ほぼ立案者や情報収集家，データ処理者
としてのみ機能し，このような事に関して優れた仕事人としての評判を勝
ち得た。この「成人」は彼の〈本当の自己〉だったので，生き方としてデ

ータ処理に心の底から深く関与していた。

　そのため，ほとんどすべての状況で，自分の「子ども」と「親」を何とか知性化で締めつけていた。残念なことに，彼は性的な活動時には除外に失敗した。なぜなら，そこでは除外した側面が解放された心的エネルギーの備給でみなぎり，「成人」がコントロールを失ったからだ。その結果，〈彼〉（すなわち，その時も〈本当の自己〉である「成人」）はそれに続いて起こる活性化した「子ども」と「親」の闘いに，混乱してどうしようもなくなった。これは除外の防衛機能をはっきりとさせた。彼は，「子ども」へのわずかなくつろぎ感が衝動的なふるまいで終わり，親的な態度に対するどのような許容も自己批判と抑うつで終わることを自らの体験で発見した。クイント博士のパーソナリティ構造を図2(b)に示す。

　図2(c)で表した**他の自我状態を除外している「子ども」**は，社交上では自己愛的な衝動のパーソナリティで最もよく観察することができる。例えば，特定のタイプの〈高級〉売春婦や臨床的にはある種の活動期の統合失調症患者にみられ，そこでは理論的（「成人」）と批判的または養育（「親」）の両方の自我状態が避けられる。多くのケースで「成人」や「親」の弱い表出はあるが，それらは恐怖に直面すると簡単に散り散りになり，誘惑的で混乱した「子ども」が復帰する。後者が〈知的〉で〈役に立つ〉売春婦と統合失調症患者だ。他のときには驚くような〈生来〉の抜け目なさと基本的な道徳性を表すが，これらも実際の子どもの行動と比較したり，ピアジェ（Piaget）[2, 3] の研究が示すように，本質的な性格は子どもらしいものなのだ。

　このような病的な除外によって生じる臨床上の問題は，最も重要な自我状態の機能と特質の両方を表す。除外された側面とやり取りをしようとすると，防衛的な「親」，「成人」，または「子ども」からの特異な反応で，思うように進まない。例えば，信心深さ，知性化，気分を良くさせる偽物の従順さなどだ。これらのパーソナリティの作動上の特性は，通常の状況下でははっきりとした反応はひとつのシステムから来るということだ。他

の2つのシステムは**退役させられる**。長い間，トロイ氏の「成人」や「子ども」，クイント氏の「親」や「子ども」に到達することはほぼ不可能だった。自己愛的で衝動的な女性の倫理観や合理性に対して訴えようとする試みや男性の激しい憤りは，除外現象で直面する困難の悪名高き実例だ。

　他を除外している自我状態は役割ではないことを強調するべきだろう。役割についての疑問は後ほど討議する。

2. 汚　染

　汚染は一方で特定のタイプの偏見，また他方では思い込みによって最もうまく説明できる。図3(a)は偏見の構造を表す。「親」の一部が「成人」に侵入し，「成人」の自我境界の中に含まれていることがわかる。伝道者の息子は，1890年に父親がいた太平洋上の島での状況を引き合いに出して，すべてのダンスは不道徳なものだと証明しようとした。次第に彼は，この「成人」の自我親和的な結論は，あたかも理にかなっていたかのように体験し，擁護していたが，実はそれが「親」の偏見だったことを認識できるようになった。治療の後，これは他の偏見とともに「成人」の自我境界の再調整で，図3(b)で示すように「親」に戻された。これは実際には，普通の状況下で彼は自分の思春期の娘とその子の母親にダンスや同じような活動について理性的に話すことができたことを意味するが，特定のタイプのストレスのもとでは，「成人」は引き下がり「親」が優位になり，そのため彼は強硬姿勢を復活させた。「成人」が再び活発になると，彼は何が起こったのかを客観的にみることができた。「成人」が強くなるにつれ，やかましい「親の」登場は弱まり，頻度も減っていった。しかし，このための事前の必要条件は治療での元々の「成人」の汚染解除，つまり図3(a)と3(b)の違いだ。

　ある女性は風呂場をのぞき見されているという思いがあった。彼女の臨床上の状態はこれが妄想であることを指し示し，また，妄想だと納得でき

る証拠がたまたまあった。その一方で，幼少期の資料がすぐにこの思いについての遺伝的背景を提供した。それにもかかわらず，彼女は論理的な証拠を挙げて，家の裏庭にスパイたちの隠れ家があると言い張った。図3(c)はこの妄想の構造を示す。これは「子ども」による「成人」の汚染だった。治療の過程で，彼女は自分には「成人」の自我親和的ではないパーソナリティの原始の部分があることを他の関係から認識した。このようにして彼女の中の「子ども」の存在は確立された。後になって，スパイに関しての彼女の証拠は原始的な性格のものだったことを理解することができた。これで，彼女の「成人」の汚染が解除され，妄想的なシステムは「子ども」に追いやられた。図3(d)に示すように，彼女の「成人」の自我境界が再調整されたのちは，妄想はもはや「成人」に自我親和的ではなくなった。そのため，それ以降は「成人」が後退したときにのみ妄想が再び現れるようになった。明確化と強化が高まるにつれ，「成人」の自我境界はより堅固になり，混乱することが難しくなった。そのため，彼女は増加するストレスにも耐えられるようになり，意識の清明期はどんどん長くなっていった。

　図3(e)は**二重汚染**を，そして図3(f)はその治療結果を示す。これらの図では「成人」は治療後に収縮しているように見えるが，実際の状況はむしろ三次元的に近いものであることを覚えておいてほしい。「成人」は汚染で取り去られるのではなく，いうならば，剥がれたのだ。例えるならば，後で航海がぎこちなくなる程度を抑えるために船についたフジツボをこそぎ落とすようなことだ。

　単純な汚染の診断にはパーソナリティの4つの領域を認識することが必要だが，二重汚染は図3(g)の矢印が示すように，5つの部分が関わる。Pの領域から生じるものは，患者の「成人」には「親の」産物と認識され，Cの領域からのものは「子どもの」産物と認識される。しかし，PA，A，ACの領域から生じるものはすべて患者には「成人」の自我親和的に体験され，それゆえ守られる。この部分でセラピストは患者の誤った見立てを

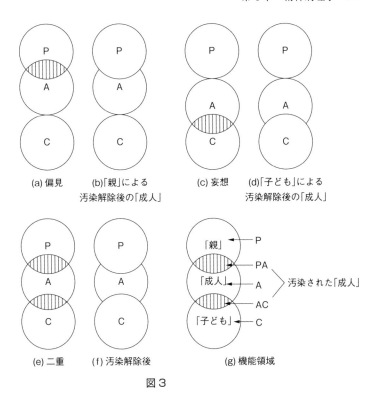

(a) 偏見　　　(b)「親」による　　　(c) 妄想　　　(d)「子ども」による
　　　　　　　汚染解除後の「成人」　　　　　　　　汚染解除後の「成人」

(e) 二重　　　(f) 汚染解除後　　　(g) 機能領域

図3

　正し，汚染解除と境界の再調整が達成できるように助けることに尽力する。状況を図3(e)から図3(f)に示したように変化させるための心理療法の技法，仕組み，問題，そして予防策については，適切なところで討議する。

3. 機能の病理

　患者には，固執して頑固な人と，その時の気分で素早くひとつの自我状態からほかの自我状態に移行する人がいる。後者の患者のひとりがサックス夫人で，社交的には（一方で）特定の人種や家族性の偏見にどうあって

もしがみつき，夫婦間では（もう一方で）受動攻撃性を発揮して，自分が
欲しいものを得るまで泣いたり，めそめそし，夫を責め，頑固に罰した。
時々，この頑固な「子ども」はこのような激しさを3，4昼夜継続し，彼
女は片頭痛になった。

　しかしながら，治療場面では状況は全く違っていた。セラピストからの
一言で彼女を，腹を立てた頑固者からめそめそする「子ども」に変えるこ
とができ，別の言葉でハッと我に返し，一時的に合理的な「成人」を回復
させることができ，彼女はかなりの客観性を持ってその前の自分の行動を
査定することができた。しかし，セラピストのちょっとした不注意で，再
び敵意を持った傲慢な「親」や自分自身のみじめな状態に浸る「子ども」
がよみがえる。それはあたかもそれぞれの状態の束縛された備給と解放さ
れた備給の流れの粘着性が低いように見え，また自由な備給もまた不安定
だった。そのため，治療の場では本当の自己はひとつの自我状態からほか
のものへ速やかに移動でき，それぞれがかなり簡単に高度に充電，非充電
することができた。しかし，彼女の外の世界での生活は，それぞれの自我
状態は特定の状況下では活発な充電が保たれ，長期にわたって執行役の力
を維持できることを示した。これはしっかりとした自我境界がある証拠だ
と考えられた。それゆえ，特定のパーソナリティでは自我境界の欠陥なし
に**備給の不安定性**について語るのが適切なように思われる。実際にこれら
の特質が適切に整理されれば，非常に効果的で適応性のある機能の基礎を
形成することができる。これと補完的な型で良い自我境界と**不活発な備給**
も存在し，そういう人々は遊んだり，考えたり，道理を説くのを始めた
り，やめたりするのに手間取る。

　自我境界の**浸透性**にもまた2つの極がある。除外のメカニズムは**硬い**自
我境界を持つ人にだけある。そのため，ある種の統合失調症の患者たち
は，〈補償〉やその補償を維持するのに困難を感じる。自我同一性に欠け
る無力型の人々は，ひとつの自我状態からほかのものに大した強度なしに
移動する**緩い**自我境界を持っている。「子ども」と「親」は両方とも弱い

が，容易に「成人」に染み込んだり，その自我境界を突破する。そして，本当の自己は小さなストレスで移行する。サックス夫人はだらしない「子ども」を持っていたが，彼女の全体のパーソナリティの構成がだらしないということは全くなかった。緩い自我境界を持つ人々は，パーソナリティ全体がいい加減な印象を与える。

参考文献

1) Cf. Harrington, A. *The Revelations of Dr. Modesto*. Alfred A. Knopf, New York, 1955.（これはたやすく深刻に受け取ってしまうような興味深い風刺のひとつだ。内容は人とうまくやる平凡な方法である〈中央集権制〉を論じる。）
2) Piaget, J. *The Construction of Reality in the Child*, Basic Books, New York, 1954.
3) Piaget, J. *The Moral Judgment of the Child*. Harcourt Brace & Company, New York, 1932.

第5章　病因論

　身体的な生命は連続体として考えられ，そこでは，体のすべての状態は生物学的な流動性と恒常性の原則によって瞬間ごとに替わる。しかしながら，臨床的には特別なシステムにおける刺激の影響を考慮し，多かれ少なかれ偶然による画期的な出来事の連続体から分離するほうがより目的に適う。

　精神的な生命は単一の自我状態が突然に，または可塑的な方法で瞬間，瞬間で修正される類似の連続体だと考えられる。ここでもまた，臨床医は通常では特別のシステムと画期的な出来事を考えることが役立つと判断する。自然な心理的出来事は生来的に概要が描かれ，そこには相対的な休息期間の合間に挿入される突発的な活動がある。通常，精神は一日の中で内的，外的な刺激を浴びせられるので，その時にすべてが〈取り入れ〉られるわけではない。後に続く睡眠状態は，これを吸収する機会を提供する。それゆえ，一日はちょうどよい具合に〈自我単位〉と受け取られる。このような見地から，夢の機能は前の日の経験を吸収することだと言える。そして新しい日は相対的に新鮮な自我状態として始まり，一連の過程は繰り返される。もし何かが〈取り入れ〉られなければ，夢は繰り返される傾向があり，起きている自我は活気がなくなる*。この概念は十分になじみ深い。

　病的なパーソナリティの発生は簡単な比喩的表現で説明できるだろう。

---

*本著が書かれて以降，デメント氏（Dement）の夢の遮断[4]の研究が登場した。

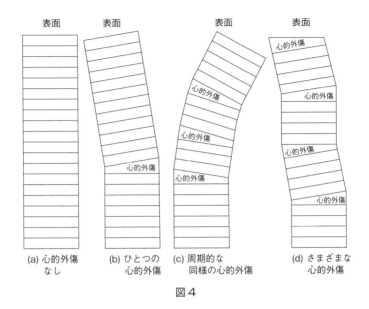

図4

自我の構成単位である毎日の体験は，ザラザラした硬貨の様子と比較することが可能だ。その硬貨は夜中に磨かれる。理想化された心的外傷なしの人生はそのような硬貨の山からなり，ひとつひとつの硬貨には同じパーソナリティのスタンプが押されているが，しかしそれぞれ少しずつ他と異なり，そしてすべての山が図4(a)のように真っ直ぐ正確に立つように仕上げてある。しかしながら，心的外傷のある自我状態は歪んだ硬貨のようで，図4(b)のようにどんなにその後のすべての硬貨が正しい状態であっても，そこから先の山を傾斜させる。もし定期的に同じような心的外傷のある自我状態があれば，山は同じ方向にどんどん傾斜し，図4(c)に示すように倒れる危険性が出てくる。もし心的外傷が異なった特質のものであれば，山は時々あちらこちらでジグザグの形になる。そして，図4(d)のように最終的には縦に向くかもしれないが，そこには固有の不安定さがある。いずれにせよ，傾斜は山のバランスと方向を変える代数的な付加効果があるだろう。

　このたとえを臨床用語に翻訳すると，早期の心的外傷は真実の積み重ね
を狂わせ，その後のものはさらに狂わせ，一番上の硬貨から下の方の歪み
が見えなくても，後続の心的外傷の数々はどんどん不安定な性質へと近づ
いていく。状況を立て直すために重要なことは，硬貨を1つか2つ修正す
る必要があるだけなのかもしれない。

　歪んだ硬貨が下の方にあるほど，根本的な安定性に大きく影響する。こ
こで，異なった種類の硬貨について話すことが可能だろう。子ども時代の
ペニー（訳注：1セント硬貨），潜伏期のニッケル（訳注：5セント白銅
貨），思春期のクオーター（訳注：25セント硬貨），成熟期の銀の1ドル
硬貨についてだ。1枚の曲がったペニーが最終的に数千の銀の1ドル硬貨
を崩れ落とし，大混乱になるかもしれない。そのような曲がったペニー
は，これまで「子ども」と呼んでいたものを象徴する。「子ども」は固着
し，連続体のこの後の方向全体を変える歪んだ自我状態なのだ。もう少し
具体的に言うなら，それはひどく曲がったひとつの自我ユニット（とても
酷いペニー）か，少し曲がった一連の自我ユニット（一連の劣った鋳型か
ら作られたペニー）だ。心的外傷性神経症の場合，「子ども」は患者の幼
少期のZ年Y月X日に固着した，その混乱した自我状態なのだ。神経症
の場合は，患者が幼少期のC年のA月からB月に似たような辛い状況が
毎日繰り返された不健康な自我状態だ。いずれの場合もひとりの人におけ
る固着した病的な原始の自我状態（または一連の自我状態）の数は非常に
限定的だ。それはおおよそ1つか2つ，もしくはまれに3つだ。硬貨のた
とえはここで述べた以外にも多くの側面に関してあるが，それについての
さらなる探索は読者に任せよう。

　ヘプト家の家族のひとりが，彼女の3歳になる孫息子に生後39から42
カ月の間に性的ないたずらを教えた。その孫は毎朝，期待と興奮状態でお
祖母さんと一緒のベッドに横たわっていた。その子は誰かが部屋に入って
きたらどうやって隠すかを教わっており，お母さんが仕事に出かけるまで
待っていた。この複雑な自我状態にはその後独自の性的な奔放さが続い

た。この上出来な詐欺師であり愛人はとても大胆になり，母親が風呂上り
に体を乾かしているときに彼女に挑もうとした。この行為は以前からあま
りに異様で，自分が精神病になりかけているのかと思うほど大きくなって
いた母親の疑念を裏付けた。彼女の恐怖はあまりに大きく，その小さな男
の子はその場で凍りついた。彼の高度にエネルギーを注入された自我状態
全体は固着し，残りのパーソナリティから分離した。この意味で，その劇
的な瞬間が彼の「子ども」の誕生を示した。

　ここでの決定的な心的外傷は誘惑ではなく，母親の反応だった。この子
のパーソナリティを後に「親」，「成人」，「子ども」の要素で分析したと
き，時として現象的にも社交的にも彼を表していた「子ども」は，祖母の
寝室で現れていた要素のすべてを最大限の備給で再現した自我状態で出来
上がっていた。それは昔，本当に存在した 39 から 42 カ月の実在の子ども
の自我状態だった。子ども自身はこの宇宙の独自の現象として決定的に消
えてなくなっているが，彼の自我状態は生き残り，変わらず，特定の機会
には満開によみがえった。彼の「親」は，彼自身の子どものような行動や
他者の似た行動に対して，母親が風呂場で見せたような（図 5（a）），特定
の恐怖の態度で反応した。「子ども」が「成人」からも「親」からも除外
されていたかを観察する機会はなかったが，もしそうだったなら，心的外
傷性神経症（図 5（b））になっていただろうし，また「子ども」のなかの特
定の要素が汚染によって「成人」自我親和的だったら，このケースでは悔
恨の性的倒錯を構成する（図 5（c））だろう。もし彼を誘惑したのが母親自
身だったら，「子ども」のいくつかの要素は「成人」自我親和的なだけで
はなく，「親」自我親和的であり，それは〈精神病〉的倒錯の性質だ（図
5（d））。一方で，母親との事態が起こらなかったら，日常のわずかな心的
外傷のみの増大で，神経症という結果だったかもしれない。

　独身のオグデン嬢は，「エディプス期の親」が充分に確立された後の 6
歳の時に祖父から誘惑された。この「親」はその出来事が起こっている間
退役させられていたので，彼女はある程度の協力をしていた。彼女はこれ

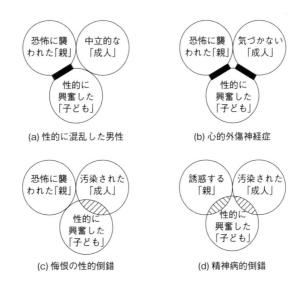

(a) 性的に混乱した男性

(b) 心的外傷神経症

(c) 悔恨の性的倒錯

(d) 精神病的倒錯

図5

を母親には内緒にしていた。というのもそのあたりからの思いやりは期待
できないと予測したからだ。その日の自我状態の性的要素は（「成人」か
ら）除外されていたが，秘密の要素はその時そうであったように「成人」
自我親和的なものとして残った。完全な自我状態，つまり彼女の完全な
「子ども」が夢に現れると，現実に誘惑を受けた1924年10月12日午前3
時に存在した少女の実在の自我状態を全く風化されていない状態で再現し
た。彼女は目覚めている時間は，厳格に性を感じさせないで，化粧せず，
修道女のように質素な服装をしていた。しかし，秘密は「成人」自我親和
的だったので，彼女は病的な秘密を正当化していた。彼女の母親は秘密主
義だったので，秘密は「親」自我親和的でもあった。そのため，それは病
的なだけではなく，精神病性でもあった。ある時，彼女は3,000マイル離
れた元級友について長い話をしたが，その時その級友のことを〈この人〉
と言い，最初は下の名前を打ち明けたり，性別を言うことすら拒んだ。そ
れは「あなたが彼女とある時ばったり会うかもしれないし，そうしたら，

それが誰かわかってしまうから」と言い，さらに「どっちみち母に決して人の名前を言ってはいけないと教わったし，名前を言うことが適切だとは思わないから」と付け加えた。

性格神経症の構造は〈精神病質〉のそれに類似し，これまでの科学的根拠では，この2つの差異はおそらく社会的環境によってできたものと思われる。1世紀前，人間を食べ，妻をこん棒で殴り，腹を立てた使用人に地面に生える草を食べさせたフィージーの首長は同時代の人々から酷い奴と思われたが，罪を犯す〈反社会性人格障害〉[1]とは受け取られなかった。現在では野蛮な行為が起きると，植民地政府からたびたび精神医学のコンサルタントが呼ばれる。

事実，構造分析は〈正常〉な人々に関して驚くような結論に至るが，そうは言うものの，それらは充分臨床上の判断に合致するものなのだ。構造分析の用語では，〈幸福〉な人とは，「親」，「成人」，「子ども」の重要な側面が互いに親和的な人だ。ある若い医師は，結婚生活に関して問題を抱えていたにもかかわらず，仕事では幸福を感じていた。彼の父親は内科医で，彼の母親から尊敬されていたので，彼の「親」は内的な葛藤はなく，彼の職業に賛成していた。「成人」は，彼の職業に興味を持ち，能力があり，良い仕事をすることが好きだったので，満足していた。「子ども」の性的興味は，仕事を通してうまく昇華され，満たされていた。そのため，「親」，「成人」，「子ども」はお互いを尊敬しあい，それぞれが彼の職業で適切な満足感を受け取っていた。しかし，両親と子どもはすべてのことに合意することはできないので，職場を離れると，彼はひどく不満なことがあった。教訓は幸福な人を定義することはできるが，常に幸福でいられる人はひとりもいないということだ。

しかしながら，同様の分析が強制収容所の〈健康な罪人〉にも適用されることを認めなければならないことには動揺する。これらの人々は根元的にひどく悩み苦しむ人たちに違いないという通説は慰めだが，能力の高い観察者はその推測は保証の限りではないと感じる[2]。以下の逸話は，必然

的な結末に至った〈幸福〉なパーソナリティの構造の良い例だ。

　ある日若者が家に帰り，母親に言った。「僕はとても幸福だ！　さっき昇進したんだ」。彼の母親はお祝いを言い，そのような機会のために取っておいたワインを取り出し，息子に新しい役職は何かと尋ねた。

　「今朝は」と若者は言った。「強制収容所のただの衛兵だったけど，今晩，僕は新しい司令官なんだ」

　「それはたいしたものね」と母親は言い，「私はなんて上手にあなたを育てたのでしょう！」

　このケースは，若い医師のケース同様，「親」，「成人」，「子ども」すべては彼の職業に興味を持ち，満足しているので，〈幸福〉の条件を満たしている。彼は愛国的な合理性で母親の彼に対する熱望を満たし，一方では自分の原始のサディズムを満足させた。この観点から日常の生活で，これらの人の多くは余暇に良い音楽や読書を楽しむことができるのは，さほど驚くことではない。この不快な例は，幸福，美徳，そしてギリシャで言うところの〈出来の良さ〉[3]の側面を含んだ有用性の関係に関わるいくつかの素朴な態度について真剣な疑問を投げかける。それはまた，〈どのように子どもを育てるか〉を知りたいが，子どもを何にならせたいかはっきりと特定できない親には有効な実例だ。子どもを〈幸福〉になるように育てたいだけでは十分ではないのだ。

　構造的に説明することができる〈正常な〉パーソナリティには別の種類があり，それは〈きちんとした〉人だ。ここできちんとした人とは，明確ではあるが，不浸透性ではない自我境界を持っている人をいう。この人は激しい内的葛藤に直面するかもしれないが，「親」，「成人」，「子ども」をそれぞれ，ある程度安定した方法で機能できるように分離することができる。（分離は除外ほど断定的でなく，より健康な関係詞。）　仕事で素晴らしい実績を持つスコットランド人の教師は，30 年間にわたり，ほぼ毎晩 1 クォート（訳注：液量単位で，米国の換算では 0.946 リットル，英国の換算では 1.136 リットルに相当する）のウイスキーを飲んでいたが，彼は毎

朝時間通りに学校に着き，仕事をうまくやった。勤務日は完全に自分の「成人」を分離することができたので，彼の飲酒は代々の愛情深い生徒たちにはほぼ内緒だった。家では「成人」は退き，飲んでいる間は「子ども」が優位になった。この何年もの間，彼の「親」には心的エネルギーが弱々しく備給されていたが，彼の人生のある段階では，「子ども」がすっかりそれに慣れてしまうほど完全に「親」が優位になり，誰もが知る限り，彼は一滴も飲まなかった。しかし，その間彼は生徒たちの恐怖の的になった。なぜなら，生徒たちは先生の「成人」ではなく「親」に立ち向かわなければならなくなったからだ。彼は，飲酒に対する「親の」非難で，ウイスキー時代は幸せではなかったが，きちんとしていた。

　構造分析では〈成熟〉の概念には特別な含意がある。十分な臨床上の根拠から誰もみな完全に形成された「成人」を持つと思われているので，〈未成熟な人〉というものはいない。「子ども」が執行役の力を持ち，そのため，その人の行動がまだ成熟に達していない人々がいる。しかし，退去させられたり，委任されていなければ，そのような人々の「成人」は治療的介入で備給することができ，そうすればプリマス夫人のケースのように行動が〈成熟〉する。したがって，行動は〈未成熟〉でもよいが，その個人（たぶん器質的発達不良がなければ）はそうであってはならない。コンセントが入っていないラジオは音が出ない。しかしながら，そこには完全な可能性があり，コンセントを入れれば，音が出せる。患者は面接の間部屋に音楽が流れていないからといって，医者がラジオを持っていないか壊れたラジオしか持っていないと推測するのは正しくない。筆者の経験では，個々のノイローゼ患者だけでなく，慢性統合失調症患者，〈未熟〉な反社会性人格障害者はそれぞれ十分に形成された「成人」を持っている。問題はそのような人々が未熟で〈ある〉ことではなく，「成人」の〈コンセントを入れる〉方法を見つけるのが難しいことなのだ。

　この国では〈成熟〉と〈未熟〉という言葉の不幸な意味論があるため，一番良い方策は臨床の語彙からそれらを消去することだ。現在では，生物

学者だけがそれらの言葉を客観的な「成人」のやり方で使用している。それ以外の人々では，「親」が自分自身の語彙を増やすために，これらの用語を先取りしたように思われる。

参考文献

1）Derrick, R. A. *A History of Fiji*. Printing & Stationery Dept., Suva, 2nd Ed. Rev. 1950.
2）Cohen, Elie A. *Human Behavior in the Concentration Camp*. W. W. Norton & Company, New York, 1953.
3）Cf. Plato, Aristotle, and Kant on happiness, passim.
4）Dement, W. "The Effect of Dream Deprivation." *Science* 131：1705-1707, 1960.

第6章　症状学

　この分野における特別な現象をよりよく理解するために今一度，まずは主題の大局的な見解を持つことが望ましい。構造図はやむを得ず二次元で描かれているが，三次元の方が状況をよりよく表すだろうし，もしそのようなものが可能であるのならば，四次元の方がさらに臨床的にわかりやすいだろう。そうは言うものの，二次元でも十分に示唆に富む特徴がある。

　直感的に，「親」は一番上に，そして「子ども」は一番下に置かれた。この直感には道徳的にかなう起源があった。「親」は，倫理的な強い願望と崇高な貪欲への案内役だ。「成人」は，客観的な生き方についてのこの世での現実に関心を持ち，「子ども」は，原始の傾向のため苦行で，時としては地獄だ。これはいつの時代のどの国でもある自然な考え方だ。フロイドは，彼の夢の解釈に関する自身の著書のまえがきにバージル（訳注：ウェルギリウス・バージル。70-19B.C.　ローマの詩人）の言葉を引用している。「天上の神々を屈服させられなければ，私は黄泉の国を動かす」

　この道徳的な序列は，その臨床上の重要性から強化される。「親」は最も弱いメンバーで，「成人」は（「親」よりは）簡単に引き下がらないし，「子ども」は全くの疲れ知らずのように思われる。例えば，アルコールの影響下では，「親」は最初に麻痺し，もし「子ども」が落ち込んだり抑制されていれば，その「子ども」は自分をもっと軽く自由な方法で表現することができ，その結果社交的には楽しさを増したり，不快感を増すことにつながる。次に麻痺するのが「成人」なので，社交のテクニックと身体的現実についての客観的な判断が弱まり始める。制約されない「子ども」は

最大の投与量でのみ，自身の自由に混乱し，予期せぬうちに無意識になり，酔って正体がなくなり始める。人は酔っぱらっているときに本当の自分を現わすという格言は，「親」や「成人」の命令を聞く順応する「子ども」が，上層部の機能が徐々になくなるにつれ，自然な「子ども」に取って代わられることを意味する。麻痺から覚め始めると，順番の明確さには差があっても，フェダーンの「朝の勤行の様式」（訳注：フェダーンは睡眠時には心的エネルギーの備給が奪われるので，自我の発達は深い眠りから覚醒するときに繰り返されるということを理論化した）の原則[1] に則って順序が逆になる。

　ある程度の複雑性と特異性はあったとしても，眠りに落ちるときの状況も似ている。覚醒時の道徳心は，入眠時には善悪の判断にとらわれない実務的な空想家に取って代わられる。うたた寝する人は倫理的，実用的に，また楽しくするために何を**すべき**かを考える代わりに，道徳的問題抜きに何をしたいかを考え始めるが，想像は可能な限り現実に近いものにする。眠りに入ると，倫理と禁止だけでなく，限られた肉体的，社交的可能性をもつ客観的な現実の世界も忘却の淵に沈み，「子ども」が夢のなかでかなり自由に魔法の道を追い求める。確かに，「親」や「成人」の機能の特定の遺物は二次加工[2] の前から明らかかもしれないが，それらの存在は階層の原則を侵害するものではない。それらは，「子ども」自体の中にある原始の親の影響と現実についての意識に起因している。これが，「子ども」の自我状態の現象とイドの概念の違いを正式に差別化するものだ。「子ども」は現在存在するか，以前に実際に存在した組織立った心の状態を意味するが，イドはフロイドが述べるように，「カオス，激しい興奮の大釜……それには秩序も統一された意志もない」[3]。

　症状とは，異なった自我状態間の葛藤，調和，または汚染の**結果**かもしれないが，活動的か除外されている単一の明確な自我状態それぞれの**表出**だ。そのため，構造分析における最初の症状的な課題は，どの自我状態が実際にその症状を示しているのかを決めることだ。これはケースによって

はとても簡単だが，高度な診断的洞察力や経験が要求されるケースもある。トロイ氏の騒々しさに対する怒りっぽい態度は，彼の父親の複製で，明らかに「親の」ものだった。クイント博士の杓子定規なところやオグデン嬢の秘密主義は，より注意深い観察が必要だった。トロイ氏の「親」を引き下がらせた結果は大酒飲みと衝動的な行動で，これらはどちらも「子ども」の現れであり，クイント博士のかんしゃくやオグデン嬢の脅しを前にしての身体的不安も同様だった。これは，それぞれのケースの特定の〈性格〉の特徴はひとつの自我状態の表出で，特定の〈症候性〉の発現は他の自我状態の現れであることを意味する。

　これらの原理を念頭に置くと，構造用語で精神科の症状を分析するのは可能なはずだ。それには2つの異なった自我状態が同時に活動することを必要とするものも含まれる。

　幻覚とはプリマス夫人が聞いた声が実証するように，一般的に「親」の表出だ。最も一般的な幻覚のタイプはひわいな口汚い言葉や致命的な禁止令だ。「お前はホモだ！」という非難と，「あいつを殺さなければならない！」という命令は両方とも親の言葉の，あまり歪んでいない記憶の復活に間違いない。

　声それ自体は「親」から発せられるが，聴き手は「子ども」と，時として汚染された「成人」からも成る。中毒や急性期統合失調症の症状の出現や同性愛パニックの発現を示す混乱した状態では，「成人」は引き下がり，怯えた「子ども」がひとりぼっちになってそれを聞く。一部の妄想状態のときには，活動的だが汚染された「成人」が，その声は実際にそこでするという「子ども」に同意する。よりまれなケースでは声が「子ども」のものでも，その声が実際にそこですると同意するのも，やはり汚染された「成人」なのだ。

　これは図6(a)を参考にすればはっきりとするだろう。ここには3つの自我状態しかないが，4つの領域がある。もし，ある瞬間の〈本当の自己〉が「成人」で，「子ども」か「親」から発せられた声はそれが汚染された

領域で処理されれば，外部の人物から来たように受け取られる。この領域での現実検討は，その部分が「成人」に属していると体験されるが，実際には非現実的な「子ども」が侵入しているから無効だ。正確なトポロギー心理学（訳注：レビン（K. Lewin, 1890-1947）によって創られた数学的場理論に基づいた心理学）によると，これは神経学的視点から非常に妥当な状況だ。もし言語化が「成人」のきれいな部分で処理されれば，それらは幻覚としてではなく，〈良心の声〉や〈子どもじみた要求〉として受け取られ，内部現象と認識される。その場合，欠陥部分で処理されるのは何か他のもので，その結果は他の種類の精神病理になる。

　妄想は大抵「子ども」の表出だが，図6(a)のように「成人」の自我境界内に含まれる汚染された部分から生じる。そのため，それらは「成人」の自我親和的で，現実検討は図6(b)のように「成人」と「子ども」の間の境界が再調整されるまでは起こらないことを意味する。再調整されると妄想は「成人」の自我異和的になり，そのため「成人」が〈本当の自己〉に留まる限りは，妄想ではなく，変わった考えとして体験される。そして，「成人」は実際にはこう言う。「私の一部はそうだと思うけど，**私**は，そうだとは思わない」。しかし，「成人」が後ろに引きさがり，「子ども」が〈本当の自己〉になると，いまや考えは〈本当の自己〉と親和的だから，今一度その人はこう言う。「**私**は，それは本当にそうだと思う」。トロイ氏のケースでは，「親」が〈本当の自己〉だったので，精神的に異常な状態のとき（そのときは「子ども」が〈本当の自己〉だったから）の妄想の派生物を，今は特徴的な親のやり方で〈愚かでバカげた考え〉と熱烈に否定し，それには彼のいつもの〈そんな考え方をするちび野郎を殺せ〉という父親らしい意味が含まれていた。

　自我境界は高度に選択的で浸透性のある複合的な皮膜のように機能すると思われる。「成人」と「子ども」の間の境界の損傷は，〈境界症状〉と呼ばれるような特別な部類の症状を引き起こすことがある。それらには非現実感，疎外感，非人格化，未視感，既視感，そしてよく知られた既知感の

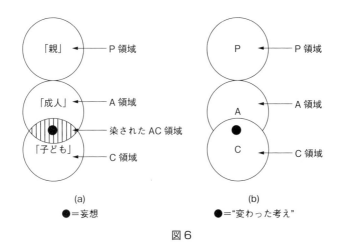

(a)
●=妄想

(b)
●="変わった考え"

図6

ような類似のものが含まれる。それらの悪影響は，他の多くの症状と同じ
ように自由な備給の分配による。もし，「成人」が〈本当の自己〉ならば，
この一連の症状は少なくとも当面の間は〈日常生活の精神病理〉に属す
る。また，もし「子ども」が〈本当の自己〉ならば，それらは数多い精神
病のひとつになる。ともかく，それらは境界損傷の特徴的なもので，軽度
で良性のものから，悪性で難治性のものまで幅がある。

　医師の言うことを注意深く聞き，それから「でも，なんであなたの言う
ことを聞かなくてはならないのでしょう，だってあなたは存在しないの
に？」と言う患者は，極度の現実喪失を明示している。この例では，〈本
当の自己〉は「子ども」で，「成人」-「子ども」間の自我境界を閉じる
ことで「成人」を除外したものだ。そのため，新心理のデータ処理はまだ
効率的に働いていても，「子ども」に影響を与えることができない。「子ど
も」が「成人」をあたかも存在しないように扱い，外界は存在しないと言
う感覚は，この状況での二次的派生物なのだ。この仮説は，患者が実際の
子どもで，自分で周りの人との交流を止めるのがわかるようなケースで試
される。「成人」は医師が言ったことを聞いて完全に理解するが，「子ど
も」は「成人」が得た情報の影響を受けず，そのためそのような情報はな

いと言うことを正当化できると感じる。つまり，医師は存在しないということだ。それゆえこのようなケースでの理性への訴えかけは，どんなに「成人」にうまく受け取られても，自己孤立化している「子ども」の意見を変えることは通常できない。

　疎外の構造は，面白いことに洞察の構造と同じだ。ここでは外界は，「成人」が「子ども」を除外することで以前の豊かな意味が失われる。「子ども」の原始のデータ処理は切断され，「成人」は喪失を疎外と感じる。そのため，非現実感から「子ども」が〈本当の自己〉で，疎外の感覚から「成人」が〈本当の自己〉となり，それらはどちらも境界侵入についての機能的な硬化に起因する。心理療法の過程での洞察は，「成人」が汚染解除され，「子ども」と「成人」の間の適切な境界が再構築されたときに起こる。そのため，疎外と洞察は両方とも「成人」－「子ども」間の境界の強化に基づき，「成人」が〈本当の自己〉だが，あるケースでは強化は病的で，他のケースでは強化は通常の過程の復元となる。（洞察は「親」－「成人」の境界にも関係するかもしれないが，いまのところそれは無視しよう。）

　疎外された状態における「子ども」の除外は，24歳で未婚の生物学者エナット氏が実証した。彼は，ある日狩りをしている時に，突如すべてが無意味に思われ，それ以来ずっとその感覚があると訴えた。彼は，意識的な動機や満足なしに普段の日課の行動を行っていた。彼の「成人」は，知的手法で説明と安堵感を模索した。彼は，哲学的な言葉で宇宙や人生，彼自身の起源について熟考し始めた。彼の職業の選択は，当然ながら，最初からこれらの質問に答えることに向けられ，それらは子どもらしい性的好奇心に動機づけられていたように思われた。彼の修道士的な人生は「子ども」に山積みされた性的緊張の結果のように思われた。「子ども」の性的関心は加虐性に向けられていたので，これは健康な状況ではなかった。同時に，「子ども」の彼の父親に対する激怒はより激しくなってきた。両方の緊張関係に対する彼の解決策は「子ども」を除外することで，それで彼

は苦悩に満ちた代償を払うことになった。

　彼は自分にとって意味のあるものは何もない（彼の「成人」にとって）と感じたが、「子ども」は自分のまわりで起きていることにはまだ重要なものがたくさんあると気づいていたことは明らかだった。時折、グループの誰かが彼の感情について質問すると、彼は握りこぶしを激しく太ももに叩きつけ、叫んだ。「自分がどうしてそう感じるのか、**わからない**！」。彼（「成人」で〈本当の自己〉）は、握りこぶしで自分の太ももを叩いていることには全く気づかず、それを指摘された時、非常に納得のいく驚きを示した。研究では、このジェスチャーは彼の早期のトイレット・トレーニング期の冒険と繋がりのある遺物であることを示した。そのため、「成人」は周りで起きたことに何の意味も見出さなかったが、彼の「子ども」は同じ出来事のなかに重要なことをたくさん発見していたのだった。疎外感は原始心理と新心理の間でのコミュニケーションが全くなかったことに起因していた。

　離人症では、身体的刺激は事実に即して処理されるが、混乱した「子ども」により歪んだ方法で処理される。しかし、その歪曲は「成人」の自我異和的なままなので、「成人」には理解できない。もしそれらが「成人」の自我親和的になると、離人症の感情から身体的な変化の妄想へと変換される。それは「成人」が仮定される変化を正当化して「子ども」を助けることを意味する。〈感情〉に対する抗議は「成人」の現れで、一方〈妄想〉は「子ども」の表出なのだ。歪んだ身体イメージは新しい現象ではなく、子ども時代からずっと潜伏しているので、「成人」－「子ども」の自我境界損傷という傷が新心理領域にそれが染み出すことを許すまでは、そこで混乱を引き起こす。この仮説の調査は前駆期には境界の硬化を示し、他方、症状は小さな断裂を示すはずで、その影響は適切な防衛手段で永久もしくは一時的に局部的に留めるというものだ。

　ここまで論議してきた症状——幻覚、妄想、境界の症状——は全て統合失調症の特徴だ。軽躁病では、汚染された「成人」の協力を得た「子ど

も」による「親」の除外が起こり，そのため新心理の判断は正常には機能していないにもかかわらず大きな影響力を持つ。躁病が付随して起きる場合，「親」と同様に「成人」も過度に心的エネルギーが注入された「子ども」に押し切られ，その結果，「子ども」は狂気じみた活動をする自由な場を得る。しかしながら，除外は片側からしか見えないガラスのようなもので，激怒しているが一時的に能力を奪われた「親」は，起こっていることすべてを観察することができる。「子ども」は「親」の無力に乗じるが，監視されていることははっきりと意識している。これゆえに，参照と記録の妄想なのだ。報いの日が来ると，それは酷いものかもしれない。「子ども」が疲れ果てると，「親」に同じように過度の心的エネルギーが注入され，復讐をする。

　ここには躁うつ病の構造特徴と精神分析理論[4]の間に矛盾はない。精神分析は遺伝メカニズムに取り組むが，一方，構造分析は擬人化された沈殿物の備給に関心を寄せる。その沈殿物は実際に以前存在した幼児期の遺物であり，それは以前実際に存在した親の遺物との葛藤のなかで作られたものだ。葛藤は単に人格を保っているということで，ここでは擬人化された用語で言い表している。それは抽象的で概念化された力の戦いではなく，生き残りをかけた現実の人間同士の子ども時代の戦いの重複か，少なくとも患者がそのように体験したものだ。

　精神病と同様に，神経症の兆候は複雑な対立に起因したり，終結するかもしれないが，明確に定義された単一の自我状態の表出だ。例えば，転換ヒステリーの実際の症状は「子ども」の表出であり，それは抑圧として知られる特別な選択的な種類の除外によって「成人」から除外されたものだ。これで「成人」ははつらつとした態度で自分のするべきことをやれるようになる。心理療法は，「子ども」とセラピストが活動的な「成人」が存在するなかで話し合えるように境界を壊すことで構成される。もしセラピストが「子ども」に誘惑されて，ドラッグや催眠を使って「成人」を引き下がらせることに加担すると，2人は生き生きとした時間を共有するか

もしれないが，心理療法の最終結果はこのやり方に対する「成人」と「親」の最終的な態度によって決まるので，それはつまりセラピストの力量次第というわけだ。

　性格異常と精神病質は「子ども」の現れだ。構造的に，両方とも「成人」の協力がある。「親」が対立しているか協力しているかは自責の念があるかないかで示される。衝動性神経症は明らかに類似のやり取りを含み，同じような社交的な結果をもたらすが，構造的には異なり，「成人」または「親」の協力なしに「子ども」が爆発する。

参考文献

1）Federn, P. *Loc.* cit.
2）Freud, S. *The Interpretation of Dreams.* Macmillan Company, New York, 4th ed. 1915, p. 389 ff.
3）*Idem. New Introductory Lectures on Psycho-Analysis.* W. W. Norton & Company, New York, 1933, p. 104.
4）Fenichel, O. *The Psychoanalytic Theory of Neurosis.* W. W. Norton & Company, New York, 1945, Chap. XVII.

社会精神医学と交流分析

第7章 診　断

1．学習への素地

　若い生物学者のエナット氏は毎回のグループミーティングの度ごとに自分のゲンコツで太ももを3～4回は叩きつけたが，セラピストはその現象に気づかず，数週間やり過ごした。それはつまり，エナット氏が言うことの内容に気を取られたセラピストの「成人」が気づかなかったのか，そのジェスチャーはあまりにエナット氏に特徴的だったので，〈癖〉かまたは本筋と無関係なこと，つまりエナット氏の現在進行中のパーソナリティの全体構造のほんの些細なこととして見過ごしていたのかもしれない。しかし，どうやらセラピストの「子ども」がより機敏に，ある日エナット氏がグループの誰かからの質問に答えようとして自分の太ももを叩きつけ，「どうしてそれをするのか自分でも**わからないんだ！**」と叫んだ後，医師（訳注：この医師はセラピストと同一人物）は尋ねた。「小さい頃，ベッドを汚したことはありませんでしたか？」。エナット氏はこの質問にギョッとし，そして，汚したことがあると言った。医師は，両親がそれについて何か言ったことがあったかと尋ねた。エネット氏は，そうですと言い，両親は彼をとがめるようになぜ汚したのかを聞いたものだと言った。

　「そして，あなたはどう答えたのですか？」と医師が聞いた。

　「私は『どうしてするのか自分でも**わからないんだ！**』と言うのが常でした」とエナット氏は自分の太ももを叩きつけながら答えた。エナット氏がグループに参加して以来ずっと習慣的に自分の太ももを叩きつけていた

と聞いて驚いたのはこの時だった。

　この逸話は，自我状態を診断するセラピストの職務を例証している。本来，不必要で無意識なジェスチャーやイントネーションでおおよそは隠されている変形した自我状態の爆発に，彼の「成人」はすぐに気づくべきだったし，通常は気づいた。このような注意力は診断医としての専門技能の部分だ。最終的に医師は，エナット氏のジェスチャーが彼の「子ども」の発作的な活動の表れだということがわかった。その状況の独特な特徴は，セラピストの「子ども」が彼の「成人」のように意図的で意識的よりも，むしろ直感的で無意識的に働き[1]，ジェスチャー[2]とエナット氏の子ども時代にあったその起源の関連を直感的に正確に見抜くことができたことだ。

　自我状態の診断は観察の鋭さプラス直感的な感度による。前者は学ぶことができるが，後者は育てていくしかない。しかし，この種の診断の能力は専門的な訓練や知的レベルによるものではなく，むしろ精神力動的な要因による。なぜそれを知っているかがわからないときでも，知ることに対して恐れを抱かない人は上手にやれるが，洞察なしの認知[2]を恐れる人はうまくできないだろう。

　ディクス氏は，1年の間隔を空けて2回行ったベルビュー－ウエックスラー尺度のIQが85から90の間だったが，彼は患者仲間の自我状態を診断するのに非常に熟練し，正確にできるようになった。グループに新しく参加する人たちは，初め明らかな純朴さと言葉の不適切さや制約のため，横柄な態度で彼を扱う傾向があった。この態度は，知的に限界があることに加えて，統合失調症の後退期に当たるので，少し混乱しているのを知ることで，哀れみと思いやりに置き換えられる傾向にあった。しかしながら，さらに知り合うと，人々がグループで何をしようとしているかを彼が正確に診断する洞察力に感銘を受けて，もっと尊敬する態度に急変した。まもなく，人々は繊細なガラス製品のように彼を扱うことを止め，彼が普通の人間であるかのように彼と議論を戦わせることに躊躇しなくなった。

　十分な表出のあとでの診断的洞察の欠如は，能力がないというよりもむ
しろ抵抗に由来すると推定される。エンディコット博士は知的で成功をお
さめた医者だが，身体症状で苦しんでいた。彼は，医学校で学んだ標準的
な専門用語と心理学の理論を使いながら，グループでは共同セラピストの
役割をする傾向があった。彼は構造的アプローチを見下すような態度で扱
い，用語は半分皮肉を込めて使用した。グループで何をしても彼自身を
より注意深く考察するように仕向けることはできなかった。十分な教育を受
けていない他者からのプレッシャーが大きければ大きいほど，彼の素早い
切り返しは多音節になった。ある時，彼はこれらの〈劣った〉人々からの
プレッシャーで取り乱し，部屋から逃げ出した。2回あとのミーティング
に戻ってきた時も，昔のままの彼だった。彼は怖れている「子ども」を除
外するために，まがいものの成人診察法で親的になる必要があった。（彼
の父親も傲慢だった。）要するに，彼はトロイ氏と同じような種類の構造
分析に対する抵抗を示したが，彼の方がより強力な武器を持っていた。

　不幸にして，セラピストは彼の〈精神医学〉と呼ばれる知的心理ゲーム
を一緒にすることはできなかったが，もしできていたなら，一時的にはエ
ンディコット博士をもっと安心させていたかもしれない。この同僚は自分
自身を真剣にとらえる意志がなく，彼は他のメンバーのために犠牲になら
なければならなかったが，彼らの能力はエンディコット博士にとって非常
に不愉快なものになった。彼は個人セラピーを考慮に入れることを拒絶し
たが，それを受ければグループでの自分の場所を見つける準備に使うこと
ができたかもしれない。遂に，彼は心理療法から身を引き，すぐに外科的
な治療を探し求めた。知的には彼は構造分析を完全に理解する能力があっ
たが，彼は抵抗より自分の臓腑を犠牲にする方に突き動かされた。これ
は，交流分析が出現する以前の早期の純粋な構造分析の失敗のひとつだっ
た。ディクス氏とエンディコット博士は極端な例を代表する。最終的に患
者や研究生の診断能力を決定するのは，他の抵抗が同等であるなら，概し
て「子ども」のセラピストや先生に対する，そして以前のセラピストや先

生に対する態度（精神分析用語では〈転移〉という用語に部分的に含まれ
る）だ。以前に精神分析や精神分析的なセラピーを受けたことのある患者
は，構造分析を適切に取り扱う。エンディコット博士や心理学者のクイン
ト博士のように特定のタイプの医師や心理学者は，どのようなタイプの分
析的精神医学に対しても防衛的な理由があり，あまりうまくやれない。精
神力動に興味を持つ余裕のある医師や臨床心理学者は患者としてうまくや
れる。というのも，彼らは診断や心理学用語で考えることに慣れているか
らだ。

　一番おもしろいのは，個人的な精神分析や精神分析的トレーニングを受
けたことのある研究者だ。実存的な理由として，彼らは自分たちが精神分
析的アプローチに全力で取り組むため，または彼らが自分たちのキャリア
は精神分析的正統性によって決まると感じているため，あるいは地元の精
神分析グループと良い状態にいることで最も満たされる〈依存欲求〉と呼
ばれるもののため，彼らが自分たちの診断能力を，超自我，自我，イドや
意識と無意識の発現を個々に見ることから自我状態全体を観察することに
変えるには，時として大変な努力が必要となる。この意味で，精神分析は
交流分析への抵抗と呼べるかもしれない。（そしてグループ療法も同様だ。
というのも，交流分析がグループ療法の手法として選択される療法になっ
ていることは，今ではほとんど疑う余地がないからだ。伝統的な精神分析
家のほとんどは，この用語の正式な意味合いとして，精神分析をグループ
またはグループの中の個人にすることは可能だとは主張しない。事実，精
神分析家の多くまたはほとんどがグループセラピストの主張にいくらか懐
疑的な態度を取るのは，この理由のためだけだ[3]。それにしても，若い精
神分析療法家の一部にとって，個人の患者に対応するときに使っている枠
組みからグループで対決するときには異なった枠組みに転換するのは，当
然のことだが難しい。）もちろん，初年度の研修医や研修生にとっては，2
つのシステムを同時に学ぼうとすることは時としてあまりに混乱が大き
い。

2. 診断基準

　「親」の自我状態の特徴は，学校の講堂やカクテルを飲みながら居間の隅で行われる PTA の集まりで学ぶことができる。「成人」の特徴は科学分野の会議で一番よくみられる。「子ども」の特徴は保育園での観察やピアジェの研究を読むことでわかる[4]。

　自我状態は臨床的には2つの形で現われる。〈本当の自己〉として体験される完全に心的エネルギーが注入された首尾一貫した精神状態としてか，または現在の〈本当の自己〉の活動への，普通はこっそりと，もしくは無意識の侵入として体験される。最初の例はトロイ氏の「親」の自我状態で，2番目はエナット氏の太もも叩きで，それは「子ども」の「成人」への無意識の侵入だった。汚染はある自我状態の一部による他の自我状態への画一的な組み入れを示し，「親」が「成人」に侵入してしまった牧師の息子のケースがその例だ。また，機能用語では，新心理の自我状態が外心理の自我状態に汚染されたと言える。さらに別の可能性としては，神経生理学のメカニズムが，観察された現象の主な原因の前提となるのかもしれない。

　ひとつの自我状態がその個人のある瞬間のすべての行動と体験を構成するから，あるタイプ，または他のタイプの活動的で純粋なひとつの自我状態が，行動と体験のすべての要素に対して特徴的な影響を持つはずだ。同じように，潜在している自我状態から活動している自我状態へのひとつ，またはいくつかの要素の侵入は，侵入する自我状態の特徴を持っているはずだ。これらの特徴が自我状態間の診断基準を作り，侵入した自我状態の特徴が行動，態度，体験の仕方に現れるだろうことは明らかだ。このような理由で，診断基準は自発的，無意識的，または社交の行動のどの分野でも探せるし，いかなる体験での内省によっても見つけることができる。セラピストは原則的に行動面に関心があるというのも，患者が教育されるま

では，彼には経験の側面はわからないからだ。実際面ではほとんどの場合座っているか，横になっている患者と対応しているので，姿勢や歩き方は指標としてすぐには利用できない。

　態度。厳格な親のように背中が真っすぐで，時々指がピンと伸びたり，育児をするときの優雅な首の屈曲は，すぐに「親」の態度だということがわかるようになる。しばしば口をすぼめたり，鼻の穴を僅かに広げて思慮深く集中するのは典型的な「成人」だ。頭を傾けることは恥ずかしさを示したり，それとともに起こる微笑みで頭を傾けることがかわいらしさに変わるが，これらは「子ども」の表れだ。また，「親」からのからかいで気のない，悔しそうな笑いに変わる嫌悪と不機嫌な動かぬ眉もまた「子ども」のものだ。親，学生，小さい子どもたちがいる家庭生活の観察から，それぞれの自我状態のタイプに関連する特徴的な態度が明らかになる。興味深く有益な練習は構造分析を念頭に置きながら，ダーウィンの感情表現についての本の内容と特にグラビアを調べてみることだ。

　ジェスチャー。気難しそうなジェスチャーの外心理の起源は患者の成育歴の親的な人たちの中にその原型が見いだせることで実証される。同僚やクライアントに話をしている専門家でも，作業員に指示を出している親方でも，生徒を手助けする先生でも，指示的なジェスチャーは通常「成人」にとって自律的なものとみなすことができるだろう。実利的には不適切なときの受け流す態度は「子ども」の表れだ。すぐにわからないようなバリエーションでない限り，直感で簡単に診断できるだろう。指示的なジェスチャーは，例えば，時として「親」の説教や「親」の人物に訴えるような「子ども」の不満そうな非難が伴うかもしれない。

　声。人々はそれぞれにイントネーションの異なる2つの声を持つことはとても一般的だが，職場やグループではどちらか一方が長い間抑えられているかもしれない。例えば，グループで〈おチビのあたし〉のように見せている人は，隠された「親」の激怒の声（それはたぶんアルコール依存症の母親の声）を何か月もの間見せないかもしれない。また，〈思慮深い労

働者〉の声が崩壊し，その人の恐れおののいた「子ども」が取って代わるまでにはグループでの耐え難いストレスが必要かもしれない。一方，家の人たちはイントネーションの二分法にはとても慣れている。また，3つの異なった声を持っている人に出会うのは非常にまれというわけではない。そのため，グループでは同じ人から「親」の声，「成人」の声，「子ども」の声が出てくるのに遭遇することがある。声が変わるときは，通常自我状態の変化のほかの証拠を見つけることも難しくない。これは〈おチビのあたし〉が突然彼女の激怒した母親か祖母に取って代わるときに最も劇的に示される。

　語彙。セラピストは，彼が住む国で言語学の知的素人として機能できる。少なくとも，それぞれの自我状態に特徴的ないくつかの特有な言葉や言い回しを識別するだけの知力がある。この国での最も適切な例は〈子どもっぽい〉と〈子どものような〉の区別で，〈子どもっぽい〉は常に親的な言葉だが，〈子どものような〉は発達心理学者や生物学者によって自然に使われるなら「成人」の言葉だ。しかし，患者が〈精神医学〉と呼ばれる心理ゲームをしているときは，それは偽物の「成人」だろう。

　「親」の典型的な言葉は，かわいい，坊や，いたずらっ子，品のない，がさつな，うんざり，ばかばかしい，そしてそれらの多くの同義語だ。「成人」の言葉は，建設的でない，適切な，倹約，望ましい，だ。呪い，卑猥なことば，そして口汚いことばは普通「子ども」の表れだ。名詞と動詞は本来「成人」で，それは客観的な現実を偏見，歪曲，誇張なしに言及するからだが，「親」や「子ども」がそれぞれの目的のために使用するかもしれない。〈良い（good）〉という言葉の診断は，直感についての単純で満足行く練習だ。暗黙の大文字のＧは「親の」ものだ。使い方が現実的に防衛できるときは「成人」だ。直感的な歓びを意味し，原則的に感嘆詞の場合，それは「子ども」から来ている。〈おいちい！〉や〈う〜ん！〉のような言葉の教養のある同義語だ。それはとりわけ「成人」として正当化されてしまう汚染，そして言葉にはされない「親の」偏見の一般的なサ

インだ。つまり，言葉は小文字の g で始まる単語のように言われるが，直面化することで現象論的にみて，大文字の G であったことが明らかになる。発言者は直面化に対して怒り出し，防衛的になったり，不安になったりするかもしれない。また自分の意見のために集めたエビデンスはひいき目に見ても根拠が薄弱で偏見があるものだ。

　興味深い現象は大げさで感情的な副詞の使い方で，まだ（筆者には）理由ははっきりとはわからないが，率直に言うと加虐的な空想をする人々に最も顕著に起こる。患者のひとりは折に触れて自分の「成人」の〈朝の報告〉を中断し，感傷的な涙声で，「でも，僕は**ものすごく**幸せだ！」とか「僕は**今驚くほど**人気がある！」と述べた。「あなたが人気があるかどうか，誰が尋ねたのですか？」とセラピストが聞くと，彼は答えた。「誰も尋ねてないよ。でもそれは良い指摘だ。誰が僕に尋ねたのだろう？　それは僕の「親」に違いない」。彼の親は，確かに彼が飢えているアルメニア人や，松葉杖で歩かなければならない少年などに比べていかに運が良いかを考え，恵まれていることに感傷的に感謝することを彼に教えた。またある時は，聞こえない質問者からの質問に答えるように彼は話の流れを中断する代わりに，彼の「子ども」が，聞こえない質問などはないのに，「誰か（すなわち，それは彼の「親」）が聞いているかもしれないから」という言葉を滑り込ませる。彼はこう言うかもしれない。「その女性はものすごく喜んだ——つまり，彼女は本当にとても喜んだんだ」。ここで「子ども」は〈ものすごく〉という言葉を滑り込ませ，「成人」が誇張を自発的に訂正した。それは職業人生では誇張表現は許されていなかったからだ。（彼の早期の夢のひとつは〈強力な水の吹きかけ〉を感じるために，背伸びをして巨大な火事用ホースに触れるというものだった。）

　上記の分類上の区分と実例は単に解説のために提示した。人間が活用できる行動パターンの数は非常に多い。人類学者は態度に関する長いリストを蓄積した[6]。動作学者は，異なった筋肉の組み合わせで約 70 万通りの違った基本的なジェスチャーが作れると推定している[7]。学校全体の生徒

と先生の注目を引くために十分な音質，ピッチ，強さ，発声の幅がある。語彙の問題はあまりに複雑なので，異なった領域で分かれている。そして，これらは構造分析を用いる診断医が利用できるほぼ無限にある種類の指標のうちのわずか4つの領域なのだ。熱心な研究者のための唯一の実践講座は観察だ。親が親として行動するのを，成人がデータプロセッサーとして，また思慮深い責任のある市民として行動するのを，子どもが乳飲み子として，ゆりかごで，保育園で，トイレで，台所で，そして教室や遊び場で子どもとして行動するのを観察することだ。診断医が観察力と直感力を磨いた後に，彼は身に付けた臨床的な恩恵を患者に活用することができる。

3．完全な診断——要約

　構造分析の発見的な討議はこれで終わりになる。社会精神医学の分野に移る前に，問われている原則のいくつかを要約し，言い直すことが望ましい。

　自我状態には3つのタイプがある。それらは「親」，「成人」，「子ども」で，それぞれに対応する心理器官の中に存在するか，心理器官の現れだ。それらは外心理，新心理，そして原始心理だ。器官の重要な特性は以下の通りだ。

1. 取締りの力。それぞれは系統だった行動の独自のパターンを引き起こす。これにより精神生理学と精神病理学，そして最終的には神経生理学の領域内でそれらを提示する。

2. 順応性。それぞれはその個人がいるその場の社交環境への行動反応に順応する能力がある。このためそれらを〈社会〉科学分野に提示する。

3. 生物学的流動性。反応は自然な成長と以前の経験の結果として修正されるという意味で生物学的な流動性だ。これは精神分析の関心事

である歴史的な問題を提起する。

4. 精神構造。経験の現象を調整するという意味で精神構造なのだ。その結果として心理学，特に内省的，現象学的，構造的，実存心理学の関心事となる。

　自我状態の完全な診断にはこれら4つのすべての側面が考察のために活用できることが求められ，そのような診断の最終的な有効性は4つすべてが相互に関連していなければ確立されない。診断は臨床的に挙げた順番に従って進められる傾向がある。

　A.「親」の自我状態は一連の感情，態度，行動パターンで，それらは親的な人物に似ている。診断はまず臨床の経験に基づいた態度，ジェスチャー，声，語彙，その他の特徴から行われる。これは**行動診断**だ。診断はもし一連の特定のパターンが環境にいる誰かの，特に子どものような行動に応えて起こされる傾向があるときには裏付けられる。これは**社交**または**操作上**の診断だ。もし，その人が遂にどの親的な人物が行動のプロトタイプを提供したかを正確に言うことができたら，さらに裏付けられる。これは**歴史**診断だ。その人が最終的に親の自我状態を取り入れた瞬間あるいは時期をほとんど風化せずに，同じ程度の強度で再体験できたら，診断は正当性があると確認される。これは**現象**診断だ。

　「親」は典型的には1つか2つの形で表出される。**偏見を持つ**「親」は一連の気まぐれで非合理的な態度や媒介変数で現われ，通常は禁止的な性格で，その地域の文化に親和的だったり異和的だったりする。もしそれらが文化的に親和的なら，それらを冷静にまたは少なくとも正当化するのに適切な懐疑的態度なしに受け入れる傾向がある。**養育する**「親」は往々にして他の個人への**共感**として現れるが，これもまた文化的に親和的か文化的に異和的かもしれない。

　「親」の自我状態は，「親」の**影響**と区別されなければならない。そのような影響はその人が子どもらしく従順な態度を示すときに推察することができる。「親」の**機能**は，特定の決断を〈自動的に〉そして比較的確固と

することで，エネルギーを節約し，不安を減少させることだ。これは，も
し決断がその地域の文化と親和的傾向なら特に効果的だ。

　B.「成人」の自我状態は，現在の現実に適合した一連の自立した感情，
態度，行動のパターンに特徴づけられる。「成人」は，3つのタイプの自
我状態のなかでいまだ最も理解されていないので，臨床現場では「親」と
「子ども」の検出可能なすべての要素を分別した後に残った残余の自我状
態として最も特徴づけられる。もしくは，より正式には新心理モデルの派
生物と考えられるかもしれない。そのようなモデルは以下のように簡潔に
規定される。

　新心理は部分的に自己プログラミングの可能性があるコンピューター
で，外部の環境への対応を効果的にコントロールするように設計されてい
る。それぞれの時期でのエネルギー状態は，算出された可能性と実際の結
果の一致の程度で決定されるという独特な特徴を持っている。このエネル
ギー状態は放出か過重負担で伝えられる（例えば，喜び，満足，称賛とし
て体験されたものは青信号，〈欲求不満〉，失望，憤りとして体験されたも
のは赤信号）。この特徴は可能性の種々の状況下において，責任，信頼，
誠実さ，勇気といった人の素養と〈熟知の本能〉への努力を記述的に説明
する。興味深いことに，これら4つの性質はひとつの単純な可能性の発言
にまとめることができる。

　「成人」は4つの診断段階により整理され，適応性があり，知的である
ことで知られ，自律的な現実検討に基づく外部の環境との客観的な関係と
して体験される。それぞれの個人のケースでは，過去の学習機会に応じた
妥当な報酬が与えられなければならない。非常に若い人や農民の「成人」
は，専門的な訓練を受けた職人とは非常に異なった判断をするかもしれな
い。その基準は判断の正確さでも反応の受容性でもなく（それは観察者の
地域文化による），データ処理の質とその特定の個人が利用できるように
作られたデータの活用による。

　C.「子ども」の自我状態は，その人自身の子ども時代の遺物である一連

の感情，態度，行動だ。ここでも，行動診断は通常最初に臨床経験をもとに行われる。社交的診断は，もし特定の一連のパターンが，親のように行動する誰かによって引き起こされているようであるならば，浮上する。もし診断が正しければ，それは幼児早期の類似の感情と行動の記憶によって歴史的に補強される。しかしながら，決定的な現象学的検証はこの個人が自我状態全体を色あせることなく，同等の強烈さで再体験できるときにのみ起こる。これはできることなら，彼が覚醒時にトラウマの瞬間や固着の時期を再体験することで最も効果的かつ劇的に起こり，そしてこれはセラピー過程でのひとつの決定的に重要な意味を持ち，セラピストと患者両者に最高の確信をもたらす。

「子ども」は１つか２つの形で表出される。**順応**する「子ども」は，推論としては順守か引きこもりといった「親の」影響の支配下にある行動として現れる。**自然**な「子ども」は，反抗や気ままといった自律的な行動の形で現れる。それは自律的な「成人」とは，原始的な精神的プロセスの優位な立場と，異なった種類の現実検討によって区別される。「成人」のデータ処理とプログラミングをやる気にさせ，その結果，それ自身が最大の満足を得るのが〈健康な〉「子ども」の正常な機能なのだ。

ここまで来ると，真面目な読者は一次構造分析では対応できない自我状態に関する課題や可能性について，沢山の質問があることは疑う余地がない。それらについては，二次，三次の構造分析が取り上げられる際に答えられることを願う。

［注 釈］

エナット氏に関する直感と彼のおもらしなどで下着を汚すことが**自我イメージ**を構成していたが，それは幼児期の自我状態の鮮明な画像だった。ほとんどのケースで（少なくとも初めは），セラピストはより啓発的ではない**自我シンボル**（「彼はじゅうたんでの粗相を見つかってしまった子犬のようだ」）や，単な

る記述的な**自我モデル**（「彼は緊張し，罪悪感に打ちひしがれ，どうでもよいことに執着して苛立つ青年だ」）で満足しなければならないだろう[8]。その証拠に自我モデルは観察者の「成人」の産物で，自我イメージはその人の「子ども」のある特別な側面に関係する[9]。

　私はディックス氏の 2 つの知能テストの結果の類似性を以下のように解釈することを選ぶべきだろう。心理学者のデイビッド・カッファー（David Kupfer）博士は，熟達した検査管理者だ。彼は，ディックス氏が統合失調症の混乱の状態にいた時にさえ，テスト中にディックス氏の「成人」に心的エネルギーを再注入することができた。ひとたび「成人」に心的エネルギーが再注入されると，ディックス氏の臨床上の〈状態〉に関係なく，それは最適に機能した。それゆえ，「成人」は常に構造的には完全なままだったので，彼は統合失調症期の間も回復期と同程度の良い結果を出した。それが特定の状況で機能するかどうかは，心的エネルギーの備給状況によるのだった。

　ディックス氏は，治療が終了してからモントレー半島精神医学臨床会議に出席した。その場の参加者は，心理学者と(1)ディックス氏の IQ は平均以下であった，そしてセラピストとは(2)ディックス氏は最近まで統合失調症患者であり，(3)彼は現在好ましい寛解期にある，と同意した。そして，患者自身とは(4)回復はセラピーの〈おかげ〉で，(5)彼は自分のパーソナリティ構造について十分に理解していたことに同意した。ディックス氏は以前に 2 人のセラピストについたが，改善はなにも体験できなかった。彼らはいろいろな〈親的な〉アプローチを試みたが，筆者は常に構造分析に固執した。混乱した統合失調の「子ども」を守ったり，呼びかけたりする代わりに，患者の無傷な「成人」の混乱解除や心的エネルギーの再注入に集中した。

　治療を止めてから 2 年後，ディックス氏の「成人」はまだ取締役の力を維持し，社交的にも職業的にも進歩し，連邦免許を持つ工学技術者として彼の知能を以前と同様の最高レベルで使っていた。

　より最近では，サンフランシスコにある精神遅滞児援助（Aid Retarded Children）のメイラ・シャップスさんは，交流分析が“IQ”60〜80 の成人に理解され，効果的に活用できることを実証した。グループはそのような人たちが外

部で仕事を持ち，それを維持できるようにという目的のもとシェルタードワークショップで始められた。1年目の終わりにはグループメンバーの91％がこの目的を達成し，雇用環境で〈社交コントロール〉を意図的に正しく使うのみならず，グループミーティングでも彼らのやり取りを分析していた[10]。

　コンピューターと脳の機能の関係について書かれた文献は沢山あり，興味がある読者はN・ワイナーとW・R・アシュビー（N. Wiener & W. R. Ashby）の研究を通して簡単に探すことができる[11]。新心理の〈エネルギー状態〉はツァイガルニク現象（訳注：人間は達成できなかったことや中断していることに対し，より強い記憶や印象を持つという心理学的な現象を，研究者の名前から「ツァイガルニク効果」と呼ぶ）のような兆候の意味を含む。

　自我状態とユングの**ペルソナ**の関係は，ペルソナもまた行動，社交，歴史の現実（そして，現象学的にもロールプレイングとははっきりと異なる）なので，研究と解明が残されている。その**場限り**の態度としては，ペルソナはより自律的なエリクソンの**自我同一性**とも区別する。この3つ——ペルソナ，役割，自我同一性——の間の違いは，自己，取締役，環境のなかにいる人々との関係性によるように思われ，今のところやり取り分析と同じ程度に構造の課題のように思われる。それはたぶん一般的な**適応**と特定な**従順**の区別を中心に展開されるだろう。

　現時点では〈思春期〉を別の存在や**独特**な自我状態というよりはむしろ，構造の課題として扱うのが最もよいように思われる。

　エンディコット博士の態度は役割と自我状態の違いを示す。彼は成人の役割を演じたが，彼の自我状態は親（彼の父親）のものだった。彼は医学的な補助セラピストの役割を選んだが，重要な現象は彼の傲慢さだった。そのために，彼を「親的な」偽りの成人と呼ぶ。

　態度，ジェスチャー，隠喩，話し方の癖は，精神分析の初期から重要な研究課題とされてきた。S・S・フェルドマン（S. S. Feldman）は最近，沢山の決まり文句，型にはまった表現，間投詞，ジェスチャー，そのほかの癖の使い方に関して多くの興味を引く臨床例を収集して考察した[13]。フォウラー（Fowler）の**現代英語の用法**には〈子どもっぽい〉と〈子どものような〉の違いに関する

興味深い考察がある。

参考文献

1) Berne, E. "Concerning the Nature of Diagnosis." *Internat. Record of Med.* 165 : 283-292, 1952.
2) *Idem.* "Primal Images and Primal Judgment." *Loc. cit.*
3) *Idem.* " 'Psychoanalytic' vs. 'Dynamic' Group Therapy." *Internat. Jnl. Group Psychother.* 10 : 98-103.
4) Piaget, J. *Loc. cit.*
5) Darwin, C. *Expression of the Emotions in Man and Animals.* D. Appleton & Company, New York, 1886.
6) Hall, E. T. "The Anthropology of Manners." *Scientific American* 192 : 84-90, 1955.
7) Pei, M. *The Story of Language.* J. B. Lippincott Company, New York, 1949.
8) Berne, E. "Intuition V : The Ego Image." *Psychiat. Quart.* 31 : 611-627, 1957.
9) Berne, E. "Intuition VI : The Psychodynamics of Intuition." *Psychiat. Quart.* (In Press.)
10) Schapps, M. R. *Reaching Out to the Mentally Retarded.*（これは1959年5月26日にサンフランシスコで行われた第86回年次社会福祉に関する全国会議で読まれた。91％は彼女の資料に示されたもの（63％）よりも後の数値だ。）
11) Jeffress, L. A., ed. *Cerebral Mechanisms in Behavior.* The Hixon Symposium. John Wiley & Sons, New York, 1951.
12) Zeigarnik, B. "Über das Behalten von erledigten undunerledigten Handlunger." *Psychologishe Forschung* 9 : 1-86. 1927. Discussed at length by K. Lewin, *Field Theory in Social Science,* Harper & Brothers, New York, 1951.
13) Feldman, S. S. *Mannerisms of Speech and Gestures in Everyday Life.* International Universities Press, New York, 1959.

第8章　社交交流

1. 社交コンタクトの理論

　首尾一貫した自我状態を維持する人間の心の能力は，感覚刺激の流れの変化によって決まるように思われる。この観察は，社会精神医学の心理生物学的基礎を形づくる。構造的な表現では，これらの刺激は新心理と原始心理の統合を確実にするために必要なものなのだ。もし流れが遮断されたり一本調子に平らになったら，新心理は次第に混乱し（〈個人の思考が正常に機能しない〉），潜在する原始心理の活動を露わにし（〈彼は子どもっぽい感情的な反応を示す〉），最終的には原始心理の機能もまた混乱してしまう（〈彼は幻覚に悩まされる〉）[1]。これが感覚遮断の実験だ。

　スピッツ（Spitz）[2]の研究はさらに少し先に進む。幼児における感覚遮断は心的な変化だけでなく，器質の崩壊をももたらすことを示している。これはいかに感覚環境の変化が維持されることが不可欠かを示す。加えて，新しく，特別な要因が登場する。それは感覚刺激の最も本質的で効果的な形態は，社交の過程への対応と身体的な親密さによって提供されるというものだ。そのため，スピッツは〈感覚遮断〉というよりもむしろ〈情動遮断〉のことを語っている。

　長期にわたる退屈あるいは孤立に耐えられないことは，特に身体的な親密さによって示されるたぐいの**刺激飢餓**の概念を生じさせる。この刺激飢餓は，生物学的，心理学的，社会的な多くの面で食べ物への飢餓に類似している。栄養不良，飽食，グルメ，大食漢，流行を追う人，禁欲者，料理

法，料理上手な人といった用語は，栄養学分野から感覚領域の類似体に簡単に転換することができる。食べ過ぎは過剰刺激に匹敵し，心地よく対処し得る刺激の速度を超えて心を溢れさせるので，困難を引き起こすかもしれない。両方の分野で，十分な供給があり，多様なメニューが可能という通常の状況下では，選択は個人の特質に大きく影響される。

　刺激選択の生まれつきの決定因の問題は現時点のものではない。社会精神医学者の直近の関心であるそれらの特質は，原始体験，新心理の判断，特に身体的な親密さ，外心理の偏見についての判断に基づく。これらはさまざまな量の注意，慎重さ，巧妙さを状況にもたらし，そのためいずれ個人は，特別な状況下でのみ身体的な関係に代表される最も貴重な刺激の形を率直な態度で示すことになる。ほとんどの状況下では彼は妥協する。彼はもっとさりげない，記号的な形式の対処の仕方を学び，遂にはわずかな頷きが認知の役割を果たすところまで行くが，彼の身体的なコンタクトという当初の熱望は衰えずに残る。複雑さが増すにつれ，それぞれの人は各自の探求でどんどん個性的になり，これらの差異が社交交流の多様化を増す。

　刺激飢餓は一次昇華（訳注：精神分析用語。社会的に認められにくい衝動を，認められるものに置き換える，その第一段階）で**認知飢餓**になり，それが非常に浸透したため，認知のシンボルは極めて重要になり，すべての会合では皆で交換することが期待されるようになった。意識的にそれを差し控えると**礼儀知らず**と呼ばれるある種の不作法となり，礼儀知らずの繰り返しは，社交的さらには身体的な制裁を科すことを正当化するものと考えられている。嬉しそうな笑顔のように自然に出てくる認知の形は最も快く受け取られる。シーッ，おじぎ，握手などの他のジェスチャーはとかく儀式化する。この国では一連の言語的ジェスチャーがあり，各段階でより多くの認知をほのめかし，それでより多くの満足を与える。この儀式は典型的に以下のように要約できるだろう。(a)「こんにちは！」，(b)「お元気ですか？」，(c)「十分に暖かいですか？」，(d)「何か変わったことあっ

た？」, (e)「ほかに何か新しいことは？」。これらの言外の意味は, (a)そこ
に誰かがいる, (b)そこに感情を持った誰かがいる, (c)そこに感情と感覚を
持った誰かがいる, (d)そこに感情と感覚とパーソナリティを持った誰かが
いる, (e)そこに感情と感覚とパーソナリティを持ち, 私が一時的以上の興
味を持つ誰かがいる。

　膨大な量の言語, 社交, 文化の構造は, 単なる認知の問題を取り巻いて
展開される。特別な代名詞, 抑揚, ジェスチャー, 態度, 贈り物, 捧げ物
などは, 地位と人物の認知を示すように意図されている。映画のファンレ
ターは私たち固有のもののひとつで, 認知を没個性と加算器で量化するこ
とを可能にした。そして印刷物, ガリ版, 写真, と本人からの直接の返事
との違いは, 上で述べた挨拶の儀式のいろいろな段階の違いと同じような
ものだ。そのような人間らしさの欠けた認知の不十分な特質は, 多くの俳
優や女優がかなりの財政的な犠牲を払っても, 映画より舞台を好むことで
示されている。これはスピッツの原則の有効性が拡大された劇的な例だ。

2. 時間の構造化

　しかしながら, 単なる認知では十分ではなく, 儀式を使い果たした後は
緊張が高まり, 不安が現れ始める。社交交流の本当の問題は儀式の後に何
が起こるかなのだ。そのため, 刺激飢餓と社交飢餓（訳注：これは現在で
は認知飢餓と呼ばれるもの）でなく, **構造飢餓**についても話すことができ
る。人間の日々の課題は, 彼が起きている間の時間をどのように構造化す
るかということだ。もし, 彼のために時間が構造化されていなければ, 彼
は常に構造を独自に見つけるか組み立てるのに駆り立てられずにはいられ
ない。幼児期にはこのような傾向がある。

　時間を構造化する最も一般的で, 便利で, 心地よく, そして実利的な方
法とは外部にある現実の題材に取り組むように意図した課題だ。それは一
般的には仕事として知られている。そのような課題は専門的には**活動**と呼

ばれる。社会精神医学の一般的な理論は社交交流もまた仕事のひとつの形だと認識しなければならないので，〈仕事〉という用語は不適当なのだ。活動は，ここでは認知のマトリックスやさらに複雑な対人関係の形を提供する限りにおいて興味を引く。

　特定の社交の問題は以下の形を取る。(1)どのように時間を構造化するか，(2)今ここで，(3)〜に基づいて最も有益に，(4)その人固有の気質，(5)他の人々の気質，(6)直近とやがての状況で予測される可能性。利得は最大の許容範囲の満足を得ることにある。

　時間の構造化の運用面は**プログラミング**と呼ばれるだろう。プログラミングは 3 つの源から供給される。それらは物質，社交，そして個人だ。**物質プログラミング**は外部の現実の変化に対応することから生じ，ここでの私たちには関係しない。**社交プログラミング**はすでに**挨拶の儀式**についての検討で言及した。これはさらに**暇つぶし**と呼ばれるだろうものに行きつく。これは一般的に天気，持ち物，最近のできごとや家族の問題といった，ありきたりの準儀式的話し合いの形を取る。

　人々の警戒心が弱まれば弱まるほど，**個人プログラミング**が忍び込み，そのために〈事件〉が起こり始める。これらの事件は表面的には偶発的に見えるし，関係する当事者たちはそうだと言うかもしれないが，注意深く精査するとそれらは仕分けと分類により，明白なパターンに従う傾向があることが明らかになる。そして，その順序は実際には暗黙の規則や規制によって制限されている。これらの規制はゲームの教則本によると友好や敵意が継続する限り潜在し続けるが，もし不法な動きが取られると明らかになり，〈ファウル！〉という象徴的な叫びを引き起こす。このような一連のものは，暇つぶしとは対照的に，社交プログラミングよりもさらに個人に基づき，**心理ゲーム**と呼ぶことができる。家庭生活や結婚生活は，年々同じ心理ゲームのバリエーションを軸として展開されるかもしれない。

　暇つぶしと心理ゲームは，本物の親密さのある本物の生活の代用品だ。このためにそれらは，団結というよりもむしろ予備的な関与とみなされる

だろう。実際に，それらはプレイ（訳注：本章の注釈を参照のこと）の痛ましい形なのだ。

　通常，個人のプログラミングが本能的により強力になるとき，社交様式と隠された制約が崩壊し始める。この状態は**母音縮合**（訳注：連続する語と語あるいは音節と音節の間で複数の母音が融合して変化する現象をいう）を示し，それはパーソナリティの本物の結合であり，口語的には**親密さ**と呼ばれるだろう。

　それゆえ，社交コンタクトが活動のマトリックスに埋め込まれているか否かはともかくとして，2つの形を取ると言われている。2つとは**プレイ**と親密さだ。すべての社交交流の大部分は**プレイ**の形でなされる。

3.　社交交流

　社交交流の明らかな現れは**やり取り**と呼ばれる。これらは典型的には連鎖して起こる。Xからの**やり取り刺激**は，Yからの**やり取り反応**を引き出す。この反応がXの刺激になり，そしてXの反応が今度はYへの新しい刺激となる。やり取り分析は，このような連鎖の分析，特にそれらのプログラミングに関係する。ひとたびこの連鎖が始まると，もし両者の「親」，「成人」，「子ども」の特徴がわかっていれば，結果への流れは十分に予測可能になる。後で紹介する特定のケースなどでは，逆もまた可能だ。最初のやり取り刺激と最初のやり取り反応がわかれば，その後に続く順番だけでなく，当事者それぞれの「親」，「成人」，「子ども」のいくつかの特徴はかなりの確実性をもって推定することができる。

　どのようなタイプの社交交流もやり取り分析に適しているが，やり取りのセラピーグループは，特にそれぞれの患者の特異的なプログラミングに関する最大限の情報を引き出すように計画されている。というのも，このプログラミングはその患者の全症状に密接に関係し，また順調に行けば，彼の社交上の運命を決定するからだ。そのようなグループの特徴は以下の

通り。

1. グループには正式な活動はなく，決まった手順もないので，時間間隔に関する構造には外的起源はない。そのため，すべてのプログラミングは，文化が提供するものと過去の個人に特有な条件づけによって決定されたものとの間の相互作用に絞られる。

2. 関与は部分的でしかなく，与えられた反応の取り消しや患者のグループからの脱退は制裁なしに可能だ。その責任は，架橋工事のような活動や受胎というような親密さに関わる人ほど真剣で永続的であることは滅多にない。

これらの2つの特徴に関する限り，グループはカクテルパーティのような社交の集まりに似ているが，以下の2つの基準からそれらとは区別される。

3. グループの決定的な構造には，しかしながら，明らかな関与がある。セラピストはある領域に，そして患者は他の領域におり，これは不可逆的だ。患者はセラピストに支払い，彼のクリニックのルールに従うが，セラピストは決して患者に支払いはしない。（今までのところ，少なくともセラピストという立場ではしない。）

4. グループに引き出された人々は患者の選択ではない。とはいえ，患者にはグループの候補者のなかからメンバーを選んだり，拒否する特権は時としてあるかもしれない。

この後半の2つについては，セラピーグループは企業や教育機関のように既成のプログラムを持った多くの活動グループに似ているが，最初の2つの基準で区別される。

［注　釈］

構造飢餓。実験主義者たちはかなりはっきりと，混乱を引き起こすのは単なる量的な感覚遮断ではなく，なんらかの構造の欠陥，つまり〈退屈〉を引き起

こす〈単調さ〉だと言う[1]。古典的な実例は，ロビンソン・クルーソーが孤島での時間と場所を構造化することで，口唇期の混乱を回避する取り組みが挙げられる[3]。クルーソーは，構造飢餓だけでなく社交飢餓（訳注：これは現在では認知飢餓と呼ばれるもの）の身を切るような典型的な例となる。この架空の描写の正確さは，現実の人生での強制的な隔絶の経験によって見事に示される。トレンク男爵のマグデバーグでの10年間（訳注：Baron Franz von der Trenck, 1711-1749。オーストリアの兵士。終身刑でマグデバーグに10年間閉じ込められていた），カサノバのベニスのリーズでの幽門（訳注：Giacomo Casanova, 1757年1月3日に「神聖な宗教に対する民衆の激しい怒り」のため5年の刑期で独房に入れられていたが，独房から脱出した），ジョン・バンヤンのベッドフォードの郡刑務所での12年間（訳注：John Bunyan, 1628-1688。イギリスの教役者，宗教文学者。免許なしで伝道した罪で，1660年にベッドフォードの監獄に投獄された）などだ。刺激，社交，そして構造の遮断による新心理の心的エネルギーの備給の排出は，良い州立病院の患者と悪い州立病院の患者を比較することで明らかになる。そのような遮断の結果としての原始の被暗示性は，どうやら冷酷な指揮官が言うことを聞かない人物への対処に利用できる最も強力な武器のひとつだということが証明された。

プレイ。これは必ずしも〈冗談〉を意味するわけではない。事実ホイジンガ（Huizinga）[4]（訳注：ヨハン・ホイジンガ。オランダの歴史家。著書の『ホモ・ルーデンス』（1938）は，「遊戯の相の下に」ヨーロッパ文明の成立と展開と衰亡の過程をみる試みを行った）がはっきりさせたように，人間のほとんどのプレイは誠実な感情的な強度を伴っている。これは，どこの大学のキャンパスやカードゲーム用の部屋でも観察される。人間の社交プレイの基本的な点は，感情が偽りではなく，感情が調節されていることだ。これは，正当性を欠いた感情表現に対して制裁が課されるときに明らかになる。そのため，プレイは大真面目であり，致命的に重大でさえあるかもしれないが，社交の結果は規則が無効になったときにのみ深刻になる。

〈これはプレイだ〉という契約の議論については，ベイトソン（Bateson）らの研究を参照されたい。人間は往々にして〈これはプレイだ〉という意識的な

契約で，無意識な契約〈これはプレイではない〉を隠してしまう。これのバリエーションはふざけて言う本心のことばで，それを言ったときに微笑んでいたら，その人は責任を問われない。同様に意識的なプレイ〈これはプレイではない〉（例えば，結婚の契約）は，秘密または無意識な契約〈これはプレイだ〉を隠すかもしれない。この良い例は〈不感症の女性〉の心理ゲームで，相互の挑発と逆襲は複雑だが，規則に従った順序で行われる。公然の契約は本気の性的融合を暗示するが，隠された契約は〈私の性的な約束を本気にしないで〉と言う。同じことが〈債務者〉という心理ゲームに適用されるが，これは時々，特定の精神科の患者が金銭問題に関して演じる。ジャクソンとウィークランド（Jackson & Weakland）両氏[6]は，現在の見解から〈統合失調症を誘発する〉家族が演じる〈ダブルバインド〉と呼ばれる悪質な心理ゲームについての逐語的なレポートを提供する。

　現代の心理学研究とこの章で述べた考えには全く異なったルートで到達したが，これらは，キルケゴール（Kierkegaard）（1843）の退屈の省察[7]のいくつかに類似している。さらに，交流分析の行動の目的である社交コントロールは，ちょうどキルケゴールが友情，結婚，仕事のような関係性を討議するときに念頭に置いていたように思われる，自由な意思による別れのようなものをもたらす。わずかだが重要な別れの概念は，現在は両者の間で盛んな〈連帯感〉への圧力に反対する。極端な立場では，もし人々がグループで集まらなければ，小さなけんかはあっても，戦争は起きないと言えるかもしれない。これは現実的な解決策ではないが，戦争と平和を熟考する良い出発点かもしれない。

参考文献

1）Heron, W. "The Pathology of Boredom." *Scientific American* 196：52-56, January, 1957.
2）Spitz, R. "Hospitalism, Genesis of Psychiatric Conditions in Early Childhood." *Psychoanalytic Study of the Child*. 1：53-74, 1945.
3）Berne, E. "The Psychological Structure of Space with Some Remarks on Robinson Crusoe." *Psychoanalytic Quart*. 25：549-567, 1956.
4）Huizinga, J. *Homo Ludens*. Beacon Press, Boston, 1955.

5) Bateson, G., et. al. "The Message 'This is Play.' " *Transactions of Second Conference on Group Processes.* Josiah Macy, Jr. Foundation, New York, 1956.

6) Weakland, J. H. & Jackson, D. D. "Observations on a Schizophrenic Episode." *Arch. Neur. & Psych.* 79 : 554-574, 1958.

7) Kierkegaard, S. *A Kierkegaard Anthology,* ed. R. Bretall. Princeton University Press, Princeton, 1947. pp. 22 ff.

第9章　やり取りの分析

1．前置き

　厳密な意味での構造分析は自我状態の診断，汚染解除，境界の研究，そして安定化を通して内的葛藤に精通する（しかし，必ずしも解決ではない）ことに取り組み，これによって，「成人」はストレスのかかった状況でもパーソナリティのコントロールを維持することができる。構造分析だけで最大限のセラピーの効果を得ると，3つの選択枝が見えてくる。それらは，試験的または永久的な終結，精神分析，あるいはやり取り分析だ。セグンド氏の場合，試験的な終結は両者の合意の下で試された。精神分析を構造分析の用語で述べると，「子ども」の混乱解除と「子ども」と「親」の間の葛藤の解決から成る。やり取り分析の目的は**社交コントロール**で，「成人」は意識的または無意識的に，患者の「子ども」や「親」を活性化させようとするかもしれない他者に対処するときに，執行役を維持する。これは「成人」が単独で社交状況では活動的だということを意味しないが，「子ども」や「親」をいつ解放するか，そしていつ執行役を再開するかを決めるのは「成人」だ。そのため，ある患者はこう考えるかもしれない。「昨晩の正式なディナーと比べて，このパーティではお酒を少し飲んで，楽しんでも良さそうだ」。後になって彼はこう思うかもしれない。「何だか酔っぱらってきたな。そろそろ飲むのを止めて，落ち着こう。みんなは僕が道化役を演じるのをけしかけるけど」

　やり取り分析はセラピーグループで最もうまく行うことができると言え

るし，逆にセラピーグループの自然の機能はやり取り分析だとも言えるだろう[1]。やり取り分析の前提条件である構造分析も，個人セラピーの代わりにグループで学ぶことができる。しかし，普通は事前に2～3回の個人セラピーを行うことが望ましい。グループセラピーに先立った個人セッションの機能は，通常の履歴を聞くこと以外に，患者に構造分析を紹介することだ。

　やり取り分析そのものに続いて心理ゲーム分析，そして次に脚本分析へと続く。やり取り分析はあとの2つの前提条件であり，さもなければ，それらは合理的なセラピー過程として使われる代わりに，暇つぶしの類に堕落する。

　心理ゲーム分析は社交コントロールを獲得するのに必要なのだ。脚本分析は〈人生計画のコントロール〉と呼ばれるものを意図し，これは非常に複雑で，多くのセラピーグループではこのステージに辿り着かないかもしれないが，通常の社交コントロールはそれなしでも可能だ。社交に関するカウンセリングやカップル・グループセラピーなどの特別な状況では，〈関係分析〉と呼ばれる特別な過程も示唆できるだろう。通常は正式な関係分析は省略するが，すべてのグループセラピストは最善を尽くすことができるように，この過程を明確に理解し，これを最後まで実施するある程度の経験をするべきだ。

2.　やり取り分析

　ここで，1人以上の子どもがいる30～40歳の専業主婦のグループについて考えてみよう。彼女たちは，セラピストのQ先生のオフィスで毎週1時間半集まった。18カ月が終わった時点で，最初から参加していたダフニ，リリー，そしてロシータが最も能力が高いメンバーだった。ヒアシンス，ホリー，カメリア，そしてシスリーは，この順番で後から参加したので，能力はより劣っていた。このグループの通常の座席表とスケジュール

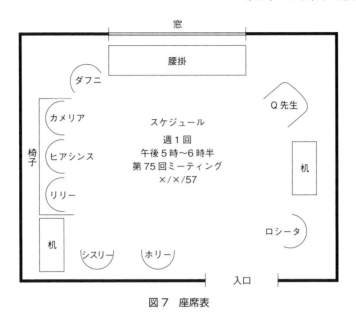

図7　座席表

を図7に示す。

　ある日，カメリアは以前の一連の考えに従って，彼女の夫に彼とはもうセックスはしないから，ほかの女性を探してよいと言ったと発表した。ロシータは好奇心に駆られて，尋ねた。「どうして，そんなことしたの？」。するとすぐにカメリアはわっと泣き出して，答えた。「私はこんなに一生懸命やったのに，あなたは私を批判するのね」

　ここで2つのやり取りがあり，それらを図8(a)と8(b)に示す。これらはグループの前で書かれ，分析された。2人の女性のパーソナリティは構造的に「親」，「成人」，「子ども」から成ることを示す。最初のやり取り刺激は，カメリアが夫に言ったことについての発言だ。彼女はこれを「成人」の自我状態で説明し，グループはそれをよく知っていた。次にそれをロシータの「成人」が受け取り，その話に落ち着いた論理的興味を示す反応（「どうして，そんなことしたの？」）をした。図8(a)に示すように，やり取り刺激は「成人」から「成人」へ，そしてやり取り反応も同様だった。

物事がこのレベルで続けば，会話はスムーズに進んだかもしれない。

　ロシータの質問（「どうして，そんなことしたの？」）はその時点で新しいやり取り刺激を構成し，ひとりの成人がほかの成人に話そうとした。しかし，カメリアの反応はひとりの成人から成人ではなく，批判的な親に答える子どものものだった。カメリアのロシータの自我状態に対する誤解と彼女自身の自我状態の移行が交叉交流を生み，会話を断ち切ったので，新たな展開を見せなければならなくなった。図8(b)がこれを示す。

　刺激は「成人」に向けられるが，反応は「子ども」から生じるこの特定のタイプの交叉交流はたぶん結婚や仕事の場，そして社会生活で最も誤解を生む原因だろう。臨床場面では，古典的な転移反応の代表例となる。事実，この交叉交流の種類は精神分析技法の最も主要な問題だとも言えるだろう。

　この逆は，刺激が「成人」に向けられ，「親」が返す場合に起こる。そのため，誰かがトロイ氏に合理的な質問をして思慮深い答えを期待しても，その人はあたかも矯正が必要な発達の遅れた子どものように，独善的で思慮に欠ける偏見で扱われ，動揺するかもしれない。この状況を図8(c)に示す。（これと同じ図を**変更するべきところは変更**して，逆転移の反応に用いることができる。）

　この図表では，矢印が交叉しない限り，会話は一連の**相補交流**としてスムーズに進む。交叉する交流が起こるやいなや，誰かが動揺し**相補関係**は終わる。例えば，カメリアとロシータの場合，ロシータはカメリアが泣いたあと，何も言わなかった。しかし，ホリーはすぐに，あたかも傷ついた子どもに話すようにカメリアを慰め始め，ロシータに代わって謝った。彼女の発言を意訳するとこのようになる。「泣かないで，イイ子だから。すべてはうまくいくわ。私たちみんなはあなたを愛しているし，あのバカなレディも意地悪を言うつもりではなかったのよ」。カメリアは心地良い〈自己憐憫〉で反応した。これらのやり取りを図8(d)に示す。ここでカメリアの「子ども」は「親」の反応を得ようとし，ホリーが彼女に与えたの

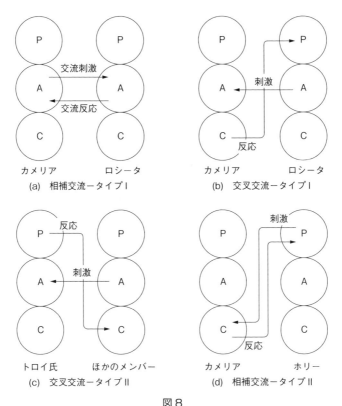

図8

はまさにそれで，最終的なロシータの皮肉なコメントの「この求愛は永遠に続くわね！」は厳密に言えば正しい。これらの相互の「親」と「子ども」のやり取りは，外部から邪魔が入らなければ，ホリーかカメリアがそれに疲れて自分の自我状態を変えない限り続くが，そのときにはまた別の交叉交流が起こり，相補交流は終わる。

　実際，それはロシータの介入で終わり，それによってホリーの「親」の破たんと彼女の傷つき恐れおののいた「子ども」の活性化を招いた。この状態では，ホリーはもうカメリアの役には立たず，カメリアはムッとして黙り込んでしまった。さて，今度はセラピストが介入する番だった。彼は

状況を注意深く判断し，上で述べた分析を続けられるようにみんなを「成人」のレベルに戻すことができた。この段階で，彼自身のグループとのやり取りは8(a)に示した元々のレベルに戻った。

　Q先生の介入は，最終的には社交コントロールを確立することに動機づけられていた。関与した3人のうち最も理解度が高いロシータは，すでに社交コントロールのかなりの部分を獲得していた。それは，カメリアが抗議して涙を流した時の彼女の沈黙で示された。一方，初心者のホリーはカメリアの「子ども」の序曲にすぐさま反応した。ロシータは，学習体験がグループの目的であることをはっきりと冷静に理解していた。彼女はカメリアが慰められることからは何も学ばないことを，そしてホリーはカメリアを慰めることから何も学ばないことを知っていた。同様に，他の理解度の高いメンバーのダフニとリリーも沈黙していた。というのも，それが彼女たちのできる唯一の事だということを知っていたからだ。一方，他の初心者の2人，ヒヤシンスとシスリーは，ほかにどうすればよいかがわからずに静かにしていた。

　要は，カメリアにはこのようなことが日頃から起こるということだ。彼女の目から見ると，人々はいつも彼女を誤解して批判した。しかし，現実には人を誤解し，批判していたのは彼女がよく行う行為だった。ロシータは，彼女自身がカメリアを批判しておらず，それどころかカメリアは泣くことで暗にロシータを批判しているのを正確に理解していた。ロシータはこの状況で「成人」のコントロールを持ち続け，カメリアを慰めたり，謝ったりする親の役割に自分自身を不当に引き込むことを許さなかった。彼女の「成人」は，負けることがミーティングで明言された治療目的の敗北であるという知識で強化された。カメリアは，哀れみや謝罪を引き出すのが巧みだということを一度ならずとも示した。知識のあるメンバーは，今度こそ彼女が受けるに値しないものを与えるように彼女に操られていたことに気づき始め，当面，グループのこの部分での目的は，カメリアに自分が何をしているのかを気づかせることだとわかった。そのための最も効果

的な方法は，彼女の要求を保留することだ。

　また彼らは，ホリーが親的になる機会をどれほど熱心に探しているかにも気がついた。そのため，カメリアとホリーは特定の傾向においてお互いを補完し合ったが，その傾向はそれぞれのケースで結婚の不和を奨励した。ホリーは夫が彼女を利用していたので，離婚をしようとしていたし，カメリアは夫が彼女を誤解し批判していたので，彼との間に問題があった。つまり，この出来事でのＱ先生のやり取り分析は適切だった。似たような状況の分析を繰り返し行うことで，この２人の女性は自分たちが何をする傾向があるかわかってきたし，グループや実生活でそれをコントロールすることができるようになった。そして，結婚の状況にも恩恵が伴ってきた。それに加えて，分析は他の初心者にとって有益で説得力があり，理解度の高いメンバーは社交コントロールに関してさらなる理解と体験を得たし，それぞれの体験は「成人」を強める役割を果たした。したがって，２人のメンバー間の関係のやり取り分析はグループ全員に利益をもたらし，これらの利益は，「子ども」の混乱解除の試みや根本的な葛藤の解消を試みる準備ができるずっと以前に生じた。

［注　釈］

　セラピーグループの進行を効果的に，順を追って提示するのは難しいことで有名だ。座席表は常に使うべきで，黒板はそのような討議の必需品だ。もし座席表なしで済ませたら，誰もそれがないことに気づかないだろうが，もしあれば，討議の出席者はみなそれをよく見ることがすぐにわかるので，座席表の有用性を証明するには充分だ。さらに，それは自動的にグループの物理的な状況についての数えきれないほどの質問，そうでなければどうしても時間がかかってしまうような質問に答えてくれる。

　紹介したグループは15名のメンバーで18カ月にわたり行われ，累積出席率は95％だった。メンバーのうち２人は変則的だった。ひとりはひとつのセッシ

ョンのあと，ほかのグループへ異動した。もうひとりはアルコール依存症で，子どものいない唯一の参加者だった。筆者にとって彼女はやり取り分析を試みた初めてのアルコール依存症者だった。メンバーが彼女の〈アルコール依存〉の心理ゲームをするのを拒否した時に湧き上がった不安に彼女は耐えることができなかった（10章を参照）。何か軽蔑的なことを言うようにという彼女の懇願をメンバーが断固として否定した後，彼女はグループには戻って来ず，自主的に治療のため4回目の入院をした。

　2人の精神病寛解者を含む4人の参加者は他の街に引っ越したが，全員がかなり改善した。もうひとりは少しの間，引きこもっていたが十分に満足していた。さらにもうひとりのベロニカは十分な効果を感じ，結婚生活を体系的に向上させることを試みるため，夫婦のグループに夫と参加するために移って行った。他の7人は自分たちがグループに参加するために使った時間とお金，努力は十分に価値があったと感じ，自分自身や他の参加者に改善を認めることができた。この13人のうち4人は，以前にひとつ以上の心理療法のアプローチを経験していたので，以前のセラピーと比較し，やり取り分析から何を得たかをよりはっきりと評価することができた。彼らの自発的な観察に基づく発言は，筆者自身の経験を裏付けるものだった。

参考文献

1) Berne, E. "Transactional Analysis : A New and Effective Method of Group Therapy." *Amer. Jnl. Psychother.* 12 : 735-743, 1958.

第10章 心理ゲームの分析

1. 暇つぶし

　社交交流の大部分は関わり方で出来上がっている。これは特に心理療法グループで当てはまり，そこでは活動と親密は禁止または抑制されている。関わり方は2つのタイプから成っている。それらは暇つぶしと心理ゲームだ。暇つぶしは，やり取りが明快な関わり方と定義される。その状況に本心を偽ることが入ってくると，暇つぶしは心理ゲームに変わる。楽しみの許容量が損なわれていない，幸せできちんとした人々の間では，社交の暇つぶしはそれ自体が楽しく，それ自体が満足をもたらす。他の人たち，特に神経症の人たちにとっては，まさにその名前が暗に示すように，時間を経過させる（言い換えれば，構造する）手段なのだ。それは，その人が人々をさらに知るようになるまで，この時間を耐え抜くまで，そしてより大きな規模では，就寝時まで，休暇まで，学校が始まるまで，回復が間近に迫るまで，そしてなんらかの形でカリスマ性，救助，死がやってくるまでだ。実存的には，暇つぶしは罪悪感，絶望感や親密感をかわす方法であり，ひっそりとした絶望を和らげるために自然や文化が提供する仕掛けなのだ。より楽観的には，せいぜい暇つぶしはそれ自体で楽しむことができ，少なくとも他の人間と心から望む母音縮合（訳注：待望の他の人間との無理のない一体化）を達成する期待を持って知り合う役割を果たす。なにはともあれ，それぞれの参加者はそこから得られるなんらかの一次的，二次的利得を得る機会をねらった方法として用いる。

　心理療法グループでの暇つぶしは通常は「親」的か「成人」で，それは
これらの機能は「子ども」を中心に展開する問題を避けることにあるから
だ。このようなグループでの2つの最も一般的な暇つぶしは，〈PTA〉と
〈精神科〉のいろいろな変形だ。〈PTA〉の投影形は「親」の暇つぶしだ。
その主題は，その言葉の一般的な意味としての非行や義務の不履行で，非
行少年，非行夫，非行妻，義務不履行の店員，義務不履行の官庁や義務不
履行の著名人などを扱う。取り込み形の〈PTA〉は「成人」で，その人
自身の社会的に受け入れられる義務不履行を扱い，「私はなぜ良い母親，
父親，雇い主，従業員，仲間，ホステスになれないのか？」だ。投影形の
モットーは〈それって酷くない？〉で，取り込み形のモットーは〈私も！〉
だ。

　〈精神科〉は，「成人」か，少なくとも偽物の「成人」の暇つぶしだ。そ
の投影形は，口語では〈あなたがしていることはこれ〉で，（無意識に人
の態度や考えを取り入れる）取り込み形は，〈私は何故これをするのかし
ら？〉だ。やり取り分析のグループで，知性で片付けようとする人は〈私
のどの部分がそう言ったんだろう？〉をするかもしれないが，能力の高い
グループでは，構造分析の学習段階が終わったあとには，注意をそらす暇
つぶしを引き延ばすことが明らかになったら，まもなくそれを中止する。

　他のグループはもっと注意深くて，自分たちでいろいろな形の〈おしゃ
べり〉をすることを制限する。それらのおしゃべりには，例えば，〈ゼネ
ラルモーターズ〉（車の比較）や〈誰が勝ったんだ〉（両方とも〈男性会
話〉），〈食料品〉，〈台所〉や〈衣装〉（すべて〈女性会話〉）だったり，〈や
り方〉（何かをする方法），〈いくら〉（その値段は？），〈行ったこと〉（懐
かしい場所），〈知っている〉（誰それ），〈どうした〉（懐かしいジョー），
〈翌日の朝〉（何という二日酔い），〈マティーニ〉（僕はもっと良い方法を
知っている）などがある。

　暇つぶしは，正確にはグループセラピーの初期の段階に属するが，もし
グループが適切に管理されないと，この段階より先には決して進まないか

もしれない。暇つぶしの重要性は能力の高いグループでは十分に重宝されるが、まもなく彼らは、暇つぶしが３つのタイプの状況で繰り返される傾向があることに気づく。それらは、新しい参加者がグループに入ったとき、グループが何かを避けているとき、またはリーダーが不在のときだ。もしリーダーが不在のときにグループが補助のセラピストやオブザーバーとミーティングを続けていると、リーダーが帰ってきたときに「あなたが不在のときに、私たちは〈PTA〉と〈精神科〉しかせず、これまで以上にそれが時間の無駄だということに気づきました」と報告するかもしれない。当初は、〈PTA〉を止めることは非常に難しいことが理解される母親のグループでさえ、最終的には同じ反応をするようになる[1]。

　そうは言うものの、暇つぶしはセラピーグループの初めには効用があり、「子ども」の試験的な逸脱の無害な母体としての機能を果たす。それらは、プレイヤーが心理ゲームを始める前に、お互いに調整する間の曖昧な観察準備期間を提供する。多くの人々はそのような試用期間をありがたく思う。というのも、一度「子ども」が心理ゲームをすると決めたら、彼はその結果を引き受けなければならないからだ。しかしながら、グループによっては、暇つぶしの段階を省いて心理ゲームにまっすぐに突入する。これは軽はずみなメンバーのひとりがプレイヤーたちの予備調査をしないまま、彼や彼女の心理ゲームの最初の動きをすると特に起こりやすい。このような軽率な行為は、普通ほかのメンバーも引き込む。これに類する不作法は必ずしも攻撃性の問題ではなく、「子ども」の衝動性、「成人」の機能障害、「親」の欠陥によって起こることもある。それは基本的には適応欠如のサインなのだ。そこにいる他のメンバーはもっと攻撃的な可能性があるが、同時により冷静で、思慮深く、自制心があるのかもしれない。

　暇つぶしは、ストレスがかかっているときはグループをより心地よくするかもしれないが、分析の視点からは、それらはほとんど価値がない。暇つぶしは「親」と「成人」の特性を患者にはっきりさせる助けにはなるが、それが起こったときのセラピストの最も重要な役割は、便宜上許され

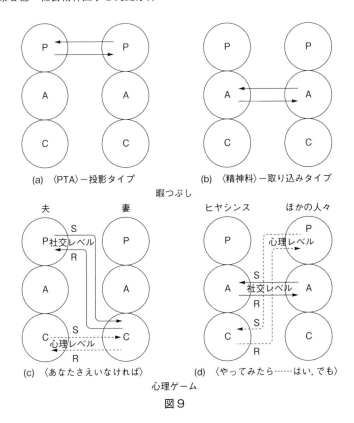

(a) 〈PTA〉－投影タイプ　　　　(b) 〈精神科〉－取り込みタイプ

暇つぶし

(c) 〈あなたさえいなければ〉　　　(d) 〈やってみたら……はい, でも〉

心理ゲーム

図9

るなら, 速やかにそれを打ち切ることで, それによってメンバーは心理ゲームに進むことができる。暇つぶしの陳腐さは下記の2つの実例で示すが, それらの分析は図9(a)と(b)に示す。

I. 〈PTA〉―投影タイプ

ホリー：　　　家族崩壊がなければ, このような非行はすべてないのに。

マグノリア：それだけじゃないわ。今では良い家庭でも子どもたちは以前のようにマナーを教わらないのよ。

Ⅱ. 〈精神科〉─取り込みタイプ

デイジー：　私にとって絵を書くことは汚れを表すものでなければならないの。

アイリス：　私にとっては，それは私の父親を喜ばせるためのものだわ。

2. 心理ゲーム

　配偶者の間で行われる最も一般的な心理ゲームは口語では〈あ・な・た・さ・え・いなければ〉で，これは心理ゲーム全般の特徴を示すのに用いられる。

　ドダキス夫人は，彼女がどんな社交や運動の活動に熱中することも夫は許してくれないと愚痴をこぼした。彼女の治療が進むにつれ，夫は次第に自分自身に自信がなくなり，禁止を解いていった。そこで患者は，彼女の活動の幅を自由に広げることができることになった。彼女は〈飢えていた〉青春期のため，ずっと水泳とダンスのレッスンを取りたいと思っていた。彼女がクラスに申し込むと，彼女は水泳用のプールとダンス用のフロアの両方に対して恐怖症があることを発見し，このプロジェクトを 2 つとも断念しなければならないことに驚き，落胆した。

　この発覚は，部分的に彼女の結婚の構造をはっきりさせた。彼女は，一時的**利得**と二次的**利得**を最大限にもたらす男性を夫に選んだ。フロイド[2]が病いには 3 つのタイプの利得を得る可能性があると述べたのが思い出される。それらは，外的一次，内的一次，そして二次の利得だ。この概念は人間関係から生じる利得に広げることができる。ドダキス夫人が夫にワンマンな人を選んだ時，**外的な一次的利得**は夫が彼女の恐怖症を避ける助けをしてくれたことだ。そして，**内的な一次的利得**は，彼の方を向いて，〈あなたさえいなければ，私は……などができるのに〉と言うことができることだ。それは満足がいくだけでなく，彼女の潜在的罪悪感と不安への対処を助けた。**二次的利得**は彼女の立場から生じる物質的な利益にある。

彼女の〈筋の通った〉恨みは，結婚での性生活やその他の側面での彼女の
コントロールに影響力を与え，彼の厳しさを償うために彼女への譲歩や贈
り物を引き出した。

　しかし，我々はここでは社会精神医学に関心があるので，最も関係のあ
る利得は他の3つのタイプとは異なるもので，それは**社交利得**だ。社交利
得を説明することが答えとなる質問は以下の通りだ。状況は個人の時間の
構造化にどのような貢献をするか？　ドダキス夫人は，夫に禁止を強いる
ように誘惑して（夫がなにか誘惑を必要とする場合に）心理ゲームのお膳
立てをする。すでに概要を説明した目的にかなうのみならず，これらの禁
止は常に新たな恨みの貯水池を提供した。活動が不足したり，親密さが脅
かされるときはいつも，この恨みが〈あ・な・た・さ・え・い・な・け・れ・ば〉という果て
しなく続く攻撃や反撃の心理ゲームが時間を埋める代用となった。さら
に，そのことはドダキス夫人を女性社交サークルで有利な立場に置く。と
いうのも，彼女は〈彼さえいなければ〉という派生的な暇つぶしをするこ
とで，満足感と達成感を持って，いつも彼女らの会話に参加することがで
きたからだ。こうして，彼女の夫婦関係は保護，コントロール，役得（フ
ロイドの利得）だけでなく，〈あなたさえいなければ〉と〈彼さえいなけ
れば〉を演じる特権を提供していた。重要な副産物として，ドダキス家の
子どもたちの感情教育にはこれらの心理ゲームをする集中的な現場講座が
含まれていたので，次第に家族全体がこの余技に巧みに，そして頻繁に熱
中できたし，実際に行った。

　5つ目の利得のタイプは**生物学的利得**で，グループはなんらかの方法で
お互いに刺激し合い，それによってお互いの孤立感を除去するという単な
る事実から派生するもので，それは刺激の方法や内容には関係がない。

　ドダキス氏のこの状況からの利得は，本人が治療には来ていないので想
像の域を越えない。このゲームの男性パートナーは普通，解決を精神医学
に求めるタイプではない。しかし，いくつかの類似した結婚生活に関わる
経験から，彼の内的な一次的利得は加虐的か対抗恐怖（訳注：恐怖症の人

が自らその環境を選ぶこと）と考えられる。彼の外的な一次的利得は彼の妻と同じで，拒否を招くことによって自尊感情の喪失なしに性的な親密さを回避することだった。彼の二次的な利得は，熱心に山小屋や酒場を探す自由だった。そして，彼の社交利得は〈女というものは誰にもわからない〉という暇つぶしだった。

　心理ゲームのやり取り分析は関係するすべての人にとって学ぶことが非常に多い。やり取りには３つの種類がある。相補，交叉，裏面だ。**相補のやり取り**は構造がしっかりとした関係で，**交叉のやり取り**はうまく構造されていないものだということはすでに討議した。暇つぶしではやり取りは相補だ。そのため，この状況では関係は構造がしっかりしていて，比較的単純で，利得にうまく動機づけられていたら，永久に継続される。心理ゲームでも関係は交叉なしによく構成されているが，やり取りは裏面で社交と心理の２つの層で同時に行われる。〈あなたさえいなければ〉の分析を図 9 (c)に示す。**社交レベル**では枠組みは以下の通りだ。

　　夫：おまえは家にいて，家の面倒を見るんだ。
　　妻：あなたさえいなければ，私は楽しめるのに。

　ここでは交流の刺激は「親」から「子ども」で，反応は「子ども」から「親」だ。**心理レベル**では（裏面の結婚契約）刺激は全く異なる。

　　夫：俺が家に帰る時，お前はいつもここにいなければいけない。俺は見
　　　　捨てられることをとても恐れている。
　　妻：恐怖症の状況を避けるのを助けてくれるなら，私は家にいるわ。

　ここでは刺激と反応は両方とも「子ども」から「子ども」だ。どちらのレベルでも交叉はないので，心理ゲームは十分にやる気があれば永久に続く。そのため，心理ゲームはやり取り的には一連の**裏面のやり取り**と定義

できる。記述的には往々にして反復され，表面的にはもっともらしく，隠れた動機のある，繰り返して起きる一連のやり取りだ。より口語的には，わなや〈弱み〉のある一連の動きだ。

　心理療法グループを含むあらゆるパーティやグループでの，最も一般的な心理ゲームは〈やってみたら……はい，でも〉だ。

ヒヤシンス：私の夫は何もちゃんと作ることができないのよ。

カメリア：　ご主人，大工のクラスを取ったらどうかしら？

ヒヤシンス：はい，でも彼には時間がないの。

ロシタ：　　彼に良い道具を買ってあげたらどうなの？

ヒヤシンス：はい，でも彼は使い方がわからないわ。

ホリー：　　あなたの作りたいものを大工さんに作ってもらったらどうなの？

ヒヤシンス：はい，でもお金がかかりすぎるわ。

アイリス：　彼のやり方で作ったものをそのまま受け入れたらどうなの？

ヒヤシンス：はい，でもすべてが崩れてしまうかもしれないわ。

　〈やってみたら……はい，でも〉は何人でもやることができる。〈それ〉役の人が，問題を提起する。他の人は〈やってみたら〉で始まる解決策を提示し始める。〈それ〉役の人はそれぞれの解決策に〈はい，でも〉で反対する。上手なプレイヤーは，みんなが諦めて，〈それ〉役の人が結果として勝つまで，ずっとグループの他の人から遠ざかっていることができる。例えば，ヒヤシンスはロシタとセラピストが心理ゲームを中止させるまで，1ダース以上の解決策に異議を唱えることに成功した。

　まれに例外はあるが，すべての解決策が拒否されるこの心理ゲームはある裏面の目的を果たしているに違いないのは明らかだ。〈やってみたら……はい，でも〉での〈弱み〉は表面上の目的のためではなく（情報や解

決策のための「成人」の探求），「子ども」を安心させ，満足させるために行われる。ありのままの台本は「成人」のように聞こえるが，生体組織では，〈それ〉役の人は状況に合うには不十分な「子ども」として自分を示す。一方で，他の人たちは，困っている人の役に立つように彼らの知恵を施すことに熱心な物知りの「親」に変わる。これがまさに〈それ〉役の人が欲していることで，彼女の目的はこれらの「親」に次から次へと挫折感を与えることだからだ。この心理ゲームの分析は図 9(d)に示す。社交レベルでは刺激と反応の両方は「成人」から「成人」でゲームは続行できるし，心理レベルでもそれらは相補で，「親」から「子ども」への刺激（〈やってみたら……〉）で「子ども」から「親」への反応を引き出す。心理レベルは両者とも無意識だろう。

　これらの解釈を考慮して，ヒヤシンスの心理ゲームを最後まで見るのは有益だ。

　ヒヤシンス：はい，でもすべてが崩れてしまうかもしれないわ。

　セラピスト：あなた方みなさんは，これをどう思いますか？

　ロシタ：　　私たちはまた〈やってみたら……はい，でも〉をやっています。もう，私たち，もっとわかってもよいはずですよね。

　セラピスト：あなたが自分で考えなかったことを誰かが何か提案しましたか？

　ヒヤシンス：いいえ，誰もしてくれませんでした。私はみんなが提案したほとんどすべてのことを実際に試しました。夫に工具をいくつか買いましたし，彼は大工のコースを取りました。

　セラピスト：ヒヤシンスが彼にはコースを取る時間がないって言ったのはおもしろいですね。

　ヒヤシンス：そうですね。私たちが話している間，私たちが何をしているのか気づきませんでしたが，今は私が〈やってみたら

　　　　　……はい，でも〉をまたやっていたことがわかりましたの
　　　　　で，私は今でも，どの「親」も私に指図できないことを証
　　　　　明しようとしているのですね。
セラピスト：そして，それでもあなたは私に催眠術をかけるようにと
　　　　　か，催眠剤を注射してほしいと言う。
ヒヤシンス：あなたには，そうです。でもほかの誰も私に何をするべき
　　　　　なのか言うことはできません。

　この心理ゲームの社交利得（時間の構造化）はトレディック夫人がはっ
きりと述べているが，彼女の主症状は赤面恐怖症だった。通常そうである
ように，トレディック夫人は彼女の心理ゲームでどのような役割にも切り
替えることができた。現在の関係からすると，彼女は〈それ〉の人か物知
りのひとりを演じるのが上手で，個人セッションではこのことが話し合わ
れた。

Ｑ先生：それがわなだってわかっているのに，なぜあなたは心理ゲーム
　　　　をやるのですか？
Ｔ夫人：もし私が誰かと話していると，私は何を言うかを常に考えてい
　　　　なければならないのです。もしそうしなければ，私は赤面しま
　　　　す。もちろん暗闇では別ですけど。
Ｑ先生：なぜ暗闇では赤面しないんですか？
Ｔ夫人：誰にも見えないなら，何の意味があるのでしょうか？
Ｑ先生：それについては別の機会に話しましょう。もしあなたがグルー
　　　　プで〈やってみたら〉をするのを止めたら，それは面白い実験
　　　　でしょう。私たちみんなが何かを学べるかもしれません。
Ｔ夫人：でも私は静けさが耐えられないのです。私はそれを知っている
　　　　し，主人もそれを知っていて，それをいつも私に言っていま
　　　　す。

Q先生：つまり，あなたの「成人」が忙しくしていないと，「子ども」
　　　　がチャンスをつかんで飛び出して，あなたに恥ずかしい思いを
　　　　させるということですか？

T夫人：その通りです。だから，もしだれかに何か提案をし続けるか，
　　　　ほかの人たちが私に提案をし続けてくれれば，私は大丈夫なの
　　　　です。私は守られています。そうですね，赤面はもう私をさほ
　　　　ど困らせません。私の「成人」をコントロールできている限り
　　　　は，きまり悪さを先送りすることができるし，そうなったとき
　　　　も以前のようなパニック状態にはなりません。

　トレディック夫人は，ここで構造化されていない時間が怖いことを十分
にはっきりと示している。困惑して，性的に興奮した「子ども」は「成
人」が社交状況で忙しくしている限りそれが公になるのを防げるし，心理
ゲームは「成人」機能の適切な構造を提供する。しかし，心理ゲームは彼
女の興味を維持するために適切に動機づけられなければならない。彼女の
この特定の心理ゲームの選択は経済原則に影響を受ける。それは，身体的
な受け身についての彼女の「子ども」の葛藤と関連する最大の内的，外的
利得を生み出す。彼女は，支配されることができない抜け目のない「子ど
も」か，誰かほかの人の「子ども」を支配できる経験に富み何でも知って
いる「親」か，むしろ支配するのに失敗する「親」のどちらかを同等の熱
意をもって演じることができる。〈やってみたら……はい，でも〉の基本
原則はどんな提案も決して受け入れないのだから，「親」は決して成功し
ない。この心理ゲームのモットーは，〈パニック状態になってはいけない，
「親」は決して成功しない〉だ。最終的には，これは早期の幼少期の実際
の親に対する相反する感情を持った両性素質（訳注：精神分析用語で両性
の心性を持つこと）の態度に帰する。

　他の一般的な心理ゲームは，〈間抜け〉，〈アルコール依存症〉，〈義足〉，
〈大騒ぎ〉，〈それって酷くない？〉，〈あなたが私をこうした〉，〈私ったら，

またやっているわ〉，そして〈あなたと彼を戦わせよう〉だ。これらの名
前は専門的に望ましく，治療的に効果のある，的を射た鋭さのあるものが
選ばれた（しばしば，患者自身が名づける）。ひとつひとつの心理ゲーム
は，記述的にはチェスやサッカーのような正式な競技と類似している。白
（訳注：チェスのゲームの開始）が最初に行動を起こし，笛が鳴ってイー
ストがキックオフ（訳注：フットボール系のスポーツで試合開始を意味す
る）し，試合開始のボールが投げ込まれるなど，人はそれぞれが社交の心
理ゲームの最初の一歩について類似のやり方を持っている。Ｘの刺激のあ
とにはＹの型にはまった反応が続き，それからＸの型どおりの次の動き
がある。一定数の動きの後，試合はチェックメイト（訳注：チェスの試合
で，チェックメイトした方が勝ちになる）やタッチダウン（訳注：アメリ
カンフットボールで相手のエンドゾーンにボールを持ち込むこと）に相当
するはっきりとした結末で終わる。このように，心理ゲームは態度や暇つ
ぶしではなく，ゴールに向かう一連の相補のやり取りなのだ。

〈間抜け〉は，もし心理ゲームが崩壊したらどうなるかを見る説得力の
ある，しかし危険な機会を提供する。この心理ゲームでは〈それ〉の人は
ものを壊し，ものをこぼし，いろいろと汚し，その度に〈すみません！〉
と言う。典型的な状況の動きは以下の通り。

1. ホワイト氏は，その家の女主人のイブニングドレスにハイボールを
   こぼす。
2. ブラック氏は初めに激怒するが，もしその感情を見せたら（ほんの
   かすかにだが），ホワイト氏が勝つことに気づく。それでブラック氏
   は自分をたて直し，これによって彼は自分が勝つという錯覚を持つ。
3. ホワイト氏は言う。〈すみません！〉
4. ブラック氏は許しをボソボソと言い，自分が勝つという錯覚を強め
   る。

タバコの火がテーブルクロスを燃やし，椅子の足がレースのカーテンを
引っ張り，じゅうたんにソースをこぼした後に，ホワイト氏は彼の肛門期

の攻撃性のはけ口を与えられ，しかもそれが許されたので，彼の「子ども」は活気づいたが，一方，ブラック氏は自己コントロールの苦しみに対する満足の表情を示した。そのため，彼らは両方とも不幸な状況から利益を得たので，ブラック氏は友情を打ち切ることに必ずしも躍起になってはいなかった。ここで注目するべきは，ほとんどの心理ゲーム同様，攻撃者のホワイト氏はどう転がっても勝つということだ。もしブラック氏が彼の怒りを露わにしたら，ホワイト氏は彼の憤りを〈正当化する〉ことができると感じる。もしブラック氏が我慢したら，ホワイト氏はその機会を楽しみ続けられる。これらの人生の心理ゲームでのみ，物事がどのような結果になってもその人は勝つことができる。

〈反間抜け〉は軽率で上品ぶった人たちがやるので，

1. ホワイト氏は彼のかかとで赤ちゃんのガラガラを潰す。

2. この機会を待っていたブラック氏は，待ちかねたようにただ立っている。

3. ホワイト氏はブラック氏の態度にわずかに動揺して，言う。〈すみません！〉

4. ブラック氏は言う。〈君は，前回のように私の妻のドレスにハイボールをかけ，テーブルクロスを燃やし，カーテンを破り，そしてじゅうたんにソースをこぼしても良いよ。でも，お願いだから「すみません！」とは言わないでくれ〉

5. ホワイト氏の肛門期の反抗が公に晒された今，〈社交的に受け入れられる〉へまからの内的な一次的利得と許しの外的な一次的利得は彼の下から切り払われた。問題は，大きな音を立ててドアを閉めるとか，より悪いことが怒りの爆発としてすぐに起きるか，彼が自分をコントロールして，復讐をあとでするかだ。どちらの場合でも，ブラック氏はここで敵を作り，ホワイト氏は精神経済（訳注：精神分析用語。経済論的視点はフロイドの学説のなかでも最も仮説的な側面が強い）の深刻な障害に陥る危険にさらされる。

　そのため，心理ゲームの説明はイギリスのユーモア作家たち[3]を連想させるが，ここで討議した心理ゲームは深刻な性質のものだ。それらの力動的な機能は精神の均衡を維持することで，それらの欲求不満は激怒，または交流分析で**絶望**（これは臨床的には抑うつとは区別され，実存的な絶望と同類だ）と呼ぶ状態のどちらかを引き起こす。

　〈アルコール依存症〉は複雑だ。というのもその伝統的な形では，４人でする心理ゲームで，それぞれが一次と二次の両方の利得を得るからだ。満開期には，迫害者，救助者，替え玉，そして〈それ〉の人が必要だ。迫害者は通常反対の性で，典型的には配偶者で，救助者は身体的に同性で，往々にして医師だ。替え玉は多かれ少なかれ無関心な人で，単に必要なときに援助物資を提供し，また本能と攻撃両方の直感的衝動に対する受動的な目標として活動する。これらの役割は３人または２人でするゲームに凝縮することが可能で，また役割は変わることもできる。いろいろな組織は，この心理ゲームのルールを印刷し，資料に役割を定義する。〈それ〉になるには，朝ごはんの前に一杯やる，などだ。救助者になるには，大いなる力を信じる，などだ。

　特定の心理ゲームをする人たちがその心理ゲームのどの役割も演じられる可能性があるという事実は，救済機関の成功を説明する。そのような機関は飲酒をする人を治療するのに非常に成功するかもしれないが，〈アルコール依存症〉の心理ゲームをやることは治さない。何が起こるかというと，その特定のゲームでは，メンバーは〈それ〉の人を演じる代わりに，救助者に役割をスイッチするように思われる。救助する人の不足が生じると，〈治った〉人は再発しやすいこと[4]が知られているが，それは心理ゲームの分析用語のなかでアルコール依存症の心理ゲームでは，彼らはもう一度元々の役割だった〈それ〉に切り替わることを意味する。元アルコール依存症者は酒を嗜まない人より，良い救助者になる。なぜなら，彼らはその心理ゲームのルールをより良く知っているし，それらの活用経験が豊富だからだ。ここでの心理ゲームは，〈アルコール依存症〉ではなく〈ア

ルコール依存症の人〉と呼ばれる。それは，一定のケースでは，瓶なしでもゲームを行うことができるからだ。つまり，アルコール依存ではない人々のなかに，基本的に同様の 4 人の心理ゲームをする人々がいるということだ。

　救済機関（特にアルコール依存者更生会）は飲酒停止に関して，心理療法グループを含む他の取り組み方よりも良い，最良の機会を提供することについては一般に意見が一致している。アルコール依存症者は一般的な心理療法グループに魅力を感じないようで，その理由はすぐにわかる。グループの基本的な産物は，利得を最大限に得るような方法で個々人の時間の構造化を助けることだということを思い出せば，それぞれの人はこの点で最もしっくり来るグループを探すことを理解するのは簡単だ。そのグループとは，最初にその人の最も高く動機づけられた心理ゲームをする最大の機会を約束するところだ。もし彼がこの探求に失望感を抱いたら，グループを去るだろう。そこで，患者はもし自分の好みの心理ゲームができるか，もしくは〈より良い〉ゲームを学べる機会だと思えたら，心理療法のグループに留まり，失望感を抱いたら去るだろう。アルコール依存症者は，普通の神経症や精神病者のグループで彼特有の心理ゲームを組み立てるのは簡単ではなく，彼の欲求不満耐性の能力は非常に低いことで有名なので，すぐに去ってしまう。

　この原則に則ると，彼は 2 つの状況下でのみ一般のグループに残ることができる。まず，アルコール依存症者がグループを操作するのに成功していることにセラピストが気づかない場合で，患者は永続的なセラピー治療の恩恵を受けられない。またはセラピストの力量が充分で，潜在する葛藤にたどり着くまでアルコール依存症者が失望感に耐えられるように助ける場合だ。3 つ目の代替案はアルコール依存症のゲームをする人たちだけでグループを作るのに成功することだ。

　患者が社交コントロールを学び，彼らの主要な心理ゲームをするのを止めたあと，最もよく出会う問いは，〈その代わりに私は何をするのだ？〉，

すなわち〈では，これから私は自分の時間をどのように構造化すればよいのだろう？〉だ。時間が与えられれば，この問題は患者が驚き喜ぶことに，「子ども」が元々のゲームよりもっと自然で建設的な表現の種類を考え出せるようにすることで，**自然治癒力**が解決してくれる。これは，社交コントロールが治癒だということではないが，快方に向かっている事例では，それは明らかな改善をもたらす。確かに，セラピストが古くからの患者に新しい心理ゲームを提供しようとすることに過度に熱心になることは得策ではない。彼はアンブロイ・パレ（Pare）（訳注：「近代外科学の父」と称され，16世紀のパリで活躍した外科医）のモットーを忠実に守るべきだ。「私が治療するが，神が彼を治癒する」。これは，〈治癒した〉アルコール依存症者の何人かは社交的にはむしろ特徴がなくなる傾向があるという意見の前置きになる。それは，彼らが〈代わりに何をするのか〉を知るのが難しいからだ。ほとんどの事例では，彼らは心理ゲームを断念したのではなく，むしろ役割を変えたので，新しい心理ゲームを探す自由さはなく，そのため，彼らの仲間以外の人たちと関わるのに困難を感じる。

〈義足〉は特に文化的により親和的になってきているので，心理療法では重要な心理ゲームだ。それは存在に関して心神喪失の法的申し立てに相当し，まさにそれは単に〈義足〉のプロ版なのだ。恐怖症の精神分析のように，交流分析はそれよりさらに行動的な心理療法だ。遅かれ早かれ，患者は実際に地下鉄に乗る，橋を渡る，エレベーターに乗るときが来る。そのような対峙をする前に，分析をいつまでも続けるわけにはいかない。交流分析はなるべく早くにそれをすることを選ぶ。そして時として〈まず必要なことをやり，その後で問題を分析しよう〉という立場を取る。患者は〈義足の人に何を期待するのか？〉の精神医学に相当するような，例えば，〈でも私にはできない。だって私は神経症なんだから〉と答えるかもしれない。

実際にセラピストが求めることは，患者の準備ができたときに学んだことを使うということだけだ。多くの神経症患者は治療が〈終了〉するまで

待たなければならず，そして世の中で生き始められるには卒業証書のような
ものが必要だという思い違いをしている。そこでセラピストの務めのひ
とつは，もしそうなら，この種類の無気力と戦うことだ。精神医学の一般
向けや技術的な記事を読むのに慣れている人々は〈義足〉のより高度のバ
ージョンをしようとして，行動化の問題に言及し「でも，もしそれをやっ
てしまったら，私はそれを分析することができなくなります」と言うだろ
う。

　患者が本当に準備できていないのか，〈義足〉をやっているのかを決定
するにはかなりの臨床的判断が求められる。ともかく，セラピストは特定
の状況下でのみ反〈義足〉であるべきだ。その状況とは，同じ患者とは 3
カ月に 1 回以上は会わないとき，患者がセラピストの助言に従うという確
信があるとき，助言が「親」ではなく「成人」でなされているときだけ
だ。ほとんどの場合，患者はそれが「親的」のものと理解するが，重要な
ことはセラピスト自身，そしてもしグループに他の参加者がいるなら，彼
らが，アプローチに「成人」の質があるのがはっきりしていることだ。特
定のタイプの〈義足〉は，影響を受けやすいセラピストから特に「親的」
な逆転移を誘発しやすい。限られた知力を主張する患者は彼らの俗物根性
に訴えるし，虚弱な健康を主張する患者は同情や不安な気持ちに訴えるか
もしれない。そして，マイノリティのグループのメンバーだと主張する人
は彼らの偏見に訴えるかもしれない。次の比喩はこの心理ゲームの矛盾と
共に現代の社会学的含意を示す。

　セグンド氏は，専門家の証人として精神科医を呼ぶことで，彼のクライ
エントのひとりの無罪を勝ち取ったと自慢した。クライエントは，相当な
職務怠慢で裁判にかけられていた。精神科医は，その人が法律上は正気だ
が，崩壊家庭の出身で，妻を非常に必要としていて彼女への愛情から罪を
犯したと証言した。彼の証言は，セグンド氏の答弁と併せて非常に説得力
があり，陪審員団は彼を解放した。

　それからセグンド氏は，個人的に仕事上の責任において，ある人が彼の

期待を裏切ったことに関して訴えていることを語った。調べてみたところ，この被告も崩壊家庭の出身で，妻を楽にするためなどにお金が必要だったということがわかった。しかしセグンド氏はこれで訴訟を進めることを思いとどまりはしなかった。

　交流分析では，信頼性や責務は「成人」に内在する社会的資質とみなされている。そのため，「成人」が機能し，また制限内のある時点で機能できる限りにおいて，患者には信頼性が期待される。これがセラピストは必要なときに反〈義足〉であるべき論理的根拠で，患者もこれを理解している。もしセラピストが注意深ければ，この戦略から難しいことは起こらないはずだ。筆者の体験では，反〈義足〉だからという理由で患者が治療を止めたり，傷ついたり，支離滅裂な転移状態になったことはない。構造分析の用語では，この立場は，「子ども」は経験から学ぶことができるという前提に則っているので，そのため個人は早期から世の中で健康的に暮らすように奨励されるべきだ。その根拠は，すべての成人は如何に精神障害があり，機能的に崩壊していても，適切な状況下では心的エネルギーを再注入できる完全な「成人」があると述べたものと合わせて，従来の見解よりもより楽観的で，実際により実りが多いように思われる。

　特に言及したほかの心理ゲームのなかで，〈大騒ぎ〉は大きな声とバターンと扉を閉めることで，これは例えば父親と娘や，夫と妻の間の古典的な性的恐怖に対する防衛だ。それは往々にして挑発―拒否―投影の心理ゲームである〈不感症の女性〉（「あなたが考えるのはセックスのことだけなのね」）の最終段階だ。〈それって酷くない？〉は寂しい手術依存症者が最も厳格に，そして痛烈にする。〈あなたのせいで私はこうなった〉は，金銭，セックス，犯罪に関して２人でする心理ゲームで，騙されやすい人（あなた）と〈それ〉（私）の間で行われる。このゲームでは，逮捕される方が勝者なのだ。その反対は，〈私ったら，またやっているわ〉で，ここでは騙されやすい人（私）が〈それ〉で，見せかけの勝者は**おとり捜査官**だ。最初の方は，〈私〉は通常男性で，２つ目の方では〈私〉は通常女性

だ。〈あなたと彼に戦わせよう〉は基本的には女性の心理ゲームの始まり
で，カクテルパーティでのからかいから殺人事件まで広範囲の重篤度（レ
ベル）で行われる。

　心理ゲームはいろいろな方法で分類できることは明らかだ。疾病の分類
に関して，〈間抜け〉は強迫観念で，〈あなたのせいで私はこうなった〉は
偏執症，そして〈私ったら，またやっているわ〉はうつ病だ。区分的に
は，〈アルコール依存の人〉は口唇期，〈間抜け〉は肛門期，〈あなたと彼
を戦わせよう〉は一般的には男根期だ。それらはまた，主に使われた防
衛，参加者，または〈反撃者〉の数によっても分類できる。多くの異なっ
たゲームにトランプ，サイコロ一組，ボールがそれぞれ使われるように，
時間，金銭，言葉，冗談，体の部分，そしてその他の〈反撃者〉が使われ
る。

　心理ゲームは，親密の領域に属する活動とは区別されなければならな
い。心理ゲームは定義から言って，裏面のやり取りからのわなや〈弱み〉
を含まなければならない。活動は直接のやり取りで，単に誰かが社交的に
すること，例えば確認を求め，それを貰うというようなことだ。これは，
その人が何かほかのことをしているように見せて本当は確認を求める場合
や，確認を求めたのに相手が何か気まずく感じるようにそれを拒否するよ
うな場合にだけ，心理ゲームになる。

　心理ゲーム分析は合理的な機能だけでなく，個人やグループにおける心
理療法の真剣なやり方に強い関心を添える。それを快楽主義的な目的に堕
落させてはならないし，最大限の正確さをもって扱わなければならない
が，多くの参加者に与える明らかな楽しみは誠実なセラピストが感謝しな
ければならないボーナスであり，不満を言う対象であってはならない。

［注　記］

　私はたびたび**心理ゲームのリスト**を求められてきた。ゲームに適切な名前を

付けるには，基本的な戦略，そして心理ゲームを行う動機づけがはっきりする
まで長時間の観察が必要なため，それを成就するのは難しい要望だ。心理ゲー
ムの研究はまだ蓄積と流動性の段階だ。最初は異なって見える２つのゲームが，
それぞれの核心が引き出されると同じものだとわかることがしばしばある。そ
して，似ているかそっくりなゲームがその後，核心はかなり異なっていると判
明することがある。さまざまな心理ゲームの相互関係をはっきりさせるのはさ
らに難しい。心理ゲームの特定の取り合わせは特定の脚本に必要な随伴物なの
かという基本的な疑問でさえ，未だ満足に検証されていない。これまでのとこ
ろ，口語では〈ちいさな赤ずきんちゃん〉として知られる人生プランの脚本だ
けがこの点について研究され，予想されるように，これらの女性はみな〈あな
たと彼を戦わせよう〉と，それ以外に２～３のゲームを行う。しかし，他の種
類の女性も〈あなたと彼を戦わせよう〉をする。ともかく，これまでにわかっ
たすべてのゲームについて十分に述べるには一冊の本が必要だろう。それゆえ，
すでに述べたものに加えて以下のリストも，部分的で暫定的なものだ。

1. 〈私に何かして〉（肛門期の頑固さのある〈義足〉）
2. 〈嫌がらせ〉（「人生をややこしくし過ぎた今となっては，もうあきらめら
   れる」）
3. 〈私は潔白〉（つまらない否認）
4. 〈自分で蒔いた種よ〉（強烈な否認）
5. 〈ストッキング・ゲーム〉（「見て，私のストッキング，伝線しているわ
   ……私，自分が挑発しているのに気づかなかったわ」）ここで**変形したも
   の**に関する疑問が湧く。女性によっては自分の胸の均整の取れた配置の不
   備を指摘する。
6. 〈ラポ〉（「どういう意味なの，私があなたを誘惑し，あなたが私をレイプ
   して，私が文句を言う」）ここでは，**段階**の疑問が加わる。社交的に最も
   受け入れられる形では，誘惑それ自体で利得が得られ，肘鉄は単にすでに
   心理ゲームが終わったことを示す。これが第一段階だ。より悪意のある
   〈ラポ〉の第二段階では，誘惑は最高に面白い事柄の補助的なもので，肘
   鉄から得られるものなのだ。最も悪質な形は第三段階で，スキャンダル，

殺人，自殺で終わるかもしれないし，利得は実際に〈レイプ〉されて得られるものだ。

7. 〈さー，捕まえたぞ，この野郎〉（時々〈債務者〉や〈債権者〉の変形）これは**厳しさ**の問題だ。〈債務者〉の厳しいゲームの重要性は明らかだ。〈債務者〉の厳しいゲームでは，もし債権者が債務者によって内心で設定された取り立ての限界を越えたら，利得は〈正当化〉から引き出す。（「そうだ，取り立て代行業者だ。でも，私の雇用主に電話をしたということで彼を捕まえよう」）

S. S. フェルドマン（Feldman）の〈広義に解釈すること〉[5] についての記事は，分析家，現在は分析を受ける人が，最初の行動を起こす〈精神医学〉という心理ゲームの卓越した記述だ。交流分析では，セラピストや患者はやり取りの中から原始の要素を見つけ出し，内容の〈本当の解釈〉を探し出すというフェルドマン博士のやり方に従うのではなく，むしろその代わりに分析家と分析を受ける人の幼少期の心理ゲーム自体の遺伝的原因を探索する。

二層の**裏面のやり取り**を〈社交的〉と〈心理的〉と呼ぶのは科学的には申し分がないとは言えないだろうが，しかしこれらはリッデルとスコット（Liddell & Scott）の新造語の新語義を調べずに利用できる最も当を得て，明快で，使い勝手の良い用語だ。

助けなければならないアルコール依存症者がいなくなってしまったときのアルコール依存症更生グループの**崩壊**は，私が最初に何年も前に気づいたできごとだった[6]。この件について私よりもはるかに経験があるヘンドリック・リント（Hendrik Lindt）博士が私に個人的には彼も同じ意見だと言ったが，結論は決して確固としているわけではないし，疑問の余地がある。

歴史的にみて，これまでに存在した心理ゲームのうちで最も複雑なのは，〈ご機嫌取り〉で，スタンダールの『パルムの僧院』に見事に描写されている。

生物学的な利得は，スピッツの感情をはく奪された乳児の研究，感覚遮断の実験，そして最近の**やむを得ない**マゾヒズムの研究の方向を指す。それはセミナーでは，口語的に〈ストローキング〉と言われる。したがって，挨拶の儀式は〈2つのストローク儀式〉や〈3つのストローク儀式〉と言えるかもしれな

い。

参考文献

1) Berne, E., Starrels, R. J., & Trinchero, A. "Leadership Hunger in a Thera-py Group." *Arch. Gen. Psychiat.* 2: 75-80, 1960.
2) Freud, S. "Fragment of an Analysis of a Case of Hysteria." *Collected Papers.* Vol. III.
3) Potter, Stephen. *Lifemanship.* Henry Holt & Company, New York, 1950. Also his *Theory and Practice of Gamesmanship.*
4) Berne, E. *A Layman's Guide to Psychiatry and Psy choanalysis.* Simon & Schuster, New York, 1957.
5) Feldman, S. S. "Blanket Interpretation." *Psychoanal. Quart.* 17: 205-216, 1958.
6) Berne, E. *The Mind in Action.* Simon & Schuster, New York, 1947.

第11章　脚本分析

　心理ゲームは**脚本**と呼ばれる，より大きく複雑な一連のやり取りの一部のように思われる。脚本は転移現象の領域に属するが，それはつまり，幼児期の反応や経験から引き出された，もう少し正確には，反応や経験への適応と言える。しかし，脚本は単なる転移反応や転移状況に対応するのではなく，全体の転移ドラマを派生形で繰り返す試みで[1]，これらの幼児期の原初ドラマの直感的芸術の派生物であり，劇場の脚本と全く同じように大抵は幕に分かれている。操作的には，脚本は一連の複雑なやり取りで，完全な上演には全生涯が必要かもしれないので，生来循環するが，必ずしも反復するものではない。

　一般的な悲劇的な脚本は，次から次へとアルコール依存症者と結婚する女性の救済ファンタジーに則ったものだ。そのような脚本の混乱は心理ゲームの混乱のように絶望に至る。脚本はアルコール依存症の夫の魔法的な治癒を求めるが，それはすぐ手に入るものではないので，結果は離婚となり，女性は再度試みる。そのような女性の多くはアルコール依存症の父親に育てられ，そのため幼児期の脚本の起源はすぐにわかる。

　一方，実際的で建設的な脚本は，他の配役の人々を正しく選び，その人々がそれぞれの役を満足のいくように演じれば大きな喜びにつながる。

　脚本分析を行うにあたり，患者自身の脚本の特性がはっきりするまで，やり取り（内的グループ）と社交（外的グループ）の題材が集められる。神経症，精神病，そして精神異常者の脚本はほとんど常に悲劇的で，驚くほど忠実にアリストテレス派の劇作法の原則に従う。実際的または象徴的

な情念と絶望の序幕，ヤマ場，悲劇的結末があり，それが現実の挽歌を生み出す。現在の人生ドラマは，個人の運命のコントロールが「子ども」から「成人」に，原始心理の無意識から新心理の意識へ移ることができるように，その歴史的起源に関係しているはずだ。グループのなかで，患者は心理ゲームや暇つぶしを通して他のメンバーが彼の脚本の中で一役買う可能性を探るので，最初はキャスティング・ディレクターとして，それから主役として行動するのが観察できる。

　効果的な脚本分析をするためには，セラピストは患者とのやり取りの必要性よりも，より良く整理された概念的枠組みを持たなければならない。まず最初に，精神分析には転移的反応が導き出される最初の経験に対する特定の単語がない。脚本分析では，人生の最早期に不満足な結果に終わるまで演じられる家庭内ドラマをプロトコールと呼ぶ。これは元々エディプスドラマの原始版で，後に抑制される。その沈殿物は**脚本そのもの**として再び現れるが，それはプロトコールの前意識の派生物だ。しかしながら，どのような社交状況でも，この脚本そのものは起こり得る現実に従って，妥協しなければならない。この妥協は専門的には**順応**と呼ばれ，この順応は患者が実際に現実の人生で，周りの人を操作して最後まで演じようと試みるものなのだ。実際問題として，プロトコール，脚本，そして順応はすべて〈脚本〉という用語に組み入れられる。3つの単語のなかで，脚本が唯一実際にグループで使われる。それというのも，それが意図した目的に適切で，ほとんどの患者にとって最も意味があるからだ。

　患者は，彼の脚本が求める役柄に合った登場人物を探し求めて，グループの他のメンバーを彼の独特の方法，それは通常相当な直感的な洞察力，で把握する。つまり，彼は母親，父親，兄弟，そしてそれ以外に必要な役割を演じるのにふさわしい人物を選ぶ傾向がある。彼のキャスティングが完了すると，それぞれの役柄に選んだ人物から必要な反応を引き出そうとし始める。もしグループに十分な数の人がいなければ，誰かが二役を演じなければならないかもしれない。もし，必要以上の人がいたら，何人かが

同じ役柄に選ばれるかもしれないし，またプロトコール期には脇役を演じたり，存在が随意的であまり重要でなかった人たちのために，新しい役柄が登場するかもしれない。もしくは，彼の脚色で役立つ機能を果たさない人たちは単に無視するかもしれない。

　患者の行動の動機づけは，元々の彼の経験の利得を取り返し，増加させる必要性だ。彼は，古典的な反復強迫のように，元々の悲劇的な結末を繰り返しもたらすことを求めるかもしれないし，幸せな結末を手に入れようとするかもしれない。脚本分析の目的は〈公演を終えて，より良いものを次に上演する〉ことだから，これらのどの選択肢を適用するかを決定するとか，この領域での葛藤を整理することはそれほど重要なことではない。例えば，アルコール依存症の父親を助けられなかった女性が，後に夫で失敗を繰り返そうとしていることや，以前には失敗したところを成功させようとしていることや，相反する 2 つの感情をもっていることは重要ではないとみなす。重要なことは，彼女をその追体験への衝動強迫から解放し，彼女がどこか他の道を歩み始めることだ。これは，前向きではないと証明されたどの脚本にも当てはまる。

　キャターズ夫人は，治療の中で現れる脚本分析の課題を解説する良い例だ。長いこと，彼女は長椅子では（訳注：長椅子［カウチ］に横たわり，自由連想をする精神分析療法を指す）効果がなかった。彼女の主要な防衛は意図的な会話の仕方で，それは効果的に「子ども」を隔離したので，彼女の症状をはっきりとさせるような兆候はほとんど漏れることはなかった。しかし，彼女がセラピーグループに紹介されると，ほとんどすぐさま行動を起こした。彼女は，〈怠慢な配偶者をどう扱うか？〉（〈PTA〉系に属する暇つぶし）に積極的に関わった。また，〈あなたと彼を戦わせよう〉といういつもの心理ゲームを行い，彼女が仕掛けるのに成功して始まった何人かの男性間の議論をとても楽しんで見守った。これに加えて，グループが〈それって酷くない？〉の心理ゲームをしたときは，彼女は友人や知り合いに襲いかかったいろいろな流血の災難を列挙しながら笑った。この

ようにして，グループでの数週間は長椅子での長い月日よりも彼女につい
て多くの情報を集めることができた。けれども，脚本は非常に複雑で，独
自性に満ちていて，グループセラピーだけでは適切な脚本分析をすること
は不可能だったため，個人セッションで，これまでのところ何がわかった
かを解明する機会を探すことが残っていた。

　しばらくして，そのようなセッションのある回で，彼女は男性の攻撃性
に対し自分を守ることができないと不満を漏らした。セラピストは以前の
資料に則り，その理由のひとつは彼女が男性全般に対して怒りがあるた
め，自分が望む以上に自分自身が踏み込んでしまうのではないかという恐
怖があること。そのため，ほんのわずかでも自分を解き放つことを恐れて
いるのではないかという考えを述べた。彼女は，それほど男性に対して怒
りを感じているとは信じられないと言った。彼女はさらに，女好きのジェ
ット機のパイロットの夫の死についてのファンタジーを報告した。ある日
彼が事故に巻き込まれるか，他の女性のことで喧嘩になり，致命的に出血
し，負傷して家に帰ってくるかもしれない。それで，彼女は友達の間では
悲劇の未亡人というロマンチックな人物になる。

　それから彼女は，子どもの頃，弟が生まれた後，両親が弟の方をより好
んだように思え，どれほど深く傷つき怒ったか，いやそれどころか，激怒
したかを物語った。特に彼女は父親に腹を立て，彼女の考えは，「おとう
さんは誰かに殺されてもおかしくないし，もしそうなれば，お母さんにと
っても当然の報いだわ」だった。父親の死は遊び仲間のなかで特別な立場
を彼女に与えるだろうと想像した。父親が死んでいく光景は，奇妙な類い
の笑いを含む喜びを伴っていた。

　今の討議に全く関係のない他の厄介な問題があった。最も単純な形とし
て，プロトコールは以下のようだった。彼女の父親に対する死の願望は，
彼女の側が何も主導しないで実現する。死の床のシーンはそれ自体に特別
な種類の喜びがある。彼女が母親にそれを知らせに行き，母親の嘆きを観
察する際にこれが再び起こる。そして，彼女は遊び仲間にとって神秘的な

人物になる。

このドラマは彼女の夫についての彼女のファンタジーで繰り返されたが，これまでのところで，ひとつの要素が欠けている。それは呆然とした母親だ。そのため，セラピストはこのファンタジーのなかで義理のお母さんはこれまでに何かの役を演じたことがあるかを尋ねた。彼女はその通りだと答え，死の床のシーンのあと，この致命的な結果を義理の母に伝えに行くことをいつも思い描くと言った。

このプロトコールには 6 つの主要な役柄が含まれる。それらは，自身，父親，母親，敵，襲撃者，観客だ。それはいくつかのシーンに分けることができる。例えば，嫉妬，殺人，死の床，告知，情熱的な死者を哀悼する挽歌だ。

脚本もまた 6 つの主要な役柄を含む。自身，男性の恋の相手，義理の母，敵，襲撃者，そして観客で，それは同じ幕やシーンに分けられる。彼女の夫の選択は，嫉妬されるという彼女の病的な要求に部分的に動機づけられてきた。これを現在の言葉で言うなら，彼女の脚本の役者を選ぶ要求によるものと言える。

脚本からの利得はプロトコールからの利得と重複すると言えるだろう。内的な一次的利得は，死の床のシーンの病的な笑いを軸に展開される。外的な一次的利得は，厄介な恋愛相手から解放され，そして同時に母親役への復讐を獲得することだ。二次的な利得は遺産を相続することからで，社交利得は彼女の地域で悲劇的な役を演じられることから来る。

グループでの彼女のあからさまな行動で示されるこの脚本への順応は，彼女の 3 つの心理ゲームに現れた。〈怠慢な配偶者の PTA〉（シーン 1，嫉妬）。〈あなたと彼を戦わせよう〉（シーン 2，攻撃），そして〈それって酷くない？〉（シーン 3，死の床）だ。長椅子での彼女の行動を見直すと，何か事がうまくいかないときは〈発表〉し（シーン 4，発表），パーティでいかに魅力的に見せるかについての長い議論（シーン 5，情熱的な挽歌）は，彼女の脚本の一部として，ここで辻褄が合う。これがかなり詳しく解

明されると（ここに紹介したように順番立てて行われたわけではないが），患者は脚本の性格をかなりはっきりと理解し，人生のほとんどを使って，必死でこの特別のショーを演じ続けてきたことを理解することができた。彼女は以前，無意識の原始の衝動強迫に選択肢なしに突き動かされていたが，今では彼女の人々との行動の大部分で社交コントロールを発揮する立場になった。

　そうは言うものの，彼女の「成人」が彼女の行動と人との関わりの重要性という新しい理解を掴んでも，闘争自体は今だに存続している。しかし，今では患者とセラピスト両者がどのような闘争に取り組まなければならないのか，よりはっきりとしたので，彼女の立場は社交のみならず治療的にも改善された。墓地を訪れることを彼女の趣味とした死の**性的魅力**の現れは，もう孤立した現象ではなく，それが彼女の運命全体にどのように当てはまるのか理解を深めることで対処でき，それは他の特性や症状についても同様だった。

　そのような原始のドラマを扱うことに慣れていない人々にとってはどんなに病的に思われようとも，これは神経症患者の典型から外れた脚本ではない。以下は，技術的な問題から完全には解明されなかったある人の実際の脚本の行動化を示す。

　25歳で独身のキンズ氏は，週末を楽しもうとニューヨークに行った。彼は早朝に着いて，疲れて少し緊張していたので，アルコールにバルビツール酸系睡眠薬（訳注：脳の覚醒を抑えることで眠気や鎮静作用を現わす）を入れて飲もうと，営業時間外のバーを見つけた。夜明け前のそのバーで，彼は乱暴そうな男たちが女性を紹介してくれるだろうと思い，彼らに近づき話を始めた。その男たちに彼は10ドルしかないと見せたが，彼らはそれで十分だと言った。男たちは彼を車に乗せ，川の近くのひとけのない倉庫街に連れて行った。会話の中で彼は男たちに狩猟用のナイフを持っていると言ったら，その中のひとりがナイフを見せてほしいと言った。数分後に彼らは車を止めた。後ろの席に座っていた男が肘でキンズ氏の首

を絞め上げ，他の男がナイフの刃を彼の喉に突きつけた。彼らは金を要求
し，キンズ氏はなんとかポケットに手を入れて，財布を渡した。それから
彼らはキンズ氏を解放し，車から降ろして，親しげにサヨナラと手を振っ
た。キンズ氏は喉から流れる血を拭き，警察官を探しに行った。しかし，
彼は何が起こったかを話したが，この時には彼の風貌はみすぼらしくなっ
ていたので，警察官は全く心を動かされなかった。彼らは必要な詳細を書
き取った後，肩をすくめて彼を解放した。

　強盗の報告をしてから，キンズ氏は朝ごはんを食べた。それから身なり
を整えることもあえてせずに，彼の父親のクラブの玄関にやって来た。ド
アマンは彼のことを知らなかったので，眉をひそめて父親に知らせるため
に使いを送った。父親は何人かの裕福で保守的な仕事仲間といた書斎に彼
を迎え入れた。キンズ氏は自分の外見についての説明をしようとしなかっ
たが，父親が質問をしたら彼は何気ない口調で，もう少しで喉を切られそ
うになったと言った。父親は 2 階の自分の部屋を使うように，そして洗い
立ての衣類を貸すと言った。キンズ氏は身ぎれいにし，下に降りてきて，
父親とその友達たちに丁寧に別れを言い，より楽しいことを求めて出て行
った。

　興味深いことに，2 人の悪党はキンズ氏が本当に危険な警告を発するか，
もしくは彼が非常に怒るか気が動転するかもしれないことに対して不安を
示さなかった。にもかかわらず，そのできごとを話した時キンズ氏は自分
が暴行を誘ったこと，また彼がその前に取った行動がどれも異常だったこ
とを初めは否定した。明らかに彼が何よりも最も興味を持ったのは，父親
が彼を拒否するか，するのであればどのように彼を拒否するかを見る何ら
かのテストのように，父親のクラブに行ったという気づきだった。

　キンズ氏が彼の配役を上手に選んだのは明らかだ。現実に 10 ドルで進
んで人の喉を切ろうとする人を探すのは簡単ではない。性的行為をする女
性を探している間に，彼は男たちに言い訳だけでなく，彼を殺すための実
際の凶器をも提供した。脚本のこの部分のプロトコールはわかっていな

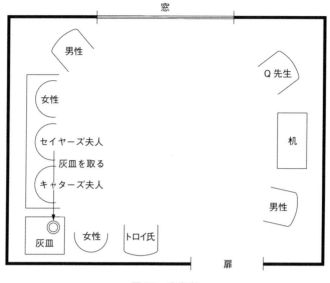

図10　座席表

い。最後の幕はより見覚えがある。キンズ氏は早熟で，小さい頃のある時，父親が何人かの友達に彼の最近の成果を見せていた部屋に突然乱入した。男性たちはあまり関心を示さなかったので，その時の落胆を彼は決して忘れなかった。とにかく，キンズ氏は特有の順序である種出世した。女性が原因で自分自身が暴力的に押さえつけられ，そして，父親の前に現れる。彼は故意に，可能な限り最も危険な性的状況に自分自身を置いていた。時々，彼の「成人」が主導権を握っているときは，優しく，親切で，感じの良い，内気な青年だった。

　いくらかの経験の後，脚本分析の診断力をかなりつけることは可能だ。次に，すべての脚本を数秒にはめ込んだ事例を解説する。

　セイヤーズ夫人は30歳の主婦で，彼女は図10で示すようにエンドテーブルとの間にキャターズ夫人を挟んで，長椅子の真ん中に座っていた。これは初級者のグループで，セイヤーズ夫人はちょうど彼女の夫との問題に関してかなりの時間を使ったところだった。そして，今はトロイ氏に注目

が移っていた。キャターズ夫人とトロイ氏とのやり取りの真っ最中に，セイヤーズ夫人は自分の腕を伸ばし，キャターズ夫人の胸の前を横切って，エンドテーブルにある灰皿を取ろうとした。彼女は腕を引き戻す時に，バランスを失って長椅子から落ちそうになった。彼女は危ないところで体勢を戻し，謝罪を表すように笑い，ボソボソとつぶやくように「ごめんなさい！」と言い，座りなおしてタバコを吸おうとした。この瞬間，キャターズ夫人は十分に長い時間トロイ氏から意識をそらし，「失礼！」とつぶやいた。

　記述的には，このパフォーマンスは次のステップに分けられるだろう。
1. ほかの人が話している間，私はタバコを吸おうと決めた。
2. 私の隣りの人のじゃまをしないように，自分で灰皿を取る。
3. 危なく転ぶところだった。
4. すんでのところで立ち直り，笑って，そして謝った。
5. だれかほかの人も謝ったが，私は答えなかった。
6. 私は座りなおして，自分の思考に入った。

　より主観的な視点では，この出来事をあるものは自閉的，あるものはあらわな一連のやり取りとして解釈する。
1. 他人は私を無視するから，私は引き下がったふりをする。
2. 私はこれみよがしに自分が内気なことを示す。
3. いつもと同じように，それは思うようにはうまくいかない。
4. 私がどんなに愚かかを見せながら，立ち直って，謝る。
5. 私は自分の無能さで混乱に覆われ，他の人まで不安にさせた。
6. それで，私は本当に引きこもる。

　この状況の哀れみを誘う力は小さな外的産物だ。セイヤーズ夫人の努力の結果，彼女が感謝しなければならないのは，キャターズ夫人の「失礼！」というつぶやきのみで，これがセイヤーズ夫人の人生の物語だ。セイヤーズ夫人は魅力的で，実直で心理的にわずかな報酬のために一生懸命に働く人だった。より口語的で適切なのは，心理的に微々たる金額のために一生

懸命働く人だろう。そして彼女は時として，タダで働く。だれもがみなキャターズ夫人のように礼儀正しくはない。さもなければ，会話に参加しても，他の人はセイヤーズ夫人に対してわずかな認知すらしないかもしれない。

　彼女の脚本は，この場合には素晴らしく効率の良い統合性を持ったメカニズムでこのグループのある特別な状況に数秒内に適応したが，結婚や仕事の人生では瞬間的なものから数年に亘る種々多様な程度で繰り返し演じられ何度かの夫との別れや度重なる失業を結果として引き起こした。元々のドラマは早期の経験に基づく。最初のプロトコールのトラウマ的な体験は，限られた範囲での彼女の治療では回復しなかったが，後のバージョンや**昔がしのばれるもの**は彼女の履歴から再構築できる。

1. 兄弟たちの方が私より注目を集めるので，私は家族から引きこもるふりをする。

2. しかし，時々私は認めてもらおうと，私が全く取るに足らないことをアルコール依存症の母親と同意して，それをこれみよがしに示す。

3. 私は不器用なので，母は私に威張り散らした。この組み合わせは大体悲惨だ。

4. 無力だけれども，愛情にあふれる父親がこの惨事から私を救ってくれる。私は母親や兄弟たちにどんなに愚かに見えただろうと思う。そのため，そしていくらかの注目を得ることへの喜びで，私は笑う。それから，私はあまりに要求が多く攻撃的だったようなので，謝る。

5. 私が彼らから本当に欲しかったものは，彼らが私を無視したことへの詫びだ。でも，もし彼らが詫びたら，2つの理由からそれを受け入れることはできない。最初に，上記のように私は要求が多いように感じる。2つ目に，それを待っていたら，私はがっかりするかもしれない。だから，もし彼らがそれを表したら，ありがたく心に銘記するが，私はそれを見逃したふりをする。

6. ともかく，すべての状況があまりに満足のいくものではないので，

今度こそ私は本当に引きこもる。

この脚本には少なくとも 3 つの異なった早期に書かれたものがあった。それらは口唇期，前エディプス期，そしてエディプス期だ。エディプス期のバージョンは簡単に言うとこうだ。「女の子なんて本当に愚かだわ。なんでもそこにある低い満足感しか得られないんだから。そして，引き下がって，自分の傷をなめるのよ」。毎年のようにこのバージョンを，自分で選んだ人を見下すような夫と最後まで演じるのを見るのは難しくなかったし，職場では，同僚が彼女の脚本が求める役に合うような共同作業者の役割をさせるための，被害妄想的なわずかな歪曲が時として必要だった。

衝撃的なことは，この一見したところ無邪気で単純な出来事が，稲妻の光によってどんどん態度を変化させ，切り離され分析されたときに，いかに明らかになったかということだ。この万華鏡のような金属筒の劇場の 6 幕ものの劇作法は，基本的には悲劇だ。目を背ける情念にもかかわらず，それはわびしい挽歌で終わり，それはセイヤーズ夫人の人生の質を反映する。過去のものはやり取りの自閉的な質を強調して説明され，そして構造分析をはっきりとさせた。悲し気な「子ども」はひとりの精神内部の「親」にプレッシャーをかけられ，もうひとりに助けられる。彼女の行動をほめる「成人」の瞬間的な大躍進，そして最終的には原始のファンタジーに陥る。

やり取り分析，心理ゲーム分析，そして脚本分析に基づき，8 章で述べた生物学的，実存的理論を補完する社交交流の力動的理論を述べるのは可能だ。極端な 2 つの事例を含め，どのような社会集団でも，個人はその人の好みの心理ゲームに関連するやり取りに関わろうと努力する。彼は自分の脚本に関連する心理ゲームをしようと一生懸命になり，そしてそれぞれの関与から最大の一次的利得を得ようと努める。反対に，彼は最大の一次的利得をもたらす約束をしてくれる仲間を選んだり，探したりする。つまり，気楽な付き合いでは，少なくとも好みのやり取りに参加する人々を，より安定した関係では，同じ心理ゲームをする人々を，親密な関係では，

その人の脚本の役割を埋めるのに最も適する人々を探す。社交交流のやり取りでは脚本が主要な影響を与え，そしてそれは早期のその人と親との体験に基づくプロトコールから派生し順応するので，それらの体験がすべての関与とすべての仲間の選択の主要な決定要因となる。これはおなじみの転移理論よりも一般的な意見で，どのような社会集団のどのような関与にも適用されるので，この転移理論が思い起こされる。つまり，それは外的な現実によって，完全には構造化されていないすべてのやり取りに当てはまる。それは，あらゆる所で能力のあるすべての観察者の検査の対象となるので有効だ。そのような検査は長期間の準備や特異な状況を必要としない。

　人間は初め一人ひとり，自分の脚本に捕らわれた身として世の中と対峙するが，人類の大きな希望と値打ちは，その脚本に価値がないとき，「成人」はそのような努力に対して不満を抱けることだ。

［注　釈］

　これまでに適切に研究することが可能だったいくつかの脚本は，ギリシャ文学にその原型が見事にあった。一方，〈赤ずきんちゃん〉として知られる一般的な脚本は，昔話のあるバージョンをそれとなく現代の実生活に脚色したものだ。

　セイヤーズ夫人の脚本の中ほどのシーンは，ベルリーナーのマゾヒズム[1]の概念をよく表している。セイヤーズ夫人がさらなる治療のために戻って来た時，彼女はこの解釈について非常に生き生きとした記憶を保持していた。

　この社交交流を分析したいと思う観察者にとって，必要な素質は臨床でのトレーニングまたは少なくとも臨床の才能だ。これらの素質のない観察者による否定的な発見は，天体望遠鏡の使い方を訓練していない人が超新星を探すのに失敗したり，電子顕微鏡の使い方を訓練していない人が遺伝子を検知するのに失敗する以上の深刻さの意味はない。事実，通常は臨床の現象をはっきりと観察するのは，これらの機器を正しく使うよりも，より多くの訓練と注意，そし

て努力が必要とされる。

　独りよがりや道徳的な偏見と違い，価値の基準はその歴史的，地理的不変性，その明らかな自律的発達，そしてその行動の可能性の見通しから見て，「親」のものというよりも「成人」の現象とみられる。

　転移神経症に関する書物のすべての記述のなかでは，グローバー[2]のものが脚本の発想に最も近い。例えば，「患者の幼児神経症に繋がる発達の履歴は分析室で再演される。患者は俳優兼マネージャーの役を演じ，分析室にあるすべてのステージの小道具を臨時に使う（保育園にいる子どものように）が，何よりもまず分析者自身を使う」[3]。しかし，グローバーは分析室で起こることだけを語っている。

参考文献

1) Berliner, B. "The Role of Object Relations in Moral Masochism." *Psychoanalytic Quart.* XXVII：38-56, 1958；and others.
2) Glover, E. *The Technique of Psycho-Analysis.* International Universities Press, New York, 1955, Chaps. VII & VIII.
3) Hinsie, L. E., & Shatzky, J. Loc. cit. Cited under "Transference Neurosis."

第12章 関係分析

　関係分析は，主に夫婦関係やいろいろな種類の切迫した関係の研究に用いられる。これらの状況では，有用で説得力のある予測や結果をもたらす。しかしながら，実施にあたっては慎重に思慮深く用いなければならない。それというのも，患者にとってあまりに簡単に，彼の決断の自主性に不当に侵入することを意味するからだ。しかし研究者やセラピストの〈宿題〉としては，3つの自我状態のタイプをはっきりと区別することを学ぶには貴重な訓練だ。

　キンズ氏のケースでは，彼がいつも以上に悲惨に終わることがはっきりしていた新しい関係を作ろうとする過程で，特別に望ましい介入として関係分析に着手した。彼には非常に危険な脚本を繰り返し何度も再演する傾向があるので，時々差し迫る惨事と思われることを阻止するには，専門的な厳格さを犠牲にすることが望ましいと判断された。例えば，少し壊れた治療関係ではあっても生きている患者のほうが，無菌セラピーのために犠牲になって死んだ患者より良い。状況は，過剰麻酔された心臓への直接マッサージを施すために，虫垂切除のための手際の良い切開を断念しなければならない外科医に似ている。キンズ氏とセラピストの関係は，本当の外的脅威と，より悪質性の低い試みを区別することが可能なほどはっきりしていたので，医師（訳注：セラピストと同一人物）から親的な保護が得られた。このケースでは，キンズ氏はセラピストに警告を発する目的で不義を行っていたのではない。彼には他の心理ゲームが念頭にあったため，より深刻な可能性を見落とす原因となった。

　問題となっている若い女性のウリフ嬢は，キンズ氏の説明から，臨床的には自殺からあまり遠くないように思われ，キンズ氏は内在する深刻なうつと無益感のため，この方面の示唆を受ける良い候補者であり，この切迫した出来事には特に不健全な予想がついた。しかしながら，キンズ氏自身はいつものように，これは結婚に繋がるかもしれない関係だと考えていた。今度も，再び〈本物〉で，問題はこれに基づいて取り組まれた。彼はこの時点で，構造分析についてよく理解していて，社交コントロールに関して彼が知っていることを活かして，いくつかの方策を習得し始めるのに機は熟しているように思われた。彼はまた，人々の間の関係は偶然や無定形のものではなく，方向や機能を決定する明白な動機と構造があるということに気づき始めていた。

　図11⒜に示すように，黒板に2つの構造図が書かれ，ひとつはキンズ氏を表し，もうひとつはウリフ嬢を表した。キンズ氏の「親」，「成人」，「子ども」の特徴は彼自身とセラピストの両者にはなじみのものだったので，患者はウリフ嬢について自由に描写するように勧められた。ひとつの段落に凝縮された彼の考えは，以下のような流れで進んだ。

　彼女はどこに行っても男性たちが後を追うが，不思議なことに，それは性的な目的ではなく，彼女の面倒を見るためだった。彼らは一緒にカーネギーホールに行った。コンサートが半分終わったところで，彼女は疲れてそれ以上は聴けないと言った。彼としては，やっと良い音楽に興味を持ち始めたところだったので，彼女の言うことがよくわからなかった。彼女は常にお金を必要とし，たぶんお金を持った男性が好きだろうが，どうしてそのようになったかについては話したがらなかった。彼女は混乱していた。彼女は精神科医のところに行ったが，医者があまりに冷たいからと言ってやめた。彼女はミュージシャンになりたかった。キンズ氏は彼の父親のように，ビジネスにより興味があり，女性ももっと実践的であるべきだと思っていた。彼女は絵も描きたかった。彼は彼女の絵を何枚か見たが，それらは彼女の混乱を表していると思ったので，そう言ったら，彼女はそ

れを不快に思った。彼女は批判には我慢できない。彼女は非常に繊細で
時々自分の部屋に数日間閉じこもり，みんなから遠ざからなければならな
い。彼女は彼がそれを理解することを期待したが，彼はそれに従うことは
できないと思うと彼女に言った。

　この時点で必要に応じて補足的な質問をしながら，分析を始めるのは可
能だった。黒板の図は，図 11 (a)から図 11 (b)の形に変わった。図 11 (b)は
実在しない論理的に完璧な関係を表し，それぞれの当事者がそれぞれの側
面で，もうひとりの当事者のそれぞれの側面と**相補的な関係**にあり，その
ため満足なやり取りが可能な 9 つの**ベクトル**の両方向に行われる。例え
ば，もしキンズ氏の「親」がやり取りの刺激をウリフ嬢の「子ども」に向
けて出し，ウリフ嬢が適切な反応を出し，逆も同様にする。これは事実上
両方の当事者間のすべてのやり取りが相補的だということを意味する。

　最初に調べたベクトルは，キンズ氏の「親」とウリフ嬢の「子ども」だ
った。彼が「親」について述べるとき，キンズ氏は時々十分に明瞭ではな
く，正しくは「成人」や「子ども」に属する態度のことを話に出した。こ
のような見落としを注意深く解明し，一度にひとつの側面を取り上げるこ
とが強調された。もし混乱が少しでも入り込むことを許せば，明確に定義
された関係分析の目的は敗北を喫してしまう。

　この難事に対処できると，キンズ氏はウリフ嬢が浮浪児のように，保護
を必要とするジプシーのような存在だと見ていたことが浮かび上がってき
た。キンズ氏は「親的」な寛容さで悪名高かった。事実，彼が関わった小
競り合いの多くは彼のこの態度から始まっていた。ウリフ嬢の方も，その
ような付き合いを受け入れることができた。それで，概してキンズ氏の
「親」とウリフ嬢の「子ども」は**結合する**と結論づけられた。しかし，そ
こには注目に値する例外があった。彼女が引きこもったときは，彼の「親」
は彼女の面倒をみることができず，イライラした。そのため，長期的には
分離や反感を抱かせる要素がここにはあった。図 11 (c)を組み立てる最初
のステップである現実の関係分析は，図 11 (b)にあるキンズ **P**－ウリフ **C**

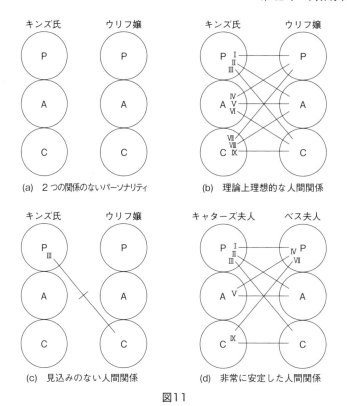

(a) 2 つの関係のないパーソナリティ

(b) 理論上理想的な人間関係

(c) 見込みのない人間関係

(d) 非常に安定した人間関係

図11

のベクトルを残すことだが，その線には横棒を入れる必要があった。

　キンズの「親」-ウリフの「成人」[II]のベクトルを調べるために得られる資料は，主にウリフ嬢の画家になるという望みに関係していた。「親的」な視点から，キンズ氏はあまり同情的ではなく，これは彼の父親の態度とそっくりのものだった。そのためキンズ P-ウリフ A は，関係図から消された。キンズ P-ウリフ P[I]は同様に期待できないので，これも消された。このふたりの友人は，一緒に道徳的に話をしたり，一緒に人の面倒をみる傾向はほとんどなかった。

　キンズの「成人」-ウリフの「子ども」[VI]は，ウリフ嬢の生き方を軸として展開された。論理的根拠では，彼は彼女のずさんな家事，粗末な食習

慣，引きこもり，非難を許容できないことに批判的で，彼女はこれを腹立たしく思った。そのため，キンズ A－ウリフ C は分離的として除外された。キンズの「成人」－ウリフの「成人」[V] も同様だった。彼女はアートに，彼はビジネスと飛行に興味があるので，彼らはお互いのプロジェクトについて熱心に長く話すことはできなかった。キンズの「成人」－ウリフの「親」[IV] は彼女がふたりの関係のなかで識別できるほどの「親」の活動を全く見せなかったので，はっきりしなかった。彼女は，母性的なアドバイスや彼の仕事への支援を全く示さなかった。

　キンズの「子ども」－ウリフの「親」[Ⅶ] は，同じ理由で除外された。彼女は，彼の無謀さから彼を守ったり，彼の無謀さを非難しようとしなかった。また，彼女はそれについて理性的に話し合う意思を全く示さなかったので，キンズの「子ども」－ウリフの「成人」[Ⅷ] も除外された。これでキンズの「子ども」－ウリフの「子ども」だけが解決するものとして残った。キンズ氏の脚本についてはすでに述べたが，女性の視点からすればそれは誘惑されること，それから第三者を巻き込んで暴力的で嫌な方法で見捨てることを予言する。一方，ウリフ嬢の心理ゲームは男性を繰り返し誘惑して食い物にし，それから引きこもってその人と縁を切るというようなものだ。ここで誰が誘惑して，食い物にして，縁を切るかについて強い葛藤があるので，キンズの C－ウリフの C[IX] はうまくいく関係をほとんど示さない。

　この分析の最終的な結果では，唯一結合するベクトルが残されたのは，図 11 (c) のようにキンズの P－ウリフの C[Ⅲ] だった。キンズ氏は，この関係の将来は有望とは思えないと決断し，縁を切った。

　ここではその理由については話す必要はないが，キャターズ夫人と彼女の女性の友人のひとりベス夫人との関係も分析された。この場合もやはり，図 11 (a) と 11 (b) が適切な時に描かれ，最終結果は図 11 (d) に示されたが，前回と同様の順番でローマ数字で書かれたベクトルが描かれた。

　このふたりの女性はお互いに病気のときは看病し，気持ちが塞いでいる

ときはお互いを励まし合ったので，キャターズの「親」-ベスの「子ども」^{III}とベスの「親」-キャターズの「子ども」^{VIII}は相補的で結合していた。彼らはまたいろいろな現実的なプロジェクトに関してお互いに「親的」な行動原則や勇気づけを与え合い，キャターズの P-ベスの A^{II} とベスの P-キャターズの A^{IV} が実行された。同じ問題についての理性的な討論は，キャターズの A-ベスの A^{V} で相互満足した。一緒にパーティに行ったあとは，道徳的に，そして悪意のあるゴシップの両方を楽しみ，それは順番にキャターズの P-ベスの P^{I} とキャターズの C-ベスの C^{IX} だった。彼らの喧嘩は，一方の衝動的な行動に対して他方が理を説くときに起こった。これは特に，キャターズの A-ベスの C^{VI} とベスの A-キャターズの C^{VII} で起こり，これは彼らの心理ゲームの一部として，一方から他方への「親的」なセンサー（P → C$^{III, VII}$）を受け入れることができるからだった。困難をきたしたのは合理的なアプローチ（A → C$^{VI, VIII}$）だった。そのため，キャターズの A-ベスの C^{VI} とベスの A-キャターズの C^{VIII} は除外された。

　この事例では，関係は非常に安定した構造を持ち，9 つのベクトルのうち，7 つが結合していた。彼女らの長く幸せな友情の歴史と浮き沈みは，分析の結果そのものだった。

　以上で示したことは関係分析の最も基本的なタイプを表し，より上級のタイプは患者とだけ，しかも非常にまれに試される。より徹底的な取り組みではさらなる質的，量的な要因が考慮されることが容易にわかる。質的には，〈関係〉には少なくとも 4 つの可能性がある。ある人たちは，〈上手に〉仲良くする。ある人たちは，お互いにけんかをしたり言い争うことを楽しむ。ある人たちは，お互いに我慢がならない。そしてまた，ある人たちはお互いに何も言うことがない。これらの選択肢は順番に，**同情，敵対，嫌悪**，そして**無関心**と特徴づけられるだろうし，心理ゲーム分析の視点から簡単に理解できる。それらは，順番に結合ゲーム，分離ゲーム，葛藤ゲームか同じゲームの（多くの場合同一の）矛盾する役，そしてお互いに無関係な心理ゲームを示す。質的分析はベクトルの特質を考慮に入れ

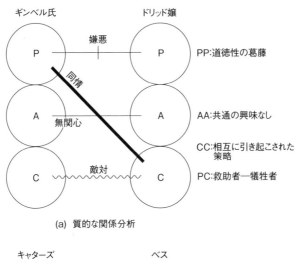

(a) 質的な関係分析

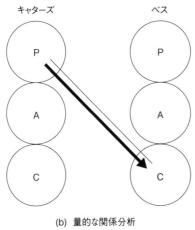

(b) 量的な関係分析

図 12

る。ひとつの例を図 12(a)に示すが，質は従来型のサインで示されている。同情は太い線で，敵対は波線で，嫌悪は遮断された線，そして無関心は細い線で示されている。

　量的側面はそれぞれのベクトルの強度に関係し，これも図に示すことができる。この事例では，相補的なベクトルは強さの違いがあるので，二重

線があるのが望ましい。例えば，キャターズの P–ベスの C は，ベスの
C–キャターズの P より強い。ベス夫人が病気になった時は図 12 (b) に示す
ように，キャターズ夫人がベス夫人の面倒をみるほどには，ベス夫人は面
倒をみてもらう必要性を感じなかった。

　3 つ目のやっかいな問題は得られる資料の量に関係する。長年の結婚の
分析は継続的な警戒とセラピーが進むにつれての再評価が必要となる。

　しかし，これらの厄介な問題は通常学術的観点からのみ重要なものだ。
その見地から関係分析は終わりがなく，予測ができず，そのため疑わしい
数値に見える。しかしながら，実際には，キンズ氏とキャターズ夫人の事
例で示した単純なタイプは驚くほど参考になり，そして価値のある予測と
起こったことの結末の道具であり，過去に遡って 80％か 90％の正確さが
ある。この手続きから相当な自信をもって，〈人間関係〉においてさまざ
まな時に何が起こるか，そして最終的な結末は何かを両方とも予測するこ
とができる。現実には，よく知られた変化がないという言葉の意味での
〈人間関係〉というものはなく，9 つのベクトル間で時々に起こりうる優
位性の変化があるので，もし可能性の理解が目的ならば，関係分析を行う
必要がある。

心理療法

第13章　機能性精神病の心理療法

1. 活動性精神病

　機能性精神病（訳注：明確な器質的原因を持たない精神病）は通常，躁うつ病，統合失調症と診断される疾患をすべて含む。しかし，治療の目的として，それらは病理学的には異なる分野ではなく，構造状態の違いで分類されている。この点で精神病は２つの型で存在する。活動性のものと潜伏性のものだ。潜伏性精神病は代償性精神病，寛解期の精神病，歩行可能な統合失調症，そして前精神病性パーソナリティまたは境界性パーソナリティとさまざまに呼ばれる。時として統合失調症性パーソナリティもこの部類に入る。

　活動性精神病は，「成人」が退役させられ「子ども」が執行役の力を持ち，〈本当の自己〉としても経験されるときに存在する。性格異常，精神病質，偏執症の場合には「成人」が「子ども」に著しく汚染され，それと協力するが，退役はさせられていないので，動機づけではないにしても，その執行が限られた種類の現実検討の影響下に置かれる。同じことが軽躁病と軽度のうつ病にも当てはまる。これらのどの疾患も活動性精神病に進行する可能性がある。「親」の状況は多様で，特定の型の精神病の強力な決定要因となる。例えば，周期的な躁うつ状況では強力に心的エネルギーを注入された「親」は，勝利した「子ども」[1) によって初めは除外され，後に強力に前面に出てくる。

　活動性精神病の**進行の阻止**は，執行役と〈本当の自己〉としての「成

人」の回復，と定義できるだろう。これが達成されると診断は**潜伏性精神病**に変化し，それは異なった治療方法を必要とする。この過程はすでにプリマス夫人とテター夫人の事例で示した。トロイ氏の場合，彼の精神病は臨床的には潜伏性だったが，定義によると阻止されていなかったので，ある合併症をもたらした。　それは潜伏性と呼ぶ代わりに**代償性**と呼ぶ方がよいだろう。なぜなら，彼の場合は〈本当の自己〉として経験され，執行役を支配したのが「成人」ではなく「親」だったからだ。もし精神病が潜伏性だとしても，それを潜伏性として扱うことはできないので，この区別は重要である。潜伏性精神病の治療をするには，治療の協力者として機能する「成人」が必要だ。そのような協力者はトロイ氏の事例では得られなかった。そのために長い期間，唯一の道は支配的な「親」を支援することで，〈押入れに閉じ込められた〉「子ども」に何かを体系的に行うことはできなかった。「成人」が十分に活性化され，「親」の異議を前にして，苛立つ「子ども」の混乱を解く手助けをできるようになるまでには数年かかった。

　プリマス夫人とテター夫人の事例は，彼女たちがあまりに不安定だったので，そこで述べた〈わずかな治癒〉は臨床的には大して価値のないものであったが，そうであっても，それらは活動性精神病の治療の原則の良い例となっている。こうした原則は，心的エネルギーの備蓄のバランスによって決定される。

　精神病は，「子ども」が心的エネルギーの備蓄を優位に保ち続けることによって決まる。この優位が保たれる限り，言われる事すべてはまず「子ども」で処理されるので，「成人」に達するのは難しい。これは，大人にメッセージを送るのに，混乱した小さな男の子か女の子を使わなければならない状況に非常に似ている。その結果は，良くても子どもが送り主に対して敵意を抱いているか，好意を持っているかによって決まるし，またどんなに子どもが客観的であっても，メッセージは，それがその子に関係することを知っているという事実は役に立たない。

　最悪の場合，子どもは混乱していて状況を全く捉えられない場合もあり，それが急性中毒性精神病（訳注：急性のアルコール性精神障害や薬物による精神障害）には心理療法が稀にしか適さないという理由だ。患者（この瞬間はすなわち「子ども」）にはどうしても手が届かないのだ。

　この比喩は，自我状態の社交的，そして現象的な現実は最初の実際的な考察であることを再度強調し，それはまた治療法に初期のルールを２つもたらす。(1)心理療法は混乱が最小限である期間にのみ始めなければならない。(2)積極的な心理療法の手立ては，患者がセラピストを評価する機会を持つまでは始めるべきではなく，患者はそのような機会を与えられなくてはならない。すべての優れたセラピストは，直感的にも，臨床経験からもこのようなルールを知っているが，その論拠を構造的用語で言うと，より明確になる。ローゼンのいくつかの事例[2]のような明らかな例外は，この一般的原則の矛盾というよりはテストなので，ベテランが普通とは異なる特別な治療を行うのが最善だ[3]。フロム-ライヒマンが行ったように[4]，安心させる態度で患者と長期間座り続けた理由は，これらのルールとの関連で理解できる。患者があるセラピストに対して敵対する態度を緩和できなければ，セラピストを変えることがなぜ望ましいかもまた明白だ。「子ども」の鋭い私的な知覚のため，そのような事例では何らかの理由で，患者はおそらく正当化されると考えるのが一番良いだろう。セラピストは恥じる必要はない。というのも，誰もがみな世界中の小さな少年，少女と友達になれることは期待できないからだ。

　活動期間の後，「子ども」の活発な（つまり，解放された＋自由な）備給は使い切られる傾向にあるので，残った「成人」は比較的近づきやすくなる。あるタイプの子どもは，自分自身の問題を緩和するチャンスを最初に与えられたら，メッセージを正しく伝える傾向にある。もし彼が最初にそれを叫ぶのを許されれば，彼はあなたの友達になり，メッセージを伝えるだけでなく彼の大人たちにあなたを直接連れて行くかもしれない。実際，適切なときにあなたが主導権を発揮すれば，彼自身を飛び越えて進む

ことも許すかもしれない。子どもに親切にすることはしばしば，彼の大人たちと話したいとき，特に子ども自身について彼らと話したいと思うときに，彼らの注意を惹きつける良い方法だ。このような判断は活動性精神病治療のための３つ目のルールを示唆する。(3)まず「子ども」のやりたいようにさせる。そして(4)「成人」への最初の導入は，好機を捉え，堅固に，間違いなく「成人」の言葉でされなければならない。「子ども」の心的エネルギーは今や比較的枯渇しているので，「成人」の心的エネルギーが適切に再活性化されている。そのため，運が良ければ「成人」の優勢が当面は取り戻されるだろう。これが行われるたびに累積的な効果がある。しかし，最終的な結果は「子ども」が全過程をどのように見るかによって決まる。そして，もし外の影響が彼を継続的に苦しめるのであれば，問題は対処不可能になるだろう。その結果として，多くの事例で患者の周囲にいる人々は自分自身で治療に行くべきで，これにはグループ療法が最良の手段だろう。

　急性精神病の心理療法の初期段階における一般論について言えるのはおおよそそれぐらいで，特異性についてはそれらが生じた時点で対処する必要がある。これらのルールがありふれていると思われるのなら，それはそれらの説得力のせいで，構造分析はこの段階ではその内容をより明確に話すこと以外にはほとんど貢献していない。

　特異性はもちろん無数にあり，さまざまな困難の程度を提示する。プリマス夫人は，診療所でのさらなる治療は不可能だったので，最初の段階以降は進めなかった。しかし，診断面談の間もルールは適用された。彼女がより混乱した誘惑的な段階では，彼女には何も言わなかった。なぜなら，言った事そのものが拒否として受け止められてしまい，彼女の混乱を増加してしまうからだった。セラピストは以下がなされるまで話さなかった。(1)声の存在下で心を落ち着ける機会が持てるまで，彼女には時間が与えられた。(2)セラピストが何かを言う前にざっと彼を検分し，声についての彼の最初の質問を彼女の「子ども」に向けることで，彼の態度についていく

つかの手がかりを与えた。彼女の「子ども」に彼を査定するこのようなチャンスを与え，⑶彼女が自分を表現した後にのみ，セラピストは彼女の「成人」に語りかけることを試みた。彼がそうしたとき，⑷それは「子ども」の動揺を最低限にしながら，「成人」の注目を引きつけるように計算された，毅然として客観的な方法で行われた。

　テター夫人の特異性は，面接が終わることに彼女が耐えられなかったことだ。その解決策は，⑶その時に「子ども」を慰めて安心させ，それからその内容を面接の**最初**に持ってくる，⑴彼女の「成人」が十分に復元された後であれば，毎回のセッションの初めの半分の間はコントロールが維持された。彼女がこの問題に対処していた途中で，彼女の進歩はすでに報告されていた。

　他の特異性もまたこのルールによって対処できる。もし患者が一握りの糞便でセラピストを待ち伏せしたら，彼は巧妙に避けることしかできず，そして⑵彼がそれについてどう感じるかを彼女に見せる。もし彼が彼女の評価基準に達しなかったら，または彼女が彼の評価基準に達しなかったら，彼はそのケースからは退くのが最善だろう。もし，セラピストが「成人」に話す前に彼女の「子ども」がふたりとも床に座ることを主張すれば，⑶「子ども」の言う通りにするが，それから⑷「子ども」ではなく「成人」に話しかけるのが最善だろう。これは，「子ども」がどうしてこの方法でしたいのかを，セラピストが〈分析〉しようとしていないことを意味する。なぜなら，そこにはまだ⑴分析を手助けする活動的な「成人」が存在しないからで，彼がそれに言及するとすれば最も事務的な調子でしかできない。彼は（「親的」ではなく）それをするのは変わったことのように思えるとコメントするか，彼自身がクッションを取って，患者にも望むのであれば取るようにと言うかもしれない。しかし，もし彼が〈私も床に座りたい〉と言ったら，彼は「子ども」と遊んでいる。もし彼が「クッションに座りましょう」と言ったら，ちょうど患者の本当の親が言うように，親が「子ども」に話していることになる。そこでの彼の目的が「成

人」に達するということであれば，どちらの場合もその目的から外れている。

　「成人」を復元する技術は比較的簡単に述べることができるが，理論的側面はもっと複雑だ。この段階での最も有効なアプローチは，活動性精神病の状態では「成人」は睡眠中なので心的エネルギーが備給されず，それは適切な感覚的，社交的刺激により再備給されうるということだ。新心理への最も妥当で選択的な刺激は，毅然とした客観的な質問や観察で，それは他の2つのシステムのどちらかを同時に刺激することを防ぐように計算されているものだ。

2　潜伏性精神病

　潜伏性精神病は，他の潜伏性のものがそうであるように，存在はしないが，存在すると言えるのみだ。潜伏性精神病は「子ども」の結合能力が正常に機能しないと推測されるときに存在すると言われる。境界の状況によっては，「成人」が激しく汚染されて病理的な活動の領域があるか，「成人」が一時的に退役して爆発するか，またはその両方かだ。潜伏性精神病の治療には2つの目的があり，精神科の分野では心理療法の手腕の最も困難な試練のひとつだ。最初に，「成人」と「子ども」の間の境界は再調整され，強化される必要がある。これは構造分析におけるひとつの問題だ。「親」が躁うつ状態のときのように極めて多くの心的エネルギーが注入されている場合，セラピストと，そして後には患者の「成人」には，「子ども」か「親」の一方が他方に妥協しないときに両者の間の緩衝装置となる付加的な役割がある。2つ目の目的は精神分析的なもので「子ども」の混乱解除だ。

　セグンド氏の事例では，「親」は比較的わずかしか影響がなかった。なぜならば，父親は患者がとても若い時に亡くなり，彼の他の男性との関係の発達は不十分で，さらに母親は無力型の人で彼には散漫な世話しかしな

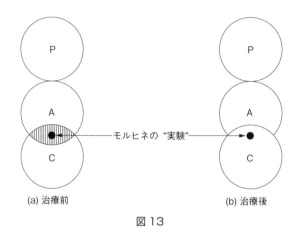

(a) 治療前　　　　　　　　　(b) 治療後

図13

かったため，外心理の影響が弱かったからだ．実際，いくつかの例外を除けば，彼の「親」の大部分は不自然で架空だった．どんな心的エネルギーの備給も外心理システムにあるときは，ほとんどいつでも資産やお金の話を軸として展開した．したがって，彼の治療はもっぱら「成人」と「子ども」の関係に関するものだけだった．最初の３つの課題は，通常の状態では彼の「成人」は充分に心的エネルギーが注入されていたので首尾よく実行された．それらは，(a)「成人」の汚染を**解除**する，(b)「子ども」との境界を明確にする，(c)「子ども」との境界を強化する，だった．

　彼が思慮なく無邪気に，または彼の知的能力より劣ることを言ったりしたりしたときには，それは彼のたしなみのひとつとしては必要以上に子どものような態度（〈子どもっぽい〉**ではなく**）だと彼に説明した．例えば，麻薬局は彼のクライアントの何人かが残していったモルヒネを彼が蓄えるのを許すだろうという考えは，最初「成人」親和的だったが，彼がこれを理論的に説明しようとしたときには，彼自身の法的知識と対決するのは困難ではなかった．彼はまた，自分が如何に心がしっかりしているかという例を挙げ，時折の皮下注射を弁護した．これは彼にとっては自分が麻薬中毒になる危険はほとんどない，ということを意味していた．この場合もや

はり，これをタイムリーにそつない方法で突きつけられると，彼の仕事か
ら，如何に自分に勝ち目がありそうもないことかが理解できた。

　この汚染解除の経過は図 13 に示した。図 13 (a)はモルヒネに対する彼の
最初の立場を示す。そこでは，本当は「子ども」に属するある原始の考え
が「成人」の自我境界内に含まれ，それゆえに「成人」として認知され正
当化された。図 13 (b)は汚染解除の後の状況を示し，そこでは境界がはっ
きりしない領域はすでになくなっている。

　これはモルヒネについての考えは今や，「子ども」と「成人」両方が自
我親和的ではない代わりに「成人」が自我異和的であることを意味する。
汚染解除そのものはこの時点で終わる。ひとたび彼の「成人」が状況を明
確に理解すると，彼はモルヒネを取っておいて摂取するかどうか自身でで
きる最良の決断を自分に委ねる。治療の最終的な利益は，もし彼がどちら
かをすると決めたら，彼の立場は合理的には擁護できないということをわ
かったうえで，しなければならないだけだ。彼は引き続き当局を欺こうと
するかもしれないが，自分自身はもはや誤魔化し続けることはできない。
これは彼が先に進むことを少し難しくするが，より重要なのは，それによ
って彼を次の局面へと準備させることだ。（やり取り的に言うならば，彼
の偽りの愚行は心理ゲームの一部だったが，初期における治療の構造的段
階の間ではすべての潜伏性精神病がそうであるように，この側面は意図的
に無視された。）

　できるだけ多くの領域の汚染解除がなされた後，セグンド氏の「成人」
は，彼が行ったことの多くをより明確に評価することができるようになっ
た。次の段階は，「成人」と「子ども」の境界をはっきりさせて強化する
ことで，彼の事例では，これは「成人」と「子ども」それぞれと別々の
〈話し合い〉を持つことだった。「子ども」は話すように励まされ，セラピ
ストは理解力のある，精神力動的に訓練された「成人」として聞く。つま
り，口唇期の欲求を理解する人だ。セグンド氏の「成人」が話すとき，セ
ラピストは社会経験のある観察者として聞く。つまり，麻薬に関する法律

を理解する人だ。どのような交叉交流も起こるとすぐに分析された。

　例えば，セラピストは「子ども」に尋ねた。「これすべてを私に話すことについてどのように感じますか？」。患者は答えた。「私はあなたに，あっちに行って，私に関わらないで，と言いたくなります」。それから彼は即座に加えた。「本気で言っているのではありません！」。セラピストが後ろのことばを言ったのは誰かと聞くと，患者は「成人」と「子ども」を意味する「私たちふたりともです！」と答えた。すぐにセラピストは「成人」に，効力のある「子ども」が「邪魔をしないでくれ」と言ったからといって，セラピストが本当に彼を見捨てるだろうと思ったかと尋ねた。もちろん，彼は〈本当に〉はそれを信じてはいなかった。彼は「成人」が瞬間的に「子ども」に再汚染されたときだけそれを信じたが，その「子ども」は自分の厚かましさにパニックに陥り，セラピストを突然客観的な「成人」ではなく，間違って非難する「親」と見たのだった。患者の「成人」－「子ども」の境界は突然の不安感情の高まりに耐えることができずに，瞬時に屈してしまった。その後の話し合いはまだ弱い境界を強化するのに役立った。その状況は，図14の(a)，(b)，(c)を参照することで明確になるだろう。患者はこの時までにこの種類の分析にかなり慣れていて，自分の頭の中で十分にできたので，それを描く必要はなかった。

　行動主義は構造分析の本質的な特徴だ。「成人」は，大体エクササイズとともにその強さを増す筋肉と同じようなものとみなされている。汚染解除と浄化の予備段階がうまく軌道に乗った時点で，患者は「成人」のコントロールを練習することを期待される。彼は，比較的長い期間「成人」が主導権を握り続けることを学ばなければならない。「子ども」は，次の3つの理由からある程度は協力する傾向がある。まず，現実的な利得からで，彼はそれを正しく認識することを学ぶ。2つ目は，彼は適切またはより否定的なことが少ない状況下では好きなようにすることを許されるからだ。3つ目は，彼はもし反論があれば，今ではより自由にセラピストに相談できるからだ。「成人」が獲得するのは独占的な支配ではなく，**選択肢**

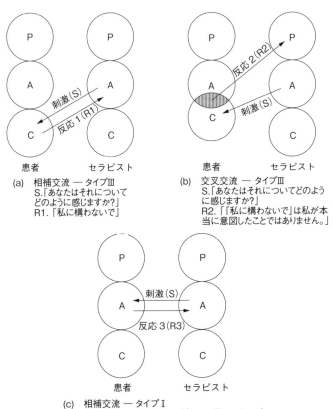

(a) 相補交流 ― タイプⅢ
S.「あなたはそれについて
どのように感じますか?」
R1.「私に構わないで」

(b) 交叉交流 ― タイプⅢ
S.「あなたはそれについてどのよう
に感じますか?」
R2.「『私に構わないで』は私が本
当に意図したことではありません。」

(c) 相補交流 ― タイプⅠ
S.「本当に私があなたを見捨てると思いますか?」
R3.「いいえ」

図14

の増加だ。「子ども」がいつ優位になるべきかをより効果的に決めるのは
「子ども」ではなく彼だ。

　この関係で,「成人」と「子ども」はセラピストからの「親的」な要求
に答える必要はなく,「成人」自身の自発的な責任を満たす必要があるだ
けだ。セラピストは患者が行動化するのを止めようとしているのではな
い。それは彼の仕事ではなく,「親的」な問題で聖職者や患者の母親が取
り組む事柄だ。彼は,患者が自分自身の「成人」の責任を保持できるかど

うかに興味がある。自分の行動化を経済的に可能な中に制限できるか，そしてセラピストは患者がそうすることを専門的な技術を用いて助けようとする。それは「成人」の事柄で，患者の「成人」とセラピストの「成人」は，これについて〈連帯感〉や感傷的に相互に〈連携する〉ことなく一緒に取り組むことに同意した。おそらく，もっと良いのは尊厳さのある〈分離〉を持つことだ。彼らは両者とも，セラピストはセラピストで，個人的なマネージャーでも幼稚園の先生でもないことはわかっている。主な障害を除去するためにはこの客観性は必要で，それは〈義足〉の心理ゲームだ。（義足の人にあなたは何を期待するのか？　神経症の人にあなたは何を期待するのか？　セグンド氏は特にこの心理ゲームをする傾向があった。なぜなら，彼の専門家の義務のひとつが，必要なときに，クライアントが精神異常の申し立てをするのを手助けすることだったからだ。）患者は必要であれば，彼は〈神経症者〉ではなく，一方で混乱した「子ども」を持つが，他方では洗練されていないとしても物知りの，僅かな心的エネルギーが備蓄されている「成人」を持つ人であり，この段階での目標は，繰り返しの練習でその「成人」を強化し，その技能を増やすことだと気づかせる必要がある。

　これらの練習が，現在はっきりとある「成人」と「子ども」の間の境界を強化する。セグンド氏の事例では，初め，彼らは小さくて比較的簡単な事柄に専念した。彼はまもなく非常に上手になって，「子ども」の激しく破壊的な可能性のある活動を，比較的害のない状態でそれに浸ることができるまで，延期することができるようになった。週のうちの彼の専門家としての生活と社交的生活はきちんとされ，ほぼ2週間ごとの週末に，セグンド氏が〈釣り〉のために山小屋に引きこもるとき，「子ども」が主役になった。このように「子ども」は飼いならされたが，イライラすることも，侮辱されることも，虐待されることもなかった。その間に「成人」は着実に向上する現実体験により強化された。現実体験では，より長く働き，効率も増加し，仕事の満足度も上がり，より多くの事例に勝利し，狼

狙することも減り，より良い家族と社交生活で理性的な堕落への恐怖も低下した。同時に，「子ども」は負けた事例や他の不幸な出来事によって脅かされることがさらに減り，彼もまた現実から「成人」に圧力をかけるのを減らすことを学んだように思われた。現実の大人と子どもの間の状況と全く同じように，大人が自分のやり方で物事に対処することを任せられれば，より上手に対処できることを示せるし，彼らの間の関係はより明確になり，恐らく距離は離れるが，改善されたものとなる。

　この時点で構造分析の目的は達成されていた。そこで患者には，選ぶことのできる３つの道があった。治療を止めること，交流分析でセラピーグループを続けること，あるいは精神分析を始めることだ。彼は最初の道を選んだ。彼は２年間距離をおいたが，その間ますます複雑化する状況とうまくやっていった。彼はパートナー弁護士を引き受け，子どもをもうひとりもうけた。彼の甘えの頻度は減ったが，時折のその必要性にますます悩み始め，結局彼は精神分析の治療に戻った。口唇期の葛藤の遺伝子的な解決には「子ども」が自由に「成人」とセラピストに話すことが必要だったが，この種類の交流はすでに確立していた。このように，彼の事前の構造分析は彼に大いに役に立った。

　実際に役立つ側面は，もしそれが初期の手順であったなら，治療が伝統的な精神分析の予備段階の間に患者がたぶん襲われていたであろう差し迫った精神的荒廃の回避を概説したことだった。このように，精神分析の段階は不可欠というよりはむしろ贅沢だった。なぜなら，患者は無期限に，構造分析の成果だけで比較的幸せな生活を暮らしていける兆候が見られたからだ。

　そのため潜伏性精神病の心理療法には，２つの目的がある。実際的な治癒は，「成人」支配を安定化することで「子ども」の表出が制御された状況でのみ起こる。例えばそれらは悪く言えば，統合失調症や境界性パーソナリティの人を〈週末の統合失調症者〉に変えることからなる。精神分析的判断の治癒は，「子ども」の混乱を解き，その内的葛藤と「成人」や

「親」との葛藤を解決することからなる。

　セグンド氏の事例の統計的診断は心理療法の手法に影響を与えず，それはもっぱら構造的判断による。彼が歩行可能な統合失調症患者か，境界性統合失調症者か，潜伏性自殺願望のうつ病者か，衝動性神経症者，依存症者か，サイコパスと診断されたかは治療的には無関係だった。関連のある検討項目は構造的診断だった。弱々しく心的エネルギーが注入され，不完全に組織化されたためにおおよそ無力な「親」。はっきりとしない境界が示され，やや弱々しく備給された「成人」は汚染と汚染解除の両方が容易に起こりえる。そして繋がる力の劣った「子ども」だ。

　この診断は治療上の指標をはっきりさせた。外心理について何か重要なことをするには遅すぎた。「成人」は境界のワークによって強化することができ，混乱解除と幼児期の葛藤の解明によって「子ども」の相対的な結合能力を最終的には増加させるのは可能だ。最善の予後もまた明確だった。すでに適切な「親」を獲得する望みは全くなかったので，「成人」はいつも大した外心理の助けなしに「子ども」と対処したであろうからだ。したがって，息子が思春期に至るまで，父親が死なないことを心がけていたもっと幸運な人々に比べて心の平静は常により不安定になる。セグンド氏はこの困難を十分に気づいていて，彼は多かれ少なかれ，存在的にだけではなく心理的な意味においてもいつも独りだろうと知っていた。この知識は，彼の固有な事例においては，彼の「成人」を強化するための価値のある追加的刺激となった。

　ディセット氏の事例では状況は異なっていた。彼は，自分の分野で仕事を見つけることができないという理由でやってきた。彼は正直に入院歴を履歴書に記載したので，採用を検討している雇用主たちは彼に偏見を持ったと感じていた。彼はこれについて精神科医に，雇用主たちとの仲に入るというような，何かをしてほしいと考えていた。ディセット氏は外来の統合失調症患者の典型的な兆候を示していた。冷たく，湿り気があり，青みがかった四肢，伏し目，前かがみの姿勢と足取り，モグモグ言う発話，不

器用な身振り，没頭，そして話しかけられたときのギクッとした反応など
だ。視診から彼が雇用不可能であることは明白で，最も経験不足で慈善的
な雇用主は親切かもしれないが，そのような個人の願いは聞き入れないだ
ろう。精神科医は2度の訪問の際受容的に話を聞いたが，3度目には患者
を説得しようという考えよりはむしろ彼の履歴と良心を明晰に保つため
に，状況について彼自身の見解を率直に説明した。明らかに患者は精神科
医が提供する何かを必要としていた。なぜなら，彼はその処方に異議を唱
え，少なくとも問題は純粋に管理上のことだという彼の元々の立場を維持
するふりをしたにもかかわらず，治療の継続を選んだからだ。

　ディセット氏は，セラピストが「成人」の態度よりも「親」の態度を導
入する特別な種類のグループに紹介された。彼がきっと成功すると思われ
る復員軍人援護局との調停というような種々のチャンスを狙ったやり方
で，セラピストはディセット氏が実際の両親から受けた養育放棄への埋め
合わせをしようと試みた。彼はまた，内なる「親」と実際の両親の軽蔑的
な態度と向き合った。これらすべてを未知のマゾヒズムの可能性，罪悪感
の重荷，反抗的な憤怒に当然払うべき注意を払ってすること，そして患者
が心理療法の場所から離れているときに，内なる「親」と患者の実際の父
親から仕返しを受けるのを防ぐほど彼が十分に強いと示すことで，彼は
「子ども」の自信を得るのに成功した。つまり，セラピストは彼がディセ
ット氏の父親よりも力強く，善意ある親であることを示すことができた。
「子ども」の不安が弱まるにつれ「成人」は相対的に強くなり，患者の人
格のこの側面への試験的な提案ができるまでになった。

　この時点で，ディセット氏がとても雇用できるようには見えないという
事実はよりはっきりと持ち出され，汚染解除の作業が注意深く始められ
た。本質的に，重要なのは州立病院入院に対する人々の態度ではなく，
人々からの反応を彼自身が導き出すやり方を変えることだ，と彼が理解す
る必要があった。グループは後者について調査し実験するのに極めて良い
場だった。他のメンバーは率直で同情的でもあり，ほどよく現実的で，脅

迫的ではなく有用だった。加えてそれは，彼らにとっても「成人」の方法
で役に立つことと「親的」なやり方で脅すのを区別することを学ぶ良い機
会だった。彼らはそれに同時に取り組み，皆が同じ時に学ぶことができ，
特に過度に親的なトロイ氏はそうだった。さらに，適切な段階でディセッ
ト氏は，セラピストと他の人が彼に言ったことへの彼の「親」，「成人」，
そして「子ども」の反応をそれぞれ区別することを教わった。（再度，こ
の洗練されていない潜伏性精神病のグループでは〈義足〉，〈どうして……
しないの，はい，でも〉という心理ゲームは意図的に無視された。）

　ホケット嬢の事例では，このような患者に時として示されるもうひとつ
のアプローチが使われた。彼女はセラピストが「成人」として分析的に機
能し，「親」の介入を差し控えるグループに入れられた。彼女は，同時に，
構造分析の訓練を受け「親」として機能するソーシャルワーカーにも個別
に会っていた。こうして彼女は，グループで引き起こされた心理ゲーム分
析による不安をソーシャルワーカーによって和らげることができ，彼女が
ソーシャルワーカーの同情を引き起こすために行った心理ゲームをグルー
プに分析してもらうことができた。このように，彼女の「子ども」はひと
りから安心をもらい世話をされ，彼女の「成人」は別の人から汚染解除さ
れ，強化された。セラピストとソーシャルワーカーは2，3カ月ごと，ま
たは深刻な問題が持ち上がったときには手短に討論したが，双方がそれぞ
れ仕事の分担に対するかなりはっきりとした考えを持っていたので，どち
らも協同治療の円滑な経過を妨げがちなすべてのことを繰り返し論議する
強い必要性を感じてはいなかった。それは，「子ども」に3人の心理ゲー
ムを始めるとても魅力的な機会を提供するものだ。3人の心理ゲームを未
然に防ぎ，ホケット嬢に別々の2人の心理ゲームを強いることで状況は非
常にコントロールしやすくなり，彼女が心理療法にとどまっている限り
は，彼女自身，グループ，2人のセラピストにとって彼女の進歩は満足の
いくものだった。

　不幸なことだが，定義上，典型的な人々と個性的な人々への対処の仕方

については，一般的な2，3の提案をすること以上は難しい。しかし，上に概説した原則をひたすら賢く活用することで，セラピストはそのような問題にどうアプローチするかという知識を自分自身に継続的に加え，最終的には退屈な患者というものはなく，飽き飽きしたセラピストがいるだけだと確信するかもしれない。そして，この退屈さは巧みに計画された継続的な治療プログラムによって緩和できる。そのプログラムは達成するためにいかに控えめで，適切な手段であっても，明確に策定された目標がある。辛抱が示される時期には退屈な時間，退屈な週さえもあるかもしれないが，もはや退屈な月や年はないだろう。

［注　釈］

セグンド氏は麻薬中毒者ではなかった。彼の問題のこの側面は主に，現実の要因が単純でほぼ自明の理だったという理由から，実例として選ばれている。

参考文献

1) Lewin, B. *The Psychoanalysis of Elation*. W. W. Norton & Company, New York, 1950.
2) Rosen, J. *Direct Analysis*. Grune & Stratton, New York, 1953.
3) Sechehaye, M. A. *Symbolic Realization*. International Universities Press, New York, 1951.
4) Fromm-Reichmann, F. *Principles of Intensive Psychotherapy*. University of Chicago Press, 1950.

第14章　神経症の治療

　神経症の心理療法には可能な目標が4つある。これらは通常の言葉では次のように言えるだろう。(1)症状のコントロール，(2)症状の軽減，(3)転移の治癒，(4)精神分析的治癒。これらのゴールは構造分析用語に言い換えることができ，その治療経過は以下の症例歴によって示すことができるだろう。

　1. **症状と社交のコントロール**は，34歳の主婦のエナトスキー夫人の場合，通常にはない早さで獲得した。彼女の主訴は突然始まる〈抑うつ症〉で，それは2，3日続き，同じように突然消滅するというものだった。彼女にはそれらをどう説明すればよいかわからなかったので，特に怖かった。それは15年前，彼女の母親が病気になった後に始まった。最初，彼女は飲酒することでそれを解消しようと試みたが，長期にわたる深酒の後に最後には幾度か幻覚を経験するという結果になった。それから彼女は，アルコール中毒者更生会に加わり，この7年間は禁酒していた。この期間彼女は治療を求め，催眠術，禅仏教，ヨガ練習を処方箋とする精神科医を見つけた。3，4年後，患者はヨガにとても熟練したので，地域社会で彼女は**指導者**に任命された。この時点で彼女は，これらの治療の型が望ましいのか疑いを持ち始め，知人のソーシャルワーカーが推薦したQ先生に助けを求めにきた。

　彼女はまた，歩くことに定期的な不安感を訴え，それを〈酔って歩いている〉と言い表した。さらに彼女は13歳の息子との不和について心配していた。彼は反抗的だったので，彼女はこのことに対して，読んだことの

ある〈精神衛生の原則〉ではっきりと対処したが，彼女は言うべきであると考えていたことを〈大げさな口調〉で言いながら，〈心の底〉では彼を自分に無理やり従わせたいと望んでいて，息子はそのことを感じとるべきだと考えていた。しかし，彼女はそれを〈分別よく〉対処した方が夫はより賛同するだろうと考えた。〈大げさな口調〉で失敗すると彼女は落ち込んだ。そうすると息子は（例えば勉強について）より従順になった。彼女は夫の承認を得るために，その他，彼が見惚れるだろうと思う挑発的な洋服を買うというようなこともしたが，彼が褒めないと，彼女は悲しくなり反抗的になった。

　エナトスキー夫人は 2 度目の面接で，構造分析を彼女に紹介するのを容易にするいくつかのことを自発的に述べた。それらのいくつかはおそらく前の治療経験に基づき，ある部分は直感だった。「私はそれを手に入れるためにしなければならないことに反抗しながらも，小さな少女のように夫からの承認が欲しいのです。それは私が以前父に感じていたものでした。父と母が別れた時，私は，『私だったら彼を引き留めておけた』と思いました。私は彼に献身的でした」。「私の中の大人のある部分は，自分が小さな少女のように振る舞っているのを知っていました」。彼女は，少なくとも面談の間は，その小さな少女を閉じ込めようとするよりももっと出すように，と提案された。これは以前のセラピストのアドバイスとは正反対で，彼女にとっては新しい考え方だったので驚き，好奇心をそそられた。「それは恥知らずのように思われます。でも私は子どもたちが好きです。だけど私は父の期待には応えられないとわかっています」

　彼女の息子に対する隠された態度について，彼女は次のように述べた。「それはちょうど母が私にしたことで，彼女は私に強制しようとしたんです」

　これらとその他の自発的な開示で，構造図を提示するのは困難ではなかった。つまり，彼女が振る舞いを真似する母親，大人の部分の彼女，承認が欲しい小さな女の子と反抗する女の子だ。3 度目の面接で，通常の語彙

に換えることは容易く，その方が便利だった。これらの例はそれぞれ「親」，「成人」そして従順な「子ども」，反抗的な「子ども」を表した。

　彼女が歩行の症状を話した時に Q 先生は言った。「それも小さな女の子ですね」。（行動診断）彼女は答えた。「まあ，なんてことでしょう。本当ですね。子どもはそのように歩きますから。先生が言うとおり，小さな子どもが見えました。子どもがどのように歩き，躓き，起き上がるか，当たり前のことですね。信じられませんが，私にも頷けます。先生がそう言うのを聞いて，私は自分が歩きたくなかったのだと感じます。ハイハイしたり，座る方が良いと思っているロンパー（つなぎ）を着た小さな女の子です。私は今妙な感じがしています。彼らは右肩を引っ張り上げるので，私は憤慨して泣きたい。私は今でも肩に痛みがあるのです。なんてひどく嫌な感じなのでしょう！　母は私がとても小さい時に働いていて，私は託児所へ行きたがらず歩かなかったので，彼らは私に強制したのです。そしてそれにもかかわらず，同じことを私は自分の息子にしているのです。『私は非難しない，私は彼がまさにどう感じているかを知っているから』と思う一方で，彼の反抗を非難します。非難しているのは，本当は私の母です。それは「親」の部分なのですか？　私はこのすべてのことに少し怖くなっています」

　このように実際の自我状態（現象学的現実）としての「親」，「成人」，「子ども」の現実が確立した。彼女が怖くなっていると述べた時，Q 医師は，彼女の「成人」を汚染した以前の神秘主義と催眠との接触を心に留めていたので，彼らが話していたことに何も謎めいたことはないと保証するのに苦労した。彼は，彼女の早期の実際の経験（歴史的事実）から「親」，「成人」，「子ども」の由来を強調し，容易に理解できる現在の出来事で，それらの選択的な活性化を説明した。彼はそれから，「成人」が単に「子ども」に混乱させられる代わりにどのように「子ども」のコントロールを維持できるか，また抑うつを防ぐために「成人」がどのように「子ども」と「親」の間を仲裁しなければならないかを説明した。これらすべてはか

なり詳細に説明された。

　彼女は4度目の面接を次の言葉で始めた。「今週私は，15年間で初めて心の中で幸せに感じました。先生が言ったことを私は試してみて，まだ抑うつが出てこようとしているのも，歩いているときの奇妙な感じもありましたが，私はこれらに対処できるので，それらがそこにいるのがわかっていても，もう気になりませんでした」。この時，彼女が夫と息子とした心理ゲームが予備的に定式化された。夫と連続して起こったことはこういうことだった。彼女は誘惑的に従うと，彼は無関心で反応するので，彼女は失望し落ち込み，そうすると彼は機嫌を直してもらおうとする。彼女の息子とはこうだった。彼女が魅惑的理由づけをすると，彼は無関心で応じるので，彼女は失望し，落ち込み，そうすると彼はお詫びのしるしとして遅ればせながら彼女に従う。この時彼女には指摘されなかったが，これらは両方とも自虐的－加虐的な家族の心理ゲームで，例によって双方が一次的と二次的な利得を勝ち取る。従順の心理ゲームでは例えば，息子にとってのひとつの一次的な内的利得は自分の母親を苦悩させたことで，一次的外的利得は彼が学校の競争を避けたことだった。二次的には，彼は従うとしばしばうまく物質的な利益を勝ち取った。この事例では，「親」－「子ども」のアプローチの代わりに「成人」－「成人」のアプローチ，興味をそそる理由の代わりに正直な根拠，を試してみる価値があるかもしれない。

　これらは対処された問題と，それらがどのように対処されたかのいくつかの例だ。彼女には構造分析とやり取り分析への適性が明らかにあったので，わずか5回の個人面接後に彼女は比較的上級のセラピーグループに入る準備ができていると判断された。

　3度目のグループミーティングで，これまでの15年間はみじめだったが，今はとても穏やかだと彼女は述べた。続けて彼女はこれを，自分の症状と人間関係に「成人」のコントロールを使うことを学習しているという事実のお陰だと考えていると説明した。彼女はまた，自分の息子がいかに

より良い態度と感情でいるか，そして彼女がいかに彼とうまくやっている
かを語った。グループには患者として何人かの専門家もいて，その中のひ
とりが尋ねた。「あなたはどのくらいの間 Q 先生の所に通っているのです
か？」。Q 先生はこれに対して微笑み，エナトスキー夫人は彼が彼女のこ
とを笑っているのだと考えた。Q 先生は，彼女のことを笑っているのでは
なく，その質問への彼女の答えを聞いたとき，専門家はどう思うかがわか
るので微笑んでいるのだと注意深く説明した。この答えに彼女は満足し，
言った。「私がここに来てから 1 カ月が経ちます」。医師はエナトスキー夫
人よりも他の患者に関しての理由で自身が微笑むのを許し，彼の自然に出
た表現は思い通りの結果を得た。というのも，この発言は専門の心理療法
士であり，かつ構造分析の初心者である患者たちが抱くであろうと思われ
た懐疑的反応に影響を与えたからだ。結果としてそれは，この方法の可能
性についての彼らのより真剣な好奇心をもたらした。

　ほとんどの患者はエナトスキー夫人がしたように素早く，症状と社交コ
ントロールの原則についての理解と正しい評価をすることはできないが，
彼女の事例はその説明に役立つ劇的な実例として選ばれた。彼女の「子ど
も」は激しく精神的外傷を与えられていたので，これは彼女の治療のほん
の始まりでしかなく，後に困難が待っていた。しかし，初期段階は治療的
に非常に価値のある希望と理解を高め，それは一方ではセラピストと実際
的で十分な関係を築き，他方では患者の「成人」と「子ども」の両方との
関係を築くのに役に立った。それはまた，セラピストを元々の親の代わり
として確立するという，「子ども」の統合失調症的な諸要素を考慮する見
方からいうと，好ましいと考えられる。おそらく一番重要だったのは，患
者が当初よりも心地よく治療を続けたので，彼女の息子の発達の決定的な
期間の道筋がより円滑になったという事実だった。治療が進展する間，彼
女の社交コントロールを発揮する能力を通して，生活は彼女自身にとって
だけでなく，家族の他のメンバーにとっても幸せなものになった。

　この事例の症状と社交コントロールのさらなる強化と，エナトスキー夫

人の「子ども」の混乱解除のために取られた手段については本書の終わりの症例で述べた。

　2.　**症状の軽減**はイーコス夫人による構造分析を通して得られた。彼女は，30歳の主婦で痛みの治療で多くの専門医に何年も通っていたが，それは器質性の変化によるものだと繰り返し疑われていた。彼女は，その他のものがすべて失敗に終わった後，初めて精神科医の所にやってきた。初めから初期段階が重要な意味を持つだろうことは明白だった。それというのも，彼女の結婚は彼女の夫の振る舞いのある明らかな欠点を見て見ぬふりをすることだけで不安定に維持されていたからだ。

　この状況の構造分析は以下のようだ。彼女の夫の神経過敏な行動は，イーコス夫人の「子ども」に大きな一次的，二次的利得をもたらしたのでとても魅力的だった。しかし，「成人」の見地からすると，それはとんでもないことだった。けれども，汚染によって「子ども」は「成人」が抗議しないようにしていた。彼女は彼のしたことについて，あらゆる種類の見せかけだけの論理的な言い訳と説明をした。汚染解除は彼女の結婚には脅威かもしれない。なぜなら自律的な「成人」は彼の行動がもし変化せずに続けば，それを長くは許容しないかもしれないからだ。また，彼女が彼らの結婚の結束を構成する主要なもののひとつである心理ゲームをするのをやめたら，彼女の「子ども」は絶望して激しく喪失を感じるだろう。これらの危険性は，毎回その時彼女に理解できる言葉で，3回の異なった機会に説明された。毎回，彼女は治療を続けてゆく自分の決心をより明確に断言した。これらの動機づけの評価基準はセラピストと患者双方の義務を明確にするだけでなく，それはまた治療状況の現実的な評価を基にした決断を彼女のものにすることで「成人」の強化を開始した。この手順の転移的側面，つまり，セラピストの公式化への「子ども」の反応は，妥当な時期に対処されるように分離された。彼女が夫の行動に対して自律的な「成人」の怒りと失望を感じ，表現できるようになると，痛みは徐々に消えていった。

　この症状の軽減は，宗教的な格言〈敵意を表現するのは良いことだ〉に基づく陳腐で盲目的な憤りの表現の結果ではなく，注意深く計画されたものだった。患者自身の「成人」は，準備段階の正確さと有用性に感謝することができた。治療効果への感謝の他に，彼女はまた，その３つの主要な構造的側面を理解する立場にいた。まず第一に，表に出た失望と憤りは彼女の「成人」が今やある程度は汚染解除されたことを意味し，新しく見出した自律性を他の状況で試すことができるようになったという事実だ。第二に，今や彼女の「成人」は治療の協力者なので，治療は異なったレベルでの進展が可能となった。最初のハードルを無事に越し，彼女の結婚は存続した。彼女は改善された基盤の上で，望めばその永続性を確保するのに実際には以前より良い立場にいることがわかり，これが彼女に新しい勇気を与えた。第三に，憤りはそれそのものが疑わしかった。なぜならば，憤りのいくつかには子どものような両面感情の要素があり，彼女がイーコス氏を何人かの候補者の中から夫に選び，この時点で彼女の「子ども」が彼の行動を密かに奨励していたのは明らかだったからだ。

　これらすべての理由で，彼女の〈敵意〉の表現は単に〈良い〉と受け取られただけでなく，セラピストと患者の双方が批判的に評価した。

　この時点で，以前は得られていた結婚からの利得のいくつかを奪われた彼女の「子ども」は，注意をセラピストに向け始めた。彼女は父親の友達の幾人かや前のセラピストを含む何人かの親のような人物を巧みに操ったように，セラピストを操ろうとし始めた。この心理ゲームの分析は彼女を動揺させ，彼女が開示するものに気どりが減った。それから，彼女の子ども時代の家族の心理ゲームも，彼女の現在の結婚での心理ゲームのいくつかの分析もできるようになった。彼女の「子ども」がもっともっと解放された心的エネルギーの備給を経験し始めると，脚本が視界に入り，彼女の時間は次第に嵐のようになっていった。その間，彼女の外での活動では「成人」はどんどん強化された一方で，治療セッションの間は時として「成人」はほぼ完全に退役させられていた。彼女はすでに結婚の心理ゲー

ムをしなくなっていたので，夫の「子ども」は混乱し，不安になり，落ち
込み，彼もまた治療を求めた（他のセラピストと）。

　最終的には，彼女は自分の生活をより多くの精力と満足感，平静をもっ
て継続し始め，彼女だけでなく３人の子どもたちのためにもなった。彼女
は次の状況下で治療をやめることができた。自我状態の変化は，彼女のも
っとも内部の骨格筋肉組織の強直性と姿勢の変化に伴われた。「成人」の
自我状態では，今や彼女は症状がなかった。彼女の「子ども」が優位にな
ると症状は再発したが，より軽度だった。社交コントロールと「成人」の
選択肢を彼女の家族と社交生活の初期の心理ゲームに行使すると，彼女は
「子ども」の支配を未然に防ぐことができた。このようにして彼女は症状
の発生に対して，ほぼ随意的な制御を広げることができた。ボーナスのよ
うなものとして彼女の結婚は，関係するみんなの意見として，より改善し
たし，今もしている。

　この症例では，症状の軽減が症状のコントロールに先んじた。ある程度
の「子ども」の混乱解除による彼女の脚本の部分的な解決は，永久的にい
くつかの症状の重症度を緩和し，残りは「成人」の選択肢に委ねられた。

　時として症状の軽減は，患者に心理ゲームをより上手にするのを教える
という別の方法で提供することができる。実際，神経症の「子ども」が精
神科医のオフィスに来る主な動機は，大抵の場合はただそれだけだ。「子
ども」はセラピストにもっと首尾よくゲームをすることを教えてほしいの
だ。したがって，もし治療を求める動機が構造的に分析されると，それら
は大抵次のように並ぶ。「親的」―人は自分の子どもたちを支援し，家事
をするなどのために，健康であるべきだ，など。「成人」―人は「子ども」
が制御されて，その葛藤が解決されているか，「親の」影響が和らげられ
ればもっと幸せに，有能になる。「子ども」―人は自分の心理ゲームをよ
りうまくすることができたらもっと幸せになれる。つまり，他者との原始
の交流から一次的，二次的利得をもっと引き出すことだ。最後のものの変
形は，他の誰もがしてくれないときにセラピストはそれに対応してくれる

だろうという望みで，それは結果として「子ども」にある程度の満足を与える。ある機知のある患者は治療に来る動機の「子ども」と「成人」の違いを「あなたは治療に来たのですか，それとも楽しむために来たのですか？」と聞くことで他の患者に表現した。これは聞き覚えのある警句として他の形で表現されてきた。「神経症患者は，どのようにすればより良い神経症患者になれるかを学びに治療に来る」というものだ。

　結婚カウンセリングはコーチングで症状の緩和をもたらす一般的な形だ。〈結婚〉や〈人間性〉といった抽象概念を教えるように聞こえるのは，しばしば実際には〈冷感症の女性〉，〈手頃〉，〈子どもの心の健康〉といった特定の結婚の心理ゲームからどうやって満足を得るかをコーチングしている。

　プロタス氏はコーチングにより症状の軽減に成功した例だった。彼は，彼の表現で言うとパジャマの心理ゲームに入っており，大儲けをしたいと思っていた。しかし，彼の社交不安がセールスの仕事の間に症状として現れたので彼の能力を阻害していた。彼は，もっとお金を儲けるという明確な目的で治療にやってきた。さまざまな理由からセラピストはこの目標を受け入れた。長期にわたり症状と社交コントロールは確立され，プロタス氏はセールスの心理ゲームを上手にできるようになった。これは〈大儲けする〉という実務的な隠喩を根底に，むき出しの「子ども」の怒りを伴った。日々の仕事での彼の非効率性，失錯行為と症状的爆発は部分的に非常に緊迫した暴力についての「親」の葛藤（父親対母親）から派生していたので，彼の「子ども」はいつも実際に大儲けするのを避けていた。まもなく「成人」は何をコントロールしなければならないのかに気づき，彼は仕事の時間にこれをうまくやることができるようになった。さらに，仕事上彼が行ったセールスの心理ゲームの分析は，彼をより大胆にし，顧客の「子ども」に対応することに熟達し，彼らがプロタス氏の「子ども」を操作しようとする試みに対して，自分の「成人」を維持することが上手になった。結果として彼は大儲けをしなかったが，もっとお金を稼ぎ始めた。

しかし，彼の「子ども」の怒りは一度も分析されなかったので，彼は依然として〈夜と週末の神経症患者〉だった。ただし，元々の限られたゴールは達成され，心理ゲームが下手だったせいで「子ども」が十分な満足感を得られないことに起因した彼の症状は軽減した。

　この技術の公平な評価を可能にするためには，この報告が２つの類似した事例を合成していることを述べる必要がある。収入力を増加させるために治療に来たプロタス氏₁は，治療グループの仲間はそう確信していたが，治療が自分の収入を増やすのに関係したとは決して認めないだろう。もっと従来型の理由で来て，心理ゲーム分析の副産物として収入が増加したプロタス氏₂は，自分の取引先対応が向上したことを，率直に治療に負うところが大きいとした。賭博師たちの高揚感，抑うつ，衝動強迫，そして衝動は特に心理ゲーム分析を通した治療に適している。トランプをする人たちは相手の「子ども」のより良い処し方を学び，自分の「子ども」の操作に抵抗し，衝動的な誘惑に負けなければ，テーブルで優位に立つ。特に，「成人」を弱体化させて「子ども」を引きつけるために専門家が考案した数え切れないほどの狡猾な仕掛けはその効果を失う。心理ゲームの分析で症状なしにギャンブルができ，結果はもっと上出来だ。これは，治療的効果は難解でなく，簡単な計算で測定できるので，技術的な関心事と言える。

　3.　**転移治癒**は，構造分析用語ではセラピストが元々の親と置き換わることを意味し，やり取りの用語では，子ども時代に元々の親の早死あるいは離別によって断ち切られた患者の心理ゲームを再開することをセラピストが許可することか，あるいは元々の親がしたか，するよりももっと穏やかな型の心理ゲームをすることを提案するかの，どちらかを意味する。

　第４章で述べた，偏頭痛を持ち不安定な心的エネルギーの備給のある女性のサックス夫人は，これらの原則に則ってしばらくの間治療を受けた。活発な転移は彼女の両親，特に母親が彼女を幼少期にないがしろにしたという事実に基づいていた。彼らは彼女が幼少期におもらしや便で汚した

ら，いつも情け容赦なく彼女に恥ずかしい思いをさせるやり方をしていた。彼女の最も強烈な記憶は，ある日大好きな叔父さんが彼女を抱き上げて，彼女がおもらしをした後もなお彼女を抱き続けたことに関係する。母親はそれを見て，「こんなに不潔な状態なのに，この子をどうして抱けるの？」と言った。彼女がこれを報告した後，治療の状況はより明確になった。彼女が恥ずかしいと感じているだろうと思われることには，セラピストは礼儀正しく反応するだけでよかった。この点で彼は多くのテストにパスしなければならなかった。しばらくして，彼女が言葉の上で彼に〈排尿し〉，その後〈排便し〉て，母親が彼女にしたように彼が〈彼女を追い払う〉か，または叔父さんがしてくれたように〈それでも抱き続けるか〉を確かめているということがはっきりとわかった。セラピストが的確に対応している限り，物事は彼女にとって円滑に進んだ。のちに，彼がそれを解釈し始めると，困難が再発した。どんなに注意深く表現された介入でさえも彼女の心の中では，状況が叔父‐姪の心理ゲームから，母親‐娘の心理ゲームへと切り替える働きをした。最初は試しの寛容な心理ゲームで，2番目は挑発と反挑発の心理ゲームだった。

　この事例では，セラピストが彼女の最初の親像のひとりだった叔父さんの役をすると納得した時に転移の治癒は起こった。彼女が彼を母親としてとらえた時でさえ，「子ども」は母親‐娘の心理ゲームを夫とするよりはセラピストとする方が脅威的ではなく都合が良いと感じたので，治療は波乱に満ちたが，それでも外面には物事はうまくいった。（ここで父親は積極的に状況に立ち入らなかった。）セラピストは彼女に，一方で叔父の死によって打ち切られた心理ゲームの再開を，他方では母親‐娘の心理ゲームをより良質な形で続けることを許可した。両方の事例で「子ども」はいくらかの安堵を感じるほどの十分な満足感を得て，実際に彼女が元々の状況で持っていた「親的な」禁止からはより自由になった。

　ある女性患者は，彼女の転移治癒を次のような夢できちんと表現した。「私がお風呂に入っている間に，あなたは私の洋服を持っていってしまい，

バスローブしか残してくれませんでした。でも，なぜかその方が心地よかったのです」。彼女はこの夢を次のように解読した。「あなたはこの治療で私の想像の心理ゲームをすべて取り除いてしまいましたが，あなたが代わりに私にくださったものの方が良かったのです」。これで，彼女はセラピストが彼女自身の両親よりももっと善意があることを意味した。バスローブはもちろん，彼女がセラピストとしている残りの心理ゲームを表す。

　4. **精神分析的治癒**は，構造分析用語では大部分が汚染解除された「成人」を治療同盟とした「子ども」の混乱解除を意味する。治療は４つの人格を巻き込む一種の戦いのようにみなされるかもしれない。それらは，患者の「親」，「成人」，「子ども」と，補助的な「成人」として機能するセラピストだ。実際には，この思考には単純だが重要で，決定的でさえある予後的な意義がある。どんな戦いでもそうだが，数は重要な意味を持つ。もしセラピストが単独で患者の３つすべての側面の**友好協定**に対処したら，成功の確率は３分の１だろう。これがよくある精神分析の反社会性人格障害者の場合だ。もし患者の「成人」が事前の構造分析で汚染解除ができ，治療同盟に参加できれば，それは２人の「成人」対「親」と「子ども」になり，成功の確率は五分五分となる。

　もしセラピストが汚染解除された「成人」だけでなく，患者の「子ども」にも訴えかけることができれば，それで「親」に対して３となるので成功への展望もそれに付随する。一般的に神経症患者では，「親」は第一の敵対者だ。統合失調症患者の場合は，時には，最善のラインナップは「親」，「成人」，そして「子ども」に対してのセラピストで，その場合セラピストは患者の「子ども」よりはむしろ患者の「親」に訴えかけなければならない。構造の見地からすると，電気ショック療法がそのような訴えには効力があるように思われる。それは結果として，患者の「親」と「成人」の両方が，「子ども」が再度３人全員をブラックボックスとともに不快な窮地に追いやるのを防ぐ決断をすることにつながった。トロイ氏はこの立場の優れた事例で，彼は積極的に言語上でも７年以上もこの立場を維

持し，「子ども」のいかなる表出も**命令的**そして合理的の両方から厳格に
叱責した。真実の瞬間は，彼が個人の人格と自分の権利を持つ実際の子ど
もを自分の環境で見始めた時にやってきた。

　精神分析はその検閲を保留した自由連想を基礎にする。これは初めの段
階では「子ども」が「親」または「成人」のいずれからの干渉もなく，自
由に話すことを意味する。しかし，治療場面では，特に初期には「子ど
も」は遠ざけられたであろうし「成人」からの干渉なく自由に話すのはし
ばしば「親」だ。そのため，「親」を外し，「子ども」を取り出すためには
技術的な熟練が必要となるかもしれない。しかしながら，この状況では
「子ども」が話している間，「親」と「成人」は聞いていて，何が起こって
いるのかに気づいている。これが精神分析を催眠術や催眠分析など，「親」
そして通常は「成人」も一時的に退役させられる手法と区別する理由だ。
「成人」が再作動されると，セラピストは「子ども」が言った事を「成人」
に伝える。これは「成人」が初めから終わりまで機能しているほどの説得
力もなければ効果的でもなく，その点で精神分析に優位性がある。催眠術
では母親と女性家庭教師は隠喩的に部屋から出されて，後にセラピストが
彼女たちに「子ども」が言った事を教える。精神分析では，「子ども」は
彼女たちがいる前で話すので，彼女たちは本人から直に聞く。後に述べる
退行分析はこの利点を維持しつつ，同時に「子ども」にもっと直接訴える。
最近の LSD-25 薬の治療的活用は同様な期待ができるように思われる[1]。

　精神分析の準備として「成人」の汚染解除のために構造分析を活用する
ことはイーコス夫人の事例ですでに示した。そして，やり取り分析，心理
ゲーム分析，脚本分析が後に続くキャターズ夫人の精神分析ワークにどれ
ほど良い基盤となったかは明らかだ。脚本の明確化こそが精神分析過程の
本質だ。転移は単に一組の相互に関係した反応，つまり転移神経症ではな
く，大抵はギリシャ神話のすべての要素と下位区分を包含するダイナミッ
クに展開する転移のドラマから成る。それゆえに，前に述べた通り，エデ
ィプスは特有の人格としてだけではなく，前もって定められた運命の方に

容赦なく動く人として脚本分析で生命を宿す。

［注　釈］

　この章の十分な注釈は心理療法の膨大な文献を含むことは明白だ。厳選されたリストはシカゴブックスの『**精神分析療法**』[2] に掲載されている。アレクサンダーの〈修正感情体験〉の記述はサックス夫人の事例をさらに明白にし，イーコス夫人の事例はもっと適切だ。

　構造分析用語では，アレクサンダーの原則は精神分析的なもので，その目的が「子ども」の混乱を解除し，脚本分析の用語でいう，彼に強制的に「今やっているショーをやめて新しいもので巡業させる」ことだからだ。アレクサンダーの表現では，「古いパターンは子ども側の親的行動への適応の試み……分析家の目的は，理解のある姿勢が古い問題への新しい解決策を提示することを……患者に許可する……患者が時代遅れのパターンに従い振る舞い続ける間に，分析家の反応は実際の治療状況に厳密に従う」（Pp. 66 & 67）。交流分析的にはこれは，患者の「子ども」がセラピストの「親」を挑発しようと企てると，代わりにセラピストの「成人」に対決させることを意味する。治療的効果はこの交叉交流から引き起こされる撹乱から生じる。心理ゲームの観点からみると，患者の「子ども」はセラピストが心理ゲームをやることを拒否すると，ハッとさせられる。これは，ジャン・ヴァルジャン（Jean Valjean）（Pp. 68-70）の事例でうまく解説されている。

　フェニシェル（Fenichel）[3] は〈転移改善〉の概念の技術的討論を参考文献とともに提示している。

参考文献

1) Chandler, A. L. & Hartman, M. S. "Lysergic Acid Diethylamide（LSD-25）as a Facilitating Agent in Psychotherapy." *Loc. cit.*
2) Alexander, Franz, & French, T. M. *Psychoanalytic Therapy*. Ronald Press Company, New York, 1946.
3) Fenichel, O. *Loc. cit.*, p. 559 ff.

第15章 グループ療法

1. 目 的

　交流分析はグループ療法の手法として提供されているが，それはグループそのものの状況から派生した合理的で固有のアプローチだからだ。それは，抽象的な思考による存在や活力としての〈グループ〉という概念にも，また元々グループ状況のために作られたものでない技法の日和見的な活用にも依存していない。グループ療法での交流分析の目的は，それぞれの患者が社交コントロールを獲得するまで構造分析，やり取り分析，心理ゲーム分析，脚本分析の進展段階をやり遂げることだ。この目標の達成はその人自身の反応の変化だけでなく，エナトスキー夫人の息子やドダキス夫人の夫の事例のように，心理療法に触れていない親しい人々の行動にも，結果として自主的に変化が認められたことで確認できる。それはまた，プロタス氏が述べた買い物の状況や商取引のような，他者の日々の操作的な試みに対してその人が熟練した反応で試したり，練習することが可能だ。そこでの推測は大抵正しく，結果として起こる改善された社交経験は原始的な歪曲と不安の減少に繋がり，セラピストと同様に患者にも予期とコントロールが可能で，明確な症状の軽減を伴う。より集中的な治療状況では，グループ療法はまた精神分析療法に付随する有益な準備となる。

2．手　法

　ほぼすべての段階において，患者が成し遂げたのは何か，成し遂げよう
としているのは何か，そして患者の教育が十分に進んだときには，将来に
成し遂げたいことは何かを知ることは，可能かつ妥当で望ましい。したが
って，治療状況についての完全な理解が，ほぼすべての段階で患者とセラ
ピストの間にはある。患者は問題の特定の要因に関しては，それに相当す
る学びの段階にいる研修中のセラピストと同様に精通していて，患者がか
なり限られた〈知性〉（精神測定の基準による）だとしても理解できるこ
とは経験によってわかっている。それは彼自身が関与している，もしくは
関与してきた臨床状況として段階ごとによく記録されているからだ。

　同時に開始する患者たちは，全過程の施行をグループで実施することが
可能だ。後になって参加する人は，参加した時にグループで起こっている
ことをある程度理解できるように，個人セッションでいくらかの準備が必
要となる。通常，すでにかなり進んだグループに入る患者にとっても，構
造分析の臨床的把握が初期知識としては充分だ。その間に，患者がセラピ
ストを試し，かみ合う機会を得て自分の心理ゲームがどのように扱われる
かについていくらかの確信を持つことができたら，彼が初めてのグループ
経験の不安を最後まで持ちこたえる助けとなるだろう。過去のトラウマの
ために，セラピストが関わることに患者が過度に注意深い場合には，グル
ープへの参加は彼が初期の抑制を克服するまで延期する方が有効かもしれ
ない。

　一旦グループに入ったら，彼はセラピストの十分な思慮のもとで，前章
までに説明した技術を伴うさまざまな分析過程の対象となる。同時にセラ
ピストも便宜上借り入れた技術，例えば，精神分析的な解釈や手順を慣習的
な方法で用いるかもしれない。このように交流分析は精神力動的[1] グルー
プ療法に取って代わる意図はなく，セラピストの個人的志向により他の治

療手法が場所を見つけることができる基本的土台を提供する。それは通常の精神療法の蓄積の排他的代用ではなく，強力な補強だ。

3.　グループの開始

　このことと患者の選択に関する次に続くセクションは実証的で，資料はさまざまなタイプの治療機関からの，多くの異なるグループセラピストたちとの多種多様なグループに関わる，反復的で広域にわたる議論に基づいている。これらの考えはサンフランシスコ社会精神医学セミナーで最もじっくりと討論され，提示された原則はほとんどの場合，そこでの多数派の総意を意味し，それらは実際の臨床経験により試されたものだ。

　まず第一に，如何なる実際的段階を踏み出す以前に，候補となるセラピストが予定のグループについて少なくとも長いセッションを費やし（2 時間かそれ以上），一度討論するのがきわめて有益であることがわかっている。次にあげる主題が最も適切で，関連しているとわかった。

　1.　治療状況の**構造的側面**を討議する。それはセラピストのその側面の見方，患者が彼らの状況から見るだろう見方，そして討議参加者の見方で討議する。〈権威〉状態は〈権威図〉を描くことで，できるだけ完全に要因ごとに分類する。これは患者から始まり，その論理的結論の帰結まで行くと合衆国の大統領，そして究極的には有権者で終わるかもしれない。それぞれの階級の個々人の推測上のファンタジーはプロジェクトに関連するので，議論がなされる。例えば，事業が連邦の資金を受けた機関の出資を受けていたら，その繋がりは患者，彼らの親族，彼らの医師からセラピストとそのスーパーバイザー，局長，経営理事会，保健・教育・福祉長官，合衆国大統領にまで行くかもしれない。この繋がりの一人ひとりがこの治療プロジェクトで何が〈良い〉のか，何が〈悪い〉のかとする一連の仮定に寄与している可能性がある。セラピストはこれらの仮定に意識的または前意識的に気づき，彼の行動に起こりえるそれらの影響を明らかにする。

　このように治療グループで起こることは，この繋がりの中の個人あるいは全員を動揺させる可能性をもち，それは地域の不安のみならず国益に関することも事実上ありうる。例えば復員軍人援護局はこうした遠隔的影響に特に影響を受けやすいので常にそれを意識しており，そのどれもが治療の自由度に対する潜在的なブレーキとなる。セラピストのプライベートな計画や関心には，患者の福祉の観点と同様に，財団法人，大学，そして他の公的機関の関与も考慮に入れなければならない。通常，開業医のグループはそれらの影響で汚染されることが最も少ない。多くのセラピストは，州知事や合衆国大統領に文書を書かなければならない公的機関の患者たちを持っているので，このタイプの分析を論理的結論まで到達させることは学問的興味を超える。

　2.　治療の**目標**を討論する。有望なセラピストでもしばしば，自分自身が本当にしようとしていることを系統立てて説明するのがいかに難しいかを知って驚く。患者の何を治そうとしているのか，患者の行動の変化にどのような影響を与えようとしているのか，そしてセラピストと患者はこれらの目標が成し遂げられたとき，成し遂げられなかったとき，それをどのように知るのか？　この関連において，曖昧な定義，偽善的，または純粋に概念的なゴールは実行可能な処方に変えようという活発な質問を受ける。奇妙な話だが，医学訓練を受けているにもかかわらず，これに関して精神科医はしばしば医学訓練を受けていないセラピストと同じくらい感傷的になるので，こき下ろすような酷評の前では，その感傷的な鈍い言動を鍛えることが必要だ。

　3.　構造分析は，提案されているグループに関してのセラピスト自身の**動機づけ**と幻想への取り組みだ。最初に，彼は当然「成人」の公式を示すだろう。そしてこれらから，彼のもとに自発的に来る他のものとともに「親」の要素が注意深く分解される。最終的に彼が気づいていて，話してもよいと思う「子ども」の動機のいくつかが述べられる。セラピストの自発的心理ゲームと学習した心理ゲームの両方が再検討され，未来の患者へ

の影響の可能性が議論される。このように，初心者は〈助言的な〉姿勢，
〈……をしてみたら，はい，でも〉の心理ゲームをする傾向にあり，彼は
K 教授の規則に従って心理療法を，または，Y 氏の規則に基づくグループ
セラピーをすることを学んでいるかもしれない。

　4．患者の**選択**を，特にセラピスト側の自閉症，恐怖症，あるいは紳士
気取りの態度に特に注意して討論する。

　有望なセラピストが自分の実務へのそのような厳しい審査に対し，完全
に無頓着でいるのは容易なことではない。この状況は，グループがまだ開
始前で彼の言うことは何も約束または**既成事実**を意味せず，すべてはさら
なる検討に委ねられるという事実によって緩和される。実際のところ，ほ
とんどのセラピストはそのような予備的な検討をありがたく思い，それが
最終的に患者の前に座るときに役立つと感じていることがわかっている。

4．患者の選択

　選択についての従来型の考え方は，次の一般的な形態に象徴される。そ
れは，〈選択のための基準は良い（Good）〉ということだ。〈良い（good）〉
という言葉の頭文字は大文字で書かれる。なぜならば，この前提は含蓄的
で，ほぼいつもそのまま信用されているからだ。経験の浅いセラピストが
それに疑問を呈することはほとんどない。しかしながら，その意味の慎重
な調査はこの立場とは逆の結果をもたらした。それは，〈選択の基準が良
いことは滅多にない〉だ。それは通常セラピストの個人的な偏見に支配さ
れるので，彼がもっと自信をつけて考え方を変えるか，より学びを深める
までは正当に応用できるが，専門家の力不足の兆候とみなすのが一番良い
だろう。

　交流分析は神経症，性格異常，弛緩性精神病（訳注：病状が重くなった
り軽くなったり，一定しない統合失調症），境界性事例，性的サイコパス
（訳注：性犯罪を犯す反社会性のケース），夫婦，情緒障害児の親，精神遅

滞のグループで十分に試されているので，これらの分野のひとつで成り立つグループの形成についてはかなりの自信を持って引き受けることができる。さらに，交流分析は年齢，症状の重篤さ，精神病治療の経験，社会階層や知性に関わりなく，最初の5つの部類からの〈無作為〉の取り合わせを含むグループで効果的だと証明されている。したがって，そのような混合のグループもまた実践的な仕事とみなされるだろう。この方法は急性期の精神障害者，アルコール依存症，麻薬中毒者，受刑者，と他のより特殊な事例のグループでは，十分に証明されていないが，そのような患者たちとの試みに躊躇する理由は何もない。（これらすべての種類の試験的なグループは，種々の公的施設で確立され，それは〈心身症〉患者でも試行されている。）

　概してグループでの患者の態度を，彼の日々の生活や個人面接の態度から確実に予測することはできない。精神遅滞の抑うつ患者はグループでは必ずしも精神遅滞ではなく，妄想に駆られるパラノイドの患者も，グループに自分の妄想を手に負えない不穏な要因として持ち込むとは限らない。ある既定の事例でこれを確定するにはそれを試してみるしかない

　交流分析は，科学的会議や文献で頻発する主題の2つの問題への対処として特に有益なアプローチだ。

　1.　〈独占者〉の〈問題〉は心理ゲーム分析に精通するグループで驚くべき能力をもって対処される。

　2.　沈黙はそのようなグループでは解決されるべき〈問題〉から，研究すべき現象へと転換する。ここでの問題は〈**言葉による対話**〉ではなく，〈相互作用〉とは何**なのか**だ。

　セラピストが持つ選択の基準が少なければ少ないほど，彼が学ぶ可能性は高くなる。そのような基準は大抵，「私は自分が安心してできる心理ゲーム，または私がしたいと思う心理ゲームをする患者だけが欲しい」を意味する。彼のグループに〈合わない〉患者を招くことで，彼は新しい心理ゲームを学ぶだろう。最悪でも基準は単なる上流気どりを基盤とするだろ

う。

　しかしながら，特定の患者への特定のグループの選択は，構造用語で合理的に記述が可能な基準を提供する。一定の弛張性統合失調症患者やショック療法後の精神障害者では，セラピストの純粋に分析的な「成人」アプローチは少なくとも最初は禁忌かもしれない。そのような患者は，セラピストが「成人」よりは「親」として主に機能することを選ぶ特別なタイプのグループに入れられるだろう。今までのところ，これが交流分析のグループに適切なものとしてはっきりしている唯一の合理的な基準だ。

5.　初期段階

　ここで 2 つの臨床事例を提示する。ひとつは交流分析の前置きの段階を描き，もうひとつは社交コントロールの確立を示す。

　Q 先生は，1,000 人程度の患者のほぼ全員がグループ療法に参加している州立病院に，コンサルタントの役目で招かれた。セラピストによってさまざまなアプローチが使われていた。それらは，教訓的，分析的，連想的，〈相互作用〉，〈支援的〉，〈ホットシート〉（註：ゲシュタルト療法の用語。グループのメンバーのひとりが椅子［ホットシート］に座り，ワークをする），そして除反応だった。患者のほとんどは性的サイコパスで，目的は彼らを安全に釈放するためのリハビリテーションだった。Q 先生の最初の一歩は，都合の良い時間にあるグループミーティングを参観することだった。グループには，Q 先生が前に診たことのない約 20 人の男性患者がいた。彼らはそれ以前に 6 回会っていて，ミーティングは 1 時間と予定されていた。Q 先生の最初の目的は，単に物理的配置や病院で使われている基本手順を知ること，そして男性たちの一般的な態度を観察し，彼らがグループ療法のプログラムについてどのように考えているかを知ることで，自分が貢献できるのはどこなのかを見つけることだった。席図は図 15 に示す。

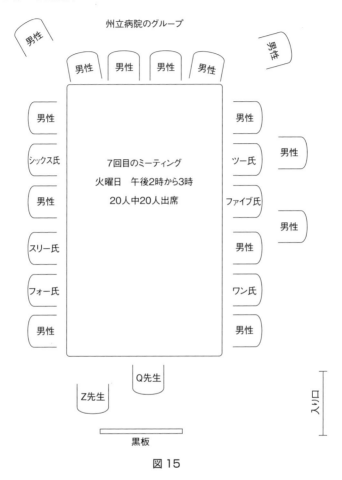

図 15

　担当セラピストのＺ先生はＱ先生をコンサルタントと紹介し，そして不意にＺ先生は，Ｑ先生が自分よりもグループ療法についてよく知っているので，ミーティングをＱ先生に任せると述べて自らの責任を放棄した。それからＱ先生は，自分はグループ療法プログラムを手助けするためにそこにいるので，男性たちがグループ療法についてどのように考えているかわかれば，どのように役に立てるかわかるだろうと述べた。

　彼らは非常に熱心に反応し，メンバー各々が，グループは今までに自分

たちに起きた最良のことで，初めて生きるということを知った，以前は各
自が小さな世界にバラバラに住んでいた，皆が自分の敵だと思っていた，
あるいは皆が自分に用心していたのに対し，今は人のことを知れば好きに
なることもでき，相手も自分を受けいれることを知ったなど，他にもその
ような称賛の発言をした。彼らはまた，手順については特定のグループセ
ラピストに対して不満があり，これらを同じような力強さで述べた。Q 先
生は 20 分ほど静かに聞いていた。そのうち，ワン氏（Mr. One）という
人は自分自身と自分の人生を客観的に見ることを学び，それについてもっ
とはっきりと考えられるように自伝を書いたと述べた。「それらのいくつ
かはよく筋が通っていたが，いくつかは突飛な感じがした」というのが彼
の要約だった。その男性たちはこれを日常の言葉で 2，3 分間話したが，
それから Q 先生はワン氏に尋ねた。

　「筋が通っているものもあったし，突飛な感じがするものもあったと言
ったのは，どういう意味ですか？」

　「つまり」とワン氏は答えた。「すぐわかったこともあったのですが，い
くつかのことは子どもの時のようなわかり方だったのです。私は父の車を
借りるときはスピードメーターの接続をよく切ったものです。そうすれ
ば，父には気づかれないからです。それが子どもがやることです。父は私
によくそういう風に感じさせたのです，子どものように。私が大人になっ
てからもそうでした」

　「私も同じように感じたものです」と他のメンバーのツー氏（Mr. Two）
が言った。「私が自分で生計を立て始めた後も，家に足を踏み入れて，親
父が座っているのを見ると，私はまた自分が子どもになったように感じま
した」

　男性たちは活発に「私もです」という一連の発言で時間をつぶし始め
た。彼らの何人かは，父親の前では大人と感じることの困難さを話した。
父親たちは，彼らをいつも子どもであるかのように感じさせたのだ。年齢
が上の男性たちにとってこれは思い出話の形だったが，若い者たちにとっ

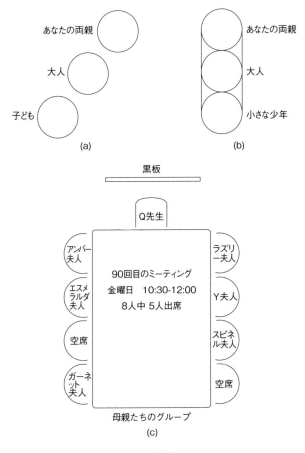

図 16

てはもっと差し迫ったことだった。参加者で最も若い男性は，やっと 21
歳のスリー氏（Mr. Three）で，彼の場合はそれが母親だった，と言った
時に切り替えが起こり，これにもまたいくつかの「私もです」があった。

　Q 先生は構造の枠組みを紹介しようという考えを持って部屋に来た訳で
はなかったが，これは見逃すべきではない好機だと感じた。彼は黒板に行
き，図 16(a)のように 3 つの丸をバラバラに描いた。

　「皆さんは 3 つの異なったことについて話しているように思われます」

と彼は意を決して言った。

「ちょうどこの３つの丸のように。ひとつはあなたが家で感じるような子ども，ひとつはあなたがなりたいと思い，外ではそうである大人，そして３つ目はあなたを子どものように感じさせるあなたの親です」

「それは全くその通りです」。ワン氏が同意をした。

「あなたが言っていることには一理ある」とツー氏が言った。

「私が子どもだったある時，覚えているのは……」と小さい時の長く詳細な話を始めた。Ｑ先生は彼の話し方から〈重要な資料を掘り起こそう〉としていて，この〈考古学〉という心理ゲームが彼らのいつものセラピストであるＺ先生の指導のもとでグループが習慣化していたものだ，という印象を受けた。Ｑ先生は2，3分聞いたあと言葉を遮った。

「私はこのグループには一度しか来ないので」と説明した。「詳細に入るより，私たちはあなた方がこれらすべてについてどのように感じているか，という主題にとどまった方がよいのではないかと思います」

「それについておかしなことは」フォー氏（Mr Four）が言った。「大人として自分の人生を生きているときでさえも，どっちみち，時として子どものように振る舞うのです」

「そもそも，それが我々をここに連れてきたものだ」。ファイブ氏（Mr. Five）が言った。

「私がひとつ言えることは」とシックス氏（Mr. Six）が言った。「私は家から離れているときでさえ，彼らがそうしてほしいと思うように振る舞っている」

これら２つの観察についてのいくつかの確認作業の後，Ｑ先生は再び介入した。

「私にはどちらかと言うとこんな風に見えます」と彼は黒板に描いた構造図，16(b)を指さした。「あなた方は大人になってからも小さい時の自分を自分の中のどこかに持っていて，たまにそれがパッと飛び出すように思われます」

「そこに彼がいることさえも長い間気づかないかもしれない」。フォー氏はかなりの思い入れを込めて言った。「そしてある日，あたり！　もううんざりだ」

「そして両親がいないときでさえも」Ｑ先生は続けた。「あなた方の何人かは，どこに行こうとも自分の中に彼らを持ち続け，あなた方の誰かがすでに言ったように，それがあなたの振る舞い方に関係しているのです。したがって，もし大きな楕円があなたの人格だとすると，一番上の円はあなたが頭の中で持って歩くあなたの母親と父親で，真ん中の円はあなたがそうであり，そうなりたいと思っている大人で，一番下の円はあなたが家に戻ると出てくるか，どっちみち出てきてあなたをトラブルに巻きこむ小さな少年かもしれません。しかし，もし彼があなたを時々トラブルに巻き込むとしても，彼から引き出すことができるたくさんの良いことがあり，近くにおいておくには良い子どもであることを忘れずに，彼を〈子どもっぽい〉と呼んで，追い払おうとしないように。すべきことは，ちょうどあなたが本当にその子だった時に両親に自分をわかってほしいと考えたように，彼を理解しようとすることです」

「それはよくうなずけます」とシックス氏が言った。

「それでは」とＱ先生は言い，「時間がきたようです。私は知りたいと思っていたことがわかりました。Ｚ先生，彼らに何か話したいことはありますか？」

Ｚ先生は首を振った。

「皆さん，来てくれてありがとう」とＱ先生が言い，「また，お会いできれば良いですね」

「先生，あなたにお礼を言います」と男性たちは言い，揃って出て行った。

Ｚ先生とＱ先生はすぐに，Ｑ先生がグループ療法の自分のアプローチについて講義をする予定のスタッフルームに赴いた。Ｑ先生はまず，Ｚ先生に今終わったグループについてスタッフに話すように頼んだ。Ｚ先生が

男性たちの不満を含んだ大まかな概要を話した後，Q 先生は尋ねた。

「もう少し詳細を加えてもいいですか？」

「もちろんです」と Z 先生は言った。

　それから Q 先生は，起こったことを全体に詳しく，ほとんどここに示した通りに話した。終わった後，彼は Z 先生に尋ねた。

「今話したことが実際に起こったことのまずまずの説明でしょうか，それとも起こったことについて，私の幻想が入っていたと思いますか？」

「それはすべて正しいと思います」と Z 先生が言った。

　予期された異議の発言は A 先生から来た。

「あなたは無意識の合図を送ったに違いないです」

「この事例では，私たちにはそれに答えるのに適任の観察者としての Z 先生がいます」ともうひとりのスタッフメンバーの B 先生が言った。

　Z 先生は頭を振った。「私はそうだったとは思いません」

「彼らは確かにあなたがほしいと思っていたものを簡単にあなたに渡したようですね」と C 先生が感想を述べた。C 先生は初歩的な構造分析の論文を読んでいた。

「それは無意識の合図が理由ではなかったと私は思います」と Q 先生は言った。「私の経験では，どんな患者あるいは患者のグループでも，最初の 1 時間，または他のどんな時間にでも注意深く耳を傾けたら，ほぼ必ず彼らが 2 つの思考の方法についての何かを挙げてくるのに気づきます。2 つの精神の状態，2 つの形の振る舞い，そしてそのひとつで彼らは当惑し，心配し，あるいはもう一方に関して非難します。私の考えでは，これは多種多様な患者とのすべての精神科の面談で最も定期的に起こる特徴で，それは唯一ではないかもしれないが彼らの共通する数少ないもののひとつです。さらに，患者たち自身は大体いつも，何らかの表現でそれらのシステムのひとつを，大抵は暗に批判的に子どものようなと言います」

「どちらにしても，私が彼らに無意識に合図を送ったかどうかについて議論する必要はありません。もし私がそれをしていたとしても私は構いま

せん。要は，もし私が無意識に合図を送ったのであれば，他のセラピスト
もしている，ということです。言うなれば，どのセラピストも，自分で知
っているかどうかは別として，自分の患者にどのようにグループセラピー
をしてほしいかを教えています。そこで問題なのは，そのひとつのやり方
が他のものより良いかということで，私のやり方がこれまでのところ一番
良い結果を出していて，それは私だけではないのです。私がひとつしたこ
とは，彼らが習慣としていたZ先生の仕方でしたいと思ったときに少し
制限を与えたことです。それは子ども時代の出来事について詳細に渡って
話をすることでした。その場合私ははっきりとすべきではないことを伝え
ましたが，すべきことについてはほとんど何も言いませんでした。彼らは
ただ自然に出てきたことをしたまでです」

　不思議なことに，この病院でQ先生が新しいグループの席に着くと，
どこでも決まったように〈子どもっぽい〉，〈未熟な〉，〈遊び回る〉や〈心
理ゲームをする〉という言葉が一度ならず使われた。

6. 社交コントロール

　次の例は，特に〈家族の心理ゲーム〉に関しての社交コントロールの確
立を示す良い例だ。それは精神障害のある子どもの母親たちのグループ
で，その90回目のミーティングの時の話だ。グループはその21カ月前
に，ある大都市の病院の精神科外来クリニックの小児科のインテークで，
ソーシャルワーカーがグループ心理療法から恩恵を受けるだろうと思われ
る8人の母親を選んで始まった。このワーカーは精神分析指向で交流分析
については全くか，あったとしてもほんのわずかな知識しか持っていなか
った。どちらにしても，その時点では交流分析はまだ初期の状態だった
し，彼女はグループ療法についても経験がなかった。彼女には参加者の選
択についての何の基準も提供されず，セラピストは反論や予備的な面接も
なしに彼女が選んだ患者の全員を受け入れた。そのグループが継続してい

る期間中，4人のシニアソーシャルワーカー，1人の社会心理学者，1人の開業している精神科医からなるグループ療法の研修生たちが連続して観察者として席についた。グループはテーブルを囲んで定期的に会い，必要なときには黒板が自由に使用された。

　治療計画は次のような段階を巡って構築された。構造分析，やり取り分析，心理ゲーム分析，社交コントロールだ。この90回目のミーティングには，そのグループの開始からグループに参加している4人の患者と，その15カ月後に始めた1人の患者が含まれていた。

　簡潔に，

　1．エスメラルダ夫人　30歳，以前に精神分析指向のソーシャルワーカーと何回か面接したが，グループに入ってからは個人セラピーは受けていなかった。

　2．ガーネット夫人　40歳，他のセラピストからの個人療法を全期間にわたって受けていた。

　3．ラズリー夫人　45歳，上と同じ。

　4．スピネル夫人　35歳，以前に治療は受けていなかった。

　5．アンバー夫人　あとからの参加者，40歳，上と同じ。

　5名は全員夫と暮らしていた。彼女たちの子どもは好戦的，孤立，破壊性というさまざまな行動障害，それに伴う不眠，恐怖症，そしてアンバー夫人の子どもは喘息の症状で苦しんでいた。治療の全経過を通して，禁止する目的では何も言われていなかったが，患者の誰もグループセラピストと個人では会わなかったし，誰も個人面接を求めなかった。

　予期されていたことかもしれないが，最初の2，3週間は〈PTA〉の心理ゲームをすることで占められた。しかし，女性たちが一度交流分析の原則を把握すると，彼女らは暇つぶしをすることの無駄さを理解し，グループで起こったやり取りを分析することに集中した。彼女たちのひとりがグループで語る必要性を感じるような未解決のことが何か家で起こったとき，彼女たちはこれもやり取りで扱い，最初は皆が夢中になっていた〈ど

うして……しないの，はい，でも〉という心理ゲームにほとんど時間を費
やさなくなった。それは，誰かが個人的な問題を提示したときには不必要
な提案をする代わりに，その出来事で関わった刺激と反応の構造的な発端
と動機を分析する方を選んだということだ。

　このミーティングの座席表は図16（c）に示した。もともとの説明はミー
ティングの直後に観察者との討論の後，彼らの前でセラピストが書き取っ
た。提示した型は示された要点を明確にするために簡略化し，無関係の事
項を切り取ったものだ。観察者によると，それは起こったことをほぼ説明
していて，セラピスト側の歪曲による影響がわかるものは何もなかった。
グループは今やさらに高度な段階に進展していたが，この特別なミーティ
ングはもっと穏やかな目標の達成を示していたので，セラピストはこの回
はいつもに比べてより活発だった。

　出席者は，時計回りに，ラズリー，Y夫人（観察者），スピネル，ガー
ネット，エスメラルダ，アンバー，Q先生（セラピスト）だ。

エスメラルダ：金曜日から気になっていることがあります。わたしは
　　テーブルを買いました。そして帰宅した時，私は満足していません
　　でした。私はここで学んできたことで考えれば，セールスマンが私
　　に売りたいものの代わりに，自分が本当に買いたいと思うものを買
　　えるはずだったのに，と思いました。「成人」は欲しいものを知って
　　いましたが，「子ども」はどうしてもセールスマンに抵抗できなかっ
　　たのです。

Q：それがセールスマンの仕事です。彼は顧客の「成人」を避けて「子
　　ども」に訴えかけるプロです。もし彼がそれを上手にできなかった
　　ら，その仕事には長く就いていられないでしょう。もし彼がうまか
　　ったら，顧客の「子ども」が彼の望むようにするようにあらゆる方
　　法を身につけています。

ラズリー：私は彼らの時間を無駄にした後，何かを買わないと恥ずか
　　しく感じます。

Q：なるほど，その「子ども」の弱さはあなたがすでに知っているように，他者が有利に使えるもののひとつです。あなた方はここでたくさんのことを学んできたので，その知識をもっと外で使うことを学ばなければならないだけで，買い物はそれを始めるのにとても良いところです。このグループの誰もが何かを売りつけられるべきではありません。あなた方はみな，自分が買いたいと思うものを買えるはずです。あなた方はただ「成人」のコントロールを維持して，セールスマンはあなたの「子ども」を捉えようとすることに訓練された熟練者だと認識しなければなりません。しかし，あなた方は自分の限界を知る必要もあります。もしセールスマンに対して自分の「成人」を10分しか維持できないと知っていたら，10分経ってまだ決心がついていなければ，「子ども」に乗っ取られるリスクを冒すよりも，むしろすぐにその店から引き上げるべきです。あなたはいつでも後で戻れるのです。そうすれば，治療中に自分の財政投資を最後には取り戻すことになるかもしれませんし，それは治療が本当に効いていることを伝えるのにとても良い方法です。けれども重要な点は，あなたが自分の知識をもっと使わなければならないということです。それについて話をするだけでは十分ではなく，私はあなた方がもうすでに前進する準備ができていると思います。

エスメラルダ（最初は内気でグループではほとんど話さなかった混乱した女性）：私の娘のビーは意気消沈しています。そして，私はそれが何だかを知っています。それというのも，先週彼女は私にこう言ったからです。「お母さん，私とブレンダはお母さんとお父さんがもう喧嘩をしなくなったと気づいて，私たちは何か良くないことがあるのではないかと思っているの」。それは，私が自分の心理ゲームを変えて，夫ともう〈大騒ぎ〉をしないようになったからだと思います。子どもたちは私たちが喧嘩をすることを期待していて，私たちが喧嘩をしないとガッカリするのです。私は彼女がそれをどうにか

するのを助けなければなりません。

Q：彼女の脚本が喧嘩する2人の両親を求めているという意味ですか？

エスメラルダ：はい。それはあまり建設的な脚本ではありませんでしたが，彼女にとっては驚きのない安心していられるものだったのだと思います。でも，今やそれがなくなってしまい，彼女はどうしていいかわからないのです。

Q：私たちがちょうどここで気づいたように，脚本が中断すると人は混乱し，落ち込んで，おそらく少し怒ります。

エスメラルダ：はい，その通りだと思います。そして私は，何らかの形で彼女がもっと建設的な脚本を見つける手助けができると思います。

ラズリー：あのー，私は息子と喧嘩をして夫にその不満を言うか，あるいは夫と喧嘩をして息子にその不満を言うかをせずにいられないということに気がつきました。しばらくして，すべてがうまくいっているときに，私がしないではいられないことはそれなのです。

Q：いつか，あなたの「子ども」がどうして物事がうまくいっているときに揉め事を引き起こさなければならないのかわかるかもしれませんね。ところで，あなた方が話しているのは3つの部分，つまり〈それ〉の人，彼女が喧嘩をする人，そして彼女が不平を言う相手がいる切替え可能な脚本です。彼女が喧嘩をする人と不平を言う相手は切替えが可能です。おそらく3つ目の部分も切替え可能だと私は思います。ラズリー夫人はもしかすると〈それ〉の代わりに，時々他の部分のひとつを演じるのかもしれません。もしかして彼女は不平を言われる人か，または不平を言う人を演じるかもしれません。つまり，おそらくこれは家族全体の脚本で，誰もがどの部分をも演じることができ，それが家族生活をなす重要な一部だということです。ラズリー夫人は起こっていることがそれなのか気をつけて見るべきだと私は思います。

アンバー：私は今日あなたに話したいことがあります。私も喧嘩をするのが好きです。それが娘と喧嘩をする理由です。

Q：（笑いながら）ついにあなたが喧嘩をするのが好きだと認めて，嬉しいです。

アンバー：私は興味を持ち続けるために誰かと喧嘩をしなければならないのです。

Q：ラズリー夫人のように，ですか？

この時まで，アンバー夫人はグループでの自分の活動を論争することと，その後でグループが彼女を論争的だと非難するのに対して，自分を守ることのみに限っていた。彼女は特に娘の喘息はアレルギーが原因である以外にないという主張に熱心だった。この時，適切な対応と注意深い質問で彼女の娘との〈喧嘩〉の経過が引き出され，アンバー夫人とグループに娘の脚本が次のように提示された。分析はこうだ。

最初に子どもが異常に活発になる。これはお母さんをイライラさせ，彼女を叱る。お母さんが十分にイライラさせられると，子どもは喘息の発作に陥る。これが母親をさらに怒らせる。この後，母親は自分に腹を立て，後悔して子どもに謝る。これが脚本の終わりで，その後発作は通常の回復の経過をたどる。

Q：ここには，アンバー夫人がこれは本当に脚本かどうかを試すために実験できる点がいくつかあります。もし彼女が娘の脚本に従わないと，それがもし本当に脚本だったら，娘は心配になるはずで，これが脚本かどうかを見つける最善の方法です。例えば，もしアンバー夫人が彼女の異常な活発さを叱らず，何か他の方法で対処したら娘はどうなるでしょう？

アンバー夫人：言い換えると，つまり私は見て見ぬ振りをすべきだということですね。

エスメラルダ：先生が言っているのはそういうことではありません。先生は，彼女の脚本が要求していることをしない，ということを言

っているのです。

Q：その通りです。あなたはそれを見過ごしたり，あるいはそれと同調
したり，それを励ましたりすることもできますから，それが彼女の
期待しているものでない限りはどれでも，あなたに一番合うことを
すればよいのです。もうひとつあなたが実験できる点は，彼女が喘
息になったときに怒らないことです。そして3つ目の点は怒っても
後悔しないこと，あるいは少なくともそれを彼女に見せないこと，
あるいはあなたが後悔していると彼女に知られないことです。もし
これが脚本であなたがそれを中断したら，彼女はそれを続けられな
いので落ち込むか，あるいはさらに異常に活発になるか，喘息を悪
化させることにがんばるか，一番良いのは彼女が単純にハッと我に
返ってそれについて考えることで，そうしたらあなた方は本当にい
い線をいっています。

エスメラルダ：でもそれを1回するのでは意味がなく，あなたは彼女
のやり方ではしないと彼女がわかるまで，何度も何度も異なったや
り方でしなければなりません。

スピネル：私は息子の心理ゲームをもうしないので，うまくいってい
ます。彼は先日やって来て，言いました。「僕はヤクザ者のダルトン
を演じる」。そして銃を持ち，ハンカチで顔を覆いました。私は以前
していたように大騒ぎをする代わりにそれをただ無視したら，最後
には彼はハンカチを投げ捨てて，出て行きました。

Q：これは心理ゲームがどのように機能するかというとても素晴らしい
例です。スピネル夫人の息子の「成人」は「僕はダルトンを演じる」
と言いましたが，彼の「子ども」が本当にやりたいのは〈大騒ぎ〉
です。彼女が〈大騒ぎ〉を演じないと，彼は他の心理ゲームも諦め
ます。

（これは交流分析的に話せば，1年間ずっと〈怠慢な〉息子にどう対
応したらいいかと必死にアドバイスを求めていたスピネル夫人とは

全く別人だった。）

Q：ガーネットさん，今日はあまり発言していませんね。

ガーネット：私の夫はまるで子どものようで，これまで私はそれに調子を合わせてきました。

Q：もしかすると，それ以上かもしれません。あなたは時として，彼がそうなるように挑発さえしているのかもしれません。もしそれがあなたと彼の間の心理ゲームなら，あなたはきっとそうしているのでしょう。もしあなたと彼が〈家〉という心理ゲームをしているなら，彼と同じぐらいあなたもそれを必要としているに違いありません。

ガーネット：私はいつも彼の半熟卵をカップに割ってあげていたのですが，私は彼の母親を演じるのを止めることに決めて，卵を割ってあげるのをやめたら，彼はとても腹を立てたので，私は怒りを感じました。それで，彼に合わせることが私を怒らせるのだと初めて気づきました。今や私はさらに彼の母親を演ずるのを拒否するので，彼はますます腹を立て，私は毎回もっと怒ります。

スピネル：あなたも何かを発見したようですね。

Q：しかし，それについては少し考えたほうがいいですね。彼の脚本が中断されると彼は憂鬱になり，どこか他に頼れるところがない限り，彼は別れたいと思うかもしれません。あなたはあまりやりすぎないほうがよいかもしれません。

ガーネット：うーん，彼には頼れるところがあります。彼は以前，治療のためクリニックに来ていて，いつでも戻れることを知っていますから。

Q：それなら彼には去る以外の逃げ道があるので，あなたが調子を合わせるのを拒否してもおそらくまあまあ安全でしょう。皆さん，このセッションは私にとって特に興味深く，それで私はいつもよりもよく話をしています。あなた方皆さんはすでに，私が示そうと目指していた通りのものを学びました。あなた方はそれぞれ自分の「親」，

「成人」,「子ども」について何かを知っているので, それらを見分けられ, 家であなた方がする心理ゲームのいくつかを理解することができています。それは, あなた方がこのグループで自分たちが演じるのを見ていたのと同じ心理ゲームです。そして, エスメラルダ夫人が今日ここで示してくれたように家族すべてがこれらの心理ゲームに関わっていて, もしひとりが演じるのをやめると, 子どもたちを含む全員が混乱します。だから今皆さんの子どもたちについて話すことが初めて役にたつのです。どうしてかと言うと, 今や私たちは何について話しているか, 本当の問題は何なのか, そしてそれらについておおよその理解を得るためにどのように話すことができるかを知っているからです。気づいていると思いますが, 家族について最初にあなた方が話した仕方とはかなり異なります。2, 3カ月前に私が留守だった時, 私抜きに自分たちだけで会った時のことを覚えているかもしれませんが, そのセッションであなた方は時間を埋めるために再び〈PTA〉をして, 皆さんは自分たちでそれは時間の無駄だったと決めました。

スピネル：あのー, 今度こそは夫もクリニックに来るのに前向きになるかもしれないと私も思います。それは可能でしょうか？

Q：つまり, このグループを夫と妻が一緒に席に着く, 夫婦のグループにするということですか？

ラズリー：それができるのなら, 私の夫も来るかもしれません。

Q：よろしい, それではご主人たちが○○さん（インテークのソーシャルワーカー）に連絡したら, どうするか考えましょう。

ラズリー：私の夫は, 自分ではやらないと思います。私が彼の代わりにしなければなりません。

Q：では, まあ誰かがそのことについて何かをしたいと思うのであれば, 話すべき人は○○さん（インテークのソーシャルワーカー）です。

〈グループ後の討論〉

出席者：観察者の Y 夫人。セラピストの Q 先生

Y：あなたは確かにいつもよりよく話しましたね。

Q：私は本当にこのミーティングでかなりワクワクしていました。それは 21 カ月間のワークのまさに頂点でした。そして私は，この治療グループにはかなりの功績があると思います。彼女たちのうちの 2 人は個人セラピーを受けていましたが，その方向性はかなり異なっています。

Y：彼女たちはとても正確で技術的な知識を得たように思われますし，彼女たちはそれをある程度応用しているように思われます。しかし私が一番感動するのは，部屋を出た後の彼女たちの熱意です。私は彼女たちがコーヒーショップでそう言うのを聞きましたし，彼女たちのうちの何人かはそれを○○さん（インテークのソーシャルワーカー）に伝えたのです。アンバー夫人がいかにやり遂げたかに私は驚いています。彼女がそれを最後までするかどうかあなたが疑問を持っていたのを私は知っています。ひとつラズリー夫人がしがみついているのは夫との関係です。

Q：はい，それは対処が難しいでしょう。これまでのところ彼女はすべてうまくこなしてきましたが，彼女が彼を守っていることに対処するところまで私たちがやって来ると，彼女をうろたえさせるのではないかと心配しています。彼女は 2 種類の〈家〉を演じています。ひとつは私が彼女の父親であるもの，そしてもうひとつは夫が小さな少年であるものです。

Y：ひとつ私が不思議に思っているのは，彼女たちの行動の変化が本当に彼女たちの実際の子どもたちに影響を与えているのか，ということです——しかし，そこにはとてもたくさんの変数があるので，その側面を詳しく述べるのは公平でないように思われます。

Q：それは誰かやりたいと思う人にやってもらいましょう。何人かの女

性たちがそれはそうだと言っている事実が，この段階では私たちにとっては十分です。

7．さらなる進歩

　これらの女性たち（おそらく，後から来たアンバー夫人は除く）は多くの状況で何をしているのか，そしてグループ療法で何を達成しようとしているのかについて，かなり明確な考えを持っていることが治療記録から明らかだ。いくつかの事例では，毎日の社交コントロールと家族力動の兆候がある。臨床的には恐怖症回避の減少と，より世の中と関わった生活，社会的関与のコントロール（回避ではなく）を通しての症状出現の減少があった。行動パターンはもっと随意的だった。以前は無益で不快な結末に向かう，厳しく，認知されない，型にはまった進歩で，それは親密な間柄の相手との相互の行動化（心理ゲーム）に関係する臨床上の症状の促進を伴った。これは今や意識的な介入と結果の先見の明により止めることができる。最初の動きか，あるいはアンバー夫人の娘との関係で示唆されたように，その後に続く重要な時点のどこかでだ。「成人」は運動でより強くなるある種の筋肉のように扱われた。彼女たちの進歩はこの考え方を正当化した。治療が続くと，「成人」はどんどん上手に「子ども」をコントロールできるようになり，形式的な関係だけでなく内的「子ども」と内的「親」の葛藤にも介入できるようになった。改善した社交的経験の「成人」へと同じく「子ども」への治療的な効果も過小評価されるべきではない。同時に，患者たちがもともとグループに来る興味の一番のきっかけとなった子どもたちを含む，彼らの親密な関係の人との間の社交と症状の改善があった。

　これらの改善自体は，その状況下で特筆すべきものとみなされないとしても，セラピストにとってそれらは大きな関心事だった。なぜならば，それらは彼が初期目標を，予測や明確さ，通じやすさ，そしてコントロール

を伴い達成したことを意味し，また特に，彼は最後の3つをあらゆる段階
で患者と共有することができたからだ。

　91回目のミーティングで，セラピストからの提案なしで患者自身が，
外的利得（一次的，二次的，社交的，生物学的）の学習から内的利得の学
習に重点を変え始めた。

　　ガーネット：先日私はバスタブを洗いながら幸せで鼻歌を歌っている
　　　時に突然，「もし息子が殺されたらどうしよう？」という考えが浮か
　　　んだのに気づきました。私は手を止めて，どうしてそのような考え
　　　を持ったのか自分に尋ねてみたら，私は幸せで，それを台無しにし
　　　なくてはならないということに耐えられないのだと気づきました。
　　　そして振り返ってみると，私は同じことを以前に何度もしていて，
　　　私にとってはそれが本当の問題だったことに気がつきました。これ
　　　まで気づいたことがありませんでした。

　　ラズリー：私もそれをしますよ。

　それから，グループの他の人たちも討論に参加して，このようにグルー
プ全体の注意は，以前の投影や先入観から彼女たち自身の個人の精神力学
への本当の興味へと転換した。ラズリー夫人やアンバー夫人が示した心理
ゲームや脚本は，今や他の視点から見られている。最大の外的利得を生み
出すように意図されている社交作用とみなす代わりに，それらは内的利得
のための内的葛藤に対処するための試みとして追究することもでき，隠さ
れた性的満足，安心感，そして防衛としての機能が表面化した。（〈防衛〉
または〈安全作用〉と一般に呼ばれているものには，直感的な満足を提供
したり引き出すという，それと同様か，もしくはより重要な機能がある。
さもなければ，人々はお互いにほとんど全く話し合いをしないだろう，な
ぜならばほとんどの事例で最も良い〈防衛〉は沈黙だからだ。）最初の90
回のミーティングの間にこの女性たちがグループで得た知識と経験は，そ
れ自体が治療の目的を達成するのに役立っただけでなく，それはまた彼女
たちをこの新しい取り組みへと準備させた。

〈精神分析〉のグループセラピストは従来型の路線で進むことにむず痒さ（そしてこの説明を読むことでさえも感じるかもしれない）を感じたかもしれないが，著者の経験では，これはこの段階においても最も有益なアプローチではない。それゆえそれに続く治療は，特に次のような点に配慮した高度な交流分析を基礎とする。

1. 各事例でのより多くの心理ゲームの出現。表面的にはそれぞれの心理ゲームは異なったように見えるが，結局は各々の患者に特有の類似する中核部があることがわかる。

2. 当初は患者が時々やると認識するある心理ゲームが，じきに彼女がほぼ継続的に同じ人々と毎日，一日中するものとして浮かび上がるという事実。

3. そのような心理ゲームが本物の長期にわたる脚本との関連でプロトコル，脚本そのもの，脚色の３つのすべての側面にもつ適切性。

4. 第二次構造分析（16章を参照）

例えば，アンバー夫人がグループで演じた捉えにくい心理ゲームは長い間認識されなかったが，一度それがわかると，すべての時間を通して彼女がそれを何回も繰り返すことがすぐに明らかになり，他の母親たちがアンバー夫人の娘のような12歳の少女への影響を想像するのは難しくなかった。その心理ゲームは〈コーナー〉で，それは次のように要約することができる。「さて，私はあなたの質問に答えたけど，あなたは言葉を失っているわね，あなたが言えることは全く何もないのです」。彼女はこれをとても多くの異なる方法で演じたので，彼女の対抗者を黙らせるという共通の要素は長い間気づかれなかった。これは，彼女と彼女の父親対母親，または彼女対両親とのエディプスコンプレックスのプロトコルと関連し，彼女の姉妹に対して優位に立つためだった。まもなくこれは構造的に，「子ども」の中の賢い「成人」（二次構造分析）の要素である彼女の「教授」だと突き止めることができた。この事例でその〈教授〉は，イエズス会的かタルムード（訳注：ユダヤ教の律法，道徳，習慣などをまとめたもの）

の教授，詭弁と決疑論の博士だった。

8. 脱　退

　治療グループ（または他のどのグループでも）からの脱退は個人の心理ゲームの進捗による。母親たちのグループから離脱したメンバーは7人いて，それはさまざまな理由によって彼女たちの心理ゲームが十分に前進しなかったので，その結果として起こる不安に彼女たちが耐えられなかったからだ。この状況は2つの単純な例で説明することができるだろう。

　ヘイ夫人はクリニックの経験豊かな患者で，彼女自身と精神科医がグループの残りの人たちを対象にした〈精神科〉を演ずることを願った。当初自分が何をしているのかわからなかったセラピストはそれを辞退すると，すぐに彼女はもうこれ以上ベビーシッターを雇う余裕はないので脱退する，と宣言した。彼女からそれ以降連絡はなかった。

　バーブ夫人は，〈それって酷くない？〉を演じようとした偏屈者だった。彼女は心理学的には「親的」なリンチをする人で，子どもを殴る人だった。彼女は，グループがそれを演じるのを拒否すると，口を閉ざして去っていった。

［注　釈］

　私は，アタデロ州立病院のスタッフの治療的なコミュニティープログラム参加に招待されたことに対する恩義についてはすでに述べた。90回目の母親たちのグループの観察者は，当時サンフランシスコ成人ガイダンスクリニックにいたエルサ・ジソビックさんだった。後半段階の観察者は，コントラコスタ郡社会福祉局のバーバラ・ローゼンフェルドさんだ。

　グループ療法の物理的側面は討議中の主題には無関係だが，簡潔に触れておく。過去2年間，母親たちのグループは机なしで小さな円になって座って話を

し，やり取りはおそらく古い配置に比べるとより直接的だっただろう。グループ療法の最良のサイズは，1928年に最初の力動的な心理療法士であったトリガントバローが10名と実験的に設定した[2]。今日ほとんどのセラピストは8人を好むように思われ，これをさらにあえて6人に減らす人もいる。8人のグループでは1時間のセッションは少し短く，2時間では不必要に長い。私はこれらの問題についてはどこか別のところで詳細に論じている[3]。

　4年間続いた母親たちのグループにはその間17名の女性たちが参加し，そのうちの7名は何の洞察を得ることもなく脱退したが，それは予期した比率よりも僅かに低かった[4]。

　グループ療法について最も知覚力が鋭く，想像豊かな著述家のひとりであるバックは，何年か前に治療グループでの心理ゲームに関連するいくつかの原則を独自に観察した。特に，彼が〈お膳立てされた実施〉と呼ぶ防衛的な機能よりも，むしろ生み出される満足度を強調した。彼が〈接触作用〉と呼ぶものは，ここで〈関与〉と呼ばれているものにかなり一致する[5]。

参考文献

1) Berne, E. "'Psychoanalytic' versus 'Dynamic' Group Therapy." *Internat. J. Group Psychother.* X：98–103, 1960.

2) Burrow, T. "The Basis of Group-Analysis." *Brit. J. Med. Psychol.* VIII：198–206, 1928.

3) Berne, E. "Principles of Group Psychotherapy." *Indian J. Neurol. & Psychiat. 4*：119-137, 1953.

4) *Idem.* "Group Attendance：Clinical & Theoretical Considerations." *Internat. J. Group Psycother.* V：392-403, 1955.

5) Bach, G. R. *Intensive Group Psychotherapy.* Ronald Press Company, New York, 1954.

交流分析の最前線

読者にはここまでの内容を完全に自分の支配下に置くまで，このセクションへの猛攻撃を
延期することを強く勧める。

第16章　パーソナリティのより詳細な構造

　ここまで見てきたパーソナリティの構造は，それらが著者の着想が臨床構築の第一段階に良い結果をもたらしたのと同様に，セラピーでの治療が継続中は適切だという可能性が高い。しかし，平均以上の興味をもった観察者が基本的な構造分析の臨床応用を身につけた後には，さらなる展開が望ましいことを示す複雑性に気づき始めるだろう。

　デューター氏[A] は 23 歳の患者で，次のような夢を報告した。「私は，自分が親指しゃぶりをしている小さい男の子[C]の夢を見ました。でも，そうするには大きすぎると自分で感じていて，母がそうしている私を見たら，何というか心配でした。私は母をだますことに対しては常に罪の意識[P]がありましたから」

　「成人」[A]が夢に関係があり，その中に登場するのは「子ども」[C]，彼に母親をだますことへの罪の意識を持たせたのは非難する「親」[P]だということは明らかだ。夢自体は実際の子どもを観察することで解決できる構造の問題を持っている。

　小さな少年は，4 歳の時に妹が生まれてから親指しゃぶりをし始めた。彼の母親は，アーロンが親指しゃぶりを 2 歳まではしていたが，新しい赤ちゃんが登場するまではその癖は止まっていたと述べた。アーロン自身もそれは正しくないことで，自分でもそれをするには大きすぎると思っていたが，いつも物事がうまくいかなくなると，親指しゃぶりをした。妹は今3 歳で，物事がうまくいっているときは，2 人の子どもは親しげに一緒に遊んだ。アーロンは妹に，ブロックで物を作るやり方やゲームの遊び方を

教えた。妹があまりに元気いっぱいで，散らかしたり不注意になると，彼は「君はそうしちゃいけないよ。持ってきたものは，持ってきたところに戻さないといけないんだ」などと言った。母親はこのようなことを訪れる人々に言ったので，訪問客が子ども部屋に挨拶に行くと，アーロンが大抵次の３つの状態のどれかにいるのに気づいた。むっつりしている，妹と遊んでいる，または彼女を**親**に代わって叱っていた。

　アーロンのこれらの３つの状態をそれぞれ「子ども」，「成人」，または「親」と診断するのは難しくなかった。事実小さな女の子も，たぶんお兄ちゃんのマネをして，「親的」な自我状態の遺伝素質としての告げ口で類似した三分法を示した。幼児を観察すると，原始心理と新心理の機能の違いは非常に幼い頃に認めることができる。その時というのは，母乳や哺乳瓶それ自体が外的現実であり独立したものとして扱われ始める時だ。後に親的な特性は，実際の親を真似したり親と手を結ぶことで現れ始める。

　アーロンは，彼の年齢にふさわしい子どものような特性を示した。それは自分の妹に対しての好ましい保護，人や物に対処するときの抜け目のなさ，それとともに楽しみや欲求不満に対して彼の現在できる方法でのいろいろな反応，それに加えて，退行現象だ。以前に断念した，親指しゃぶりという原始の方法での反応の再開。これらの行動の種類から，この子の構造図を図17(a)のように描くことができる。それらは，彼が**親**に代わって行動しているときに維持される「親的」な自我状態，彼がブロック，ゲーム，人の扱いやそれとともに彼の年代に適切な感情的反応を取りなす「成人」の自我状態，そして以前に断念した行動の形式に退行する「子ども」の自我状態だ。彼が親指しゃぶりをするときに気がとがめるのは「親」で，この行動を査定している「成人」は，どこか不適切だということに気づいている。要するに，彼のパーソナリティの構造は大人のものと類似していた。アーロンは多くの面でデューター氏が自分の夢で見る彼自身に似ていた。

　デューター氏に起こったことはこうだった。自分自身の夢で表した事態

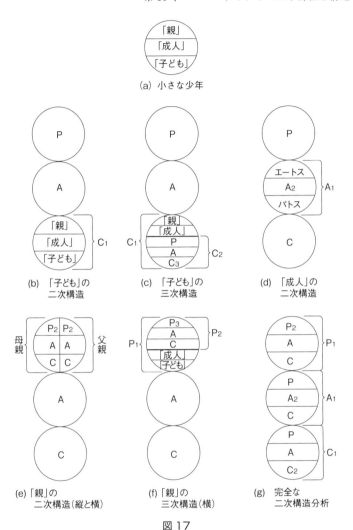

(a) 小さな少年

(b) 「子ども」の
　　二次構造

(c) 「子ども」の
　　三次構造

(d) 「成人」の
　　二次構造

(e) 「親」の
　　二次構造（縦と横）

(f) 「親」の
　　三次構造（横）

(g) 完全な
　　二次構造分析

図17

　と心理状況というのは，6歳ぐらいの頃，彼のお姉さんがお母さんが交通
事故でけがをしたと彼に伝えるため，突然彼の部屋に飛び込んできた時の
ことだった。この心理的構造のすべてはトラウマ的に固着してしまった。
そのため，彼の「子ども」が後年，普段何か不正行為をして見つかったと

きに現れると，この心理的構造がすべて蘇った。これを構造図で説明すると，親指しゃぶりの衝動だけでなく，罪悪感と客観的評価も「子ども」の一部として含まれなければならない。夢に現れたのはこの「子ども」だったのだ。彼が夢を関連づける心の状態は「成人」で構成され，「親」はいろいろなことで母親をだましてきた彼の現在の罪悪感を表す。そのため図17（b）では，「子ども」は図17（a）を再現し，それは退行した親指しゃぶりの完全なパーソナリティ構造を示し，一方でデューター氏の現在の「成人」と「親」は通常の方法で表される。

　この重要性は，「その子ども」は詳細な分析で原始の「親」，原始の「成人」，さらには原始の「子ども」で構成されることがわかったことだ。この時，「その子ども」はトラウマとして固着し，それはすでに３つのすべての要素を含む完全なパーソナリティとなっていた。臨床的には，ほとんどの場合で「子ども」はあたかも分化されていない存在として扱って十分だが，特別な兆候がある場合にはこの側面をより詳細に分析することが望ましい。この内的構造は現象的な「子ども」と概念化され，構造化されていない精神分析のイドと決定的に区別するものだ。図17（b）は**二次**構造分析と呼んでよいだろう。

　まれな事例では三次構造分析をすることさえ可能だ。実際に親指しゃぶりをしている２〜３歳の子どもはすでに原始的な「親」（「親的」な自我状態の原基）と「成人」があるかもしれないし，時には彼も，例えば乳離れのトラウマのような自我状態に退行するかもしれない。そのため，我々は C_1（６歳児）の原始的側面の C_2（退行した親指しゃぶり）のなかに存在する C_3（乳離れのトラウマ）を見つけるかもしれない。これはベーキングパウダー缶に付いている絵の女の子が，そのベーキングパウダー缶を果てしなく持っているという意味を直観的に表すよく知られた状況だ（訳注：少女は鏡の前で缶を持っているため，鏡の中にはその少女が際限なく映っている）。図17（c）はそのような発達系列の**三次**分析を表す。

　次に「成人」に目を向けると，多くの事例で一定の子どもらしい資質

が，汚染のプロセスとは異なった方法で「成人」の自我状態に統合される
ように思われる。この〈統合〉のメカニズムについてはさらに解明が必要
だが，ある特定の人々が「成人」**として**機能するとき，子どもたちが表す
のを連想させるような，自然な魅力と寛容さを観察することができる。こ
れらとともに，〈パトス〉（訳注：外界を受容して内面に生まれる心的状
態，感動，情熱など）という古典的な用語に含まれる残りの人類に対する
特定の責任感がある。一方，成人の責任感を引き受ける人間には普遍的に
期待される道徳的な資質があり，それらの属性は勇気，誠実，忠誠，信頼
性であり，それらは単に地域の偏見に合ったものではなく世界中の〈エー
トス〉（訳注：ある時代や社会の成員や集団が持つ，他の時代や社会とは
明確に区別された価値観・信念・行動様式を指す）に合うものだ。この意
味で「成人」は子どもらしく，道徳的な側面があると言うことができる
が，これは構造分析で最も不明瞭な領域で，現在のところ，それを臨床的
に解明することはできない。しかしながら，学術研究のため，そして特定
の臨床的現象を解説するために，「成人」を 3 つの領域にさらに分割する
のは正当化できる。やり取り的に，これは「成人」として機能している誰
もが 3 つの種類の傾向を理想的には表すはずだということを意味する。3
つの傾向とは人的魅力と反応性，客観的なデータ処理，そして倫理的な責
任で，それらは順番に原始心理，新心理，そして外心理の要素を新心理の
自我状態に〈統合〉し，たぶん 20 章で述べるような〈影響〉となる。こ
の暫定的な公式化を図 17 ⒟に示した。〈この統合された〉人は，その人の
「子ども」と「親」の自我状態でどのような資質を持っているかにかかわ
らず，「成人」の状態では魅力的だったり，勇敢であったりする。〈統合さ
れていない〉人は魅力的であることに**戻る**かもしれないし，勇敢で**あるべ
き**だと感じるかもしれない。

　トロイ氏は「親」のより詳細な構造を示した。彼の父親は他の人間と同
じように，行動の 3 つのタイプをすべて示した。それらは外心理，新心
理，そして原始心理で，トロイ氏は彼の通常の「親的」な自我状態ではそ

れらとそっくりだった。父親のように，トロイ氏は暴力や理不尽な偏見を，特に子どもたちに対して表した。これとともに，彼は〈女性〉に対応するときは表面的な抜け目なさを見せたが，これも彼の父親の行動の真似だった。（それは，例えば〈淑女〉の面前での，彼の不安で子どもらしい順応とは異なっていた。）そして，特定のタイプの女性に対しては，母親が父親と離婚することになったのと同じ種類の加虐的な遊び心に耽った。同様にマグノリアは，グループで彼女の母親の〈昔ながら〉の意固地さ，母親の文法と用語選択に関しての〈優れた知識〉，そして母親のかんしゃくを示した。他のメンバーたちは，これらの兆候に対してはかなり苛立って反応した。彼らは，それらがマグノリアではなく，彼女の母親がみんなとそこに座り，いわば事態の推移に〈上限〉を設定していることをはっきりと見抜いていた。メンバーたちはグループにどんな〈親〉も望んでいなかった。本当のマグノリア，つまりは彼女の「成人」と「子ども」がセラピーの過程で表面に出てきたとき，彼女は全く異なり，充分に受け入れられた。

これらの詳細は図 17(e)に示され，完全性のために，「親」の〈水平〉部分は C，A，P_2 に，そして父親と母親の影響は〈垂直〉分類で示されている。P_2 は〈「親」のなかの「親」〉で，もちろん祖父母の影響を示すが，彼らは〈昔ながら〉の家族の態度の管理人で，それは悪徳の腸内洗浄や高度な技術から，社交，軍隊，商業的，禁欲的なプライドまでのすべてが関わる。

図 17(f)で示した三次構造分析は P_2 を C，A，P_3 にさらに分割し，最後に曽祖父母を示す。

良質な系図資料では，「その親」の細かい構造がさらに遡れるかもしれない。論理的にはベーキングパウダー原理では，人類の最初の祖先まで戻ることができる。

完全な二次構造分析を図 17(g)で示す。このような図が，長期にわたるセラピーの過程で，臨床の資料に基づいて，段階を追って作られたら，患

者はそれに対処するように完全に装備され，それぞれの領域での個人的な
重要性を理解できるだろう。このような高度の構造分析は性格の問題に取
り組むときは好ましい。特に興味深いのは，「親」のなかに「子ども」の
領域が，そして「子ども」のなかに「成人」の部分があることだ。

　さらにもうひとつの実例は，臨床場面で二次構造分析がどのように現れ
るかを示す。25 歳の女性，ゾヤン嬢は 10 歳の頃の，人生での苦悩の時期
について述べた。彼女の家族は敬けん深く，その年で彼女はイエスにはペ
ニスがあったのかという疑問を執拗に考え始めた。このような考えが思い
浮かぶと，彼女は自分にこう言った。「そんなこと考えちゃいけないのよ，
不道徳だわ」。そして，彼女はドールハウスを作るといった何かの方法で
〈自分の心を占め〉ようとした。彼女はグループでこの話をかなりの客観
性をもって語り，それから次のことを加えた。「そのような考えを自分自
身が持つことに誇りはありませんが，その時は私が制御しようと努力した
にもかかわらず，それらは無理やりに入ってきたんです」

　この経過の構造分析は図 17（b）を参照すれば理解できるだろう。25 歳の
女性はグループの中に座り，これらの出来事を客観的に彼女の「成人」の
自我状態で説明し，それは真ん中の A の円で表される。最後の，真面目
だが卑屈ではない詫びは，用心深いがそれほど厳しくはない一次の「親」
を意味し，それは上の円の P で表され，それらを見せたときの彼女の現
在の「親的」な判断の実際の質を反映している。彼女が述べたことは完全
な子ども時代の自我状態で，それは下の円の C_1（訳注：現在の C_2）全体
で示されている。これが一次構造分析だ。

　彼女の 10 歳の時の心理状態は，彼女が報告した通り，3 つの構成要素
からなっている。当初は意識に入り込む原始の要素があり，それは二次構
造の「子ども」の C_2（訳注：現在の C_1）で示される。C_2 は〈お前はその
ようなことを考えるべきではない〉という禁止令とともに二次構造の「親」
（下の円の P）からにらまれたが，それは歴史的に彼女が母親の声を内在
化したものだと証明されている。葛藤は二次構造の「成人」（下の円の A）

が，他の外的な活動をすることでその場では解決した。これが二次構造分析だ。

　彼女は一次構造の「成人」に多くのエネルギーが注入され，一次構造の「親」が比較的寛大だったからこれらのことを記憶し，思い出すことができた。グループの他のメンバーはそのような早期の葛藤を思い出したり，話したりすることができなかった。それは彼らの一次の「親」の厳しさが持続したことと，一次の「成人」への心的エネルギーの備給が比較的少なかったためだ。

　ゾヤン嬢の事例で残っていることは，二次構造の「子ども」，C_2 の謎を解決することだった。いくつかの兆候は以下の通りだ。4～5歳の頃，イエスは大昔に生きていた男の人だったと彼女は教えられた。この情報の意図は宗教的で歴史的であったが，4歳の好奇心のある（三次の）「成人」は全く純粋に，それを解剖学的に受け取った。全く純粋に彼女の結論を話そうとした時に，彼女は心に傷を負うほど叱責された。そのため，4歳児の自我状態は固着し，冒とく的な異物（C_2）として10歳の心に再登場した。10歳の完全な自我状態（C_1）は，今度は成人の女性の「子ども」として機能した。

［注　釈］

　この章では単に，常に一貫した臨床的な証明が大量に求められる現象を示そうと試みた。

　デューター氏の臨床資料は明確にするために変更した。ラングレーポーター神経精神病学研究所のロバート・ウォルド博士はこの種類の夢に関していくつかの興味深く，独創的な考えを進化させた。

　ベーキングパウダーの問題はコルツィブスキーが地図の問題として述べたが，現在の出来事と構造的に一致する。理想的な地図は論理学者のジョシュア・ロイス[1] が考察したように地図の地図を含み，さらに地図の地図の地図を含む，

と続く。

　フロイドはイドを「カオス，煮えたぎる興奮の大釜……秩序も統合された意志もない……論理の法則は……イドのプロセスには保持されない。イドには否定と比較できるものはない」[2]と描写している。「子ども」の自我状態は実際の子どもの自我状態を再現するので，違いはすぐにわかる。子どもには秩序，統合された意志，論理，そしてもちろん否定もある。さらに，イドと違って，子どもは善悪を知っている。〈イド〉という言葉が精神分析家自身によって口語的にそして不適切に使われているという事実から，かなりの混乱が生じている。

　実際の子どもの「親」，「成人」，「子ども」の特徴は，まさにピアジェが彼の有名な研究のいくつかで討議したものだ[3, 4, 5]。「子ども」のなかの「成人」の遺伝素質は，スピッツの最も興味深い研究のひとつの主題だ[6]。メラニー・クライン[7]と彼女の学派の〈超自我の初期段階〉では，ここで〈「親」の遺伝素質〉と呼ぶものにかなりの部分が関係する。

　「成人」の二次構造は〈自律的な自我〉に関係するものに類似した問題を引き起こし，これらは全く解決していない。現在の立場は臨床の判断と同様に人類学に基づき，すなわち，人間は世界中どこでも同じだということだ。しかし，現在の限られた既知知識で，〈自律的満足〉というような問題を討議するのはまだ早い。しかし，すでに述べたとおり新心理の正式な説明は，特定のフィードバック特徴をもつ部分的なプログラミングの可能性のあるコンピューターで，〈信頼性探索〉，〈統制の直感〉を表す特別なシグナルを送る〈率直な〉データ処理システムをもたらすと実証できるだろう。そして，そのようなシステムの〈初期〉プログラミングは内的（〈原始の〉）起源と外的な媒介変数的要因，それぞれ原始心理と外心理の影響を表すが，それらの間で変化させるような配置が可能だ。

参考文献

1) Korzybski, A. *Science and Sanity*. Science Press Printing Company, Lancaster, Pa., 1941, p. 751.
2) Freud, S. *New Introductory Lectures on Psychoanalysis. Loc. cit.*, p. 104 f.
3) Piaget, J. *The Moral Judgment of the Child. Loc. cit.*

4) Piaget, J. *The Construction of Reality in the Child. Loc. cit.*

5) Piaget, J. *Play, Dreams and Imitation in Childhood.* W. W. Norton & Company, New York, 1951.

6) Spitz, René A. *No and Yes.* International Universities Press, New York, 1957.

7) Klein, Melanie. *The Psycho-Analysis of Children.* Hogarth Press, London, 1949 ; Grove Press, New York, 1960.

〈第16章補遺〉

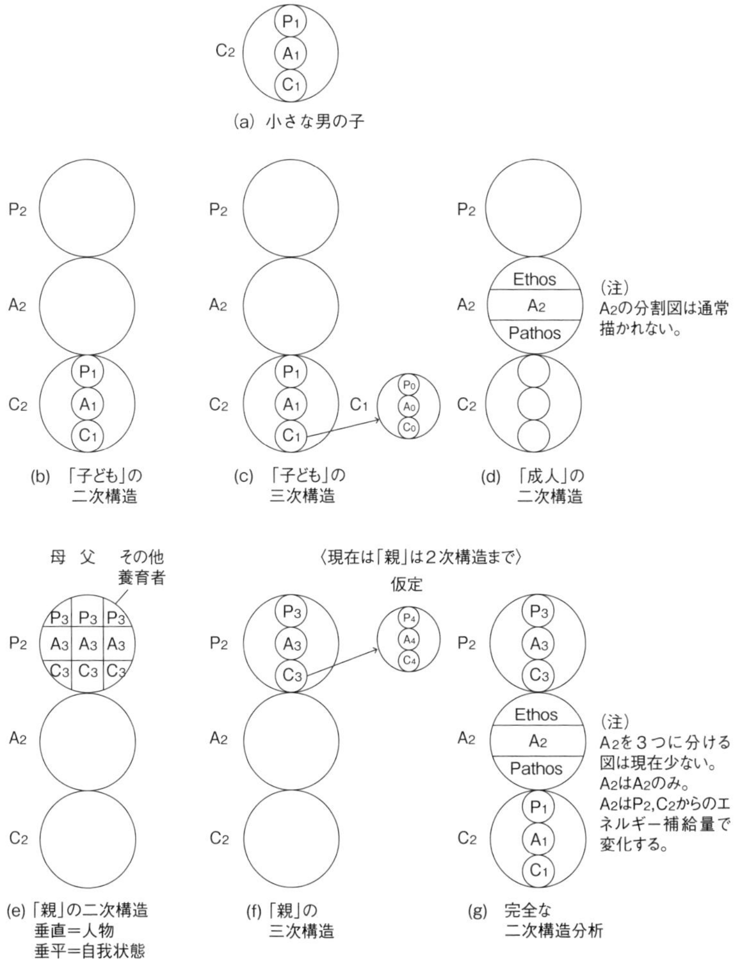
C2
P1
A1
C1
(a) 小さな男の子
P2
A2
C2
P1
A1
C1
(b) 「子ども」の
二次構造
P2
A2
C2
P1
A1
C1
C1
P0
A0
C0
(c) 「子ども」の
三次構造
P2
Ethos
A2
Pathos
A2
C2
(d) 「成人」の
二次構造
(注)
A2の分割図は通常
描かれない。
母　父　その他
養育者
P3 P3 P3
A3 A3 A3
C3 C3 C3
P2
A2
C2
(e) 「親」の二次構造
垂直＝人物
垂平＝自我状態
〈現在は「親」は2次構造まで〉
仮定
P3
A3
C3
P4
A4
C4
P2
A2
C2
(f) 「親」の
三次構造
P3
A3
C3
P2
Ethos
A2
Pathos
A2
P1
A1
C1
C2
(注)
A2を3つに分ける
図は現在少ない。
A2はA2のみ。
A2はP2,C2からのエ
ネルギー補給量で
変化する。
(g) 完全な
二次構造分析

図 17’ 国際TA協会による2020年現在の標準図式

第17章　高度な構造分析

　高度な構造分析は特に人格障害や精神病質に対応するときに有用だ。その複雑性から，単一の事例への体系だった応用を提示するつもりはない。その代わりに，可能性のいくつかを示すために，特殊な構造上の特徴がある簡潔な例をいくつか提示する。

1.「親的」な構造の分析

　トロイ氏の「親的」な自我状態は，彼の父親の環境に対する態度の再現だったが，それについてはすでに述べた。これには子どもに対する厳しい態度（両親の祖父から伝達された「親」のなかの「親」），女性と彼女らの行動について，経験が不十分なうちの一連の判断（父親から伝達された「親」のなかの「成人」），そして乱交に対する積極的な態度（父親の態度と行動から派生した「親」のなかの「子ども」）が含まれていた。グループで維持していた「親的」な状態では，トロイ氏は図18(a)で示すように，彼の父親の態度のこれら3つの側面をすべて再現していた。

　彼がQ先生の所にやって来た時点では，トロイ氏の毎晩の仕事は大衆的なダンスホールでの案内係で，自律した「成人」としてうまく機能していた。彼はパーソナリティの3つの側面すべてにしっくりきていたので，仕事を楽しんでいたし，この状況では彼に葛藤はなかった。彼自身の「成人」は物質的な問題には対処でき，彼の「子ども」は騒々しい環境を楽しみ，彼の「親」が許可しないことは何もなかった。事実，彼の「親」のな

かの「子ども」は環境が作り出しただらしない生活を奨励した。

　しかし，常連客の何人かは，まもなくトロイ氏がからかいに反応することに気づいた。そのような場合，彼は客が彼の「子ども」が起こした激怒に対する防衛として，自分の「成人」の自我状態から「親的」なものに戻ったのだった。特に，動揺すると彼の愛想の良さは消えてなくなった。彼は横柄で辛辣になり，次のようなことを言った。「俺はそんな幼稚でくだらないことを聞く必要がない。出ていけ！　出ていけ！」 これは祖父から受け継いだ父親の難癖をつけたがる態度の再現だった。

　トロイ氏の例は，特定の種類の防衛気質とあるタイプの精神異常行動の両方の構造を示している。大半の多種多様な不快な状況に対処した，彼の頑として妥協しない男性の特徴的な反応は，本当は彼自身の「子ども」に向けられ，それは彼の「親」の「親的」な側面から来ていた。これは彼の性格防衛の構造の起源だった。精神病質の側面では，すぼらな生活での彼自身の「子ども」の興味は許されただけでなく，実際には彼の「親」のなかの「子ども」がけしかけた。トロイ氏が女性と心理ゲームをすることができたのは，親的な監視からではなかった。父親は，実際にトロイ氏の少年時代の時期にこの分野で実演や現場での話を彼にしていた。構造分析の専門用語では，それは単にジョンソンと彼女の同僚たち[1] が〈超自我の脱落〉と呼ぶものに似た〈彼の「親」にあいた穴〉ではなく，前向きな親の〈意図的ではない〉挑発だった。

　彼の父親は，財政的な無責任さに則ったような他の心理ゲームの〈講座〉を息子に提供したが，トロイ氏の「子ども」は，この領域では彼の「親」の母親側がいまだに効力を発揮していたので，それらを拒否した。しかし彼女自身の行動から，母親は男女関係の分野での「親」は放棄していたので，それはトロイ氏の「子ども」を傷つけ，そのためトロイ氏は女性を利己的に利用することに特別な興味を持つようになった。そのため，彼の乱交は 3 つの構造的な要因に基づいていた。特異な興味を持った「子ども」，「父親側の親」からの奨励，そして「母親側の親」の欠落だった。

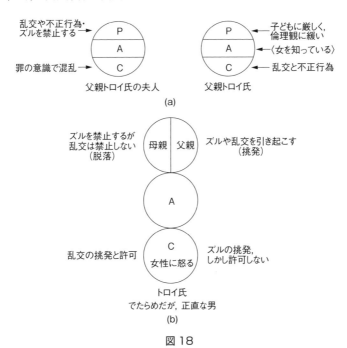

(a)

(b)

図18

これを図18(b)に示す。

文化的な〈精神病質〉の遺伝は，高度な構造分析の原則を劇的に示す。ジプシーたちの盗み，アマゾン流域での首狩り，バーバリーコースト（訳注：北アフリカの海岸沿いの地方）での海賊行為，マフィアの犯罪行為，文明国の特定の階級での悪意のある陰口などは，人気のある複数の本が提供する証拠から，みなトロイ氏の乱交と同じ構造をたぶん持っているだろう。これは印象的な短い風刺詩で象徴される。「淑女を育てるには，祖母から始めよ」，つまり，親の「親」を意味する。

フィージー人の人食いと残忍さは，フィージーの歴史が文書で充分に立証されているので，研究するには良い例だ[2]。フィージー人の酋長の残忍さが代々引き継がれたのは，それに対する親の禁止がなかったからだけでなく，酋長の先祖の活動は実際にはこの不適合な「子ども」の表出の例で

奨励されていたからだ。酋長たちがキリスト教に改宗すると，内的な「親」は外的な「親的」な支配者に取って代わられた。当初は残忍さの散発的な噴出はあったが，数世代後の現在は，フィージー人は地球上で最も親切で，繊細で，礼儀正しい人々に数えられている。現代のフィージー人の若者の内的な「親」は残忍さを禁止する二次，さらに三次の「親」を含んでいるが，**ロツ**（訳注：サモアの宗教）の改宗以前の 100 年前には，そのような活動を誇りとした不定形で副次的な「子どもたち」が含まれていた。内的な「親」が新しい外心理の影響に取って代わられるために起こる，とてつもなく大きい精神的な激変については，マーガレット・ミード女史のマヌス諸島3) の追跡調査にみごとに記述されている。そのような広範な歴史的，文化的変化の理解は，ゴシップ好きで性的に乱れた母親と同じ道を辿る女性や，裁判にかけられるときに母親がその犯罪行為を迫力たっぷりに弁護するプロの殺人者を構造的に理解するのを容易にする。

　トゥリス姉妹の事例は，姉妹が異なるように育つ家族の構造状況を示す。構造的立場は多くの疑問に答えていないが，そのような結果に関連するあらゆる要因の中では最も説得力があり，簡潔で，正確に表現できるものだ。他の要因が解明されると，それらは普通構造分析に非常にうまく当てはまる。

　祖父のトゥリスは中年に裕福になり，まもなく，彼の一族に完全な服従を求める独裁的な族長の役割を担い，彼の要求を執行する拘束力として金の力を用いた。ひとりの義理の息子を除いて，皆その要求に従った。義理の息子は何年にもわたって反抗したが失敗し，遂に彼は妻と縁を絶ち，彼女と 8 歳と 4 歳のアリスとベティという 2 人の娘を残して去った。母親は祖父の意向にとても従順で，彼の命令に従って結婚後の姓を止め，トゥリス姓で 2 人の娘を育てた。

　しかし，トゥリス夫人は祖父母の厳しさからひとつの逃げ道をなんとか見つけた。彼女は思春期には明らかな同性愛者だった。それは彼女の「子ども」の逸脱で，祖父トゥリスは彼女が他の面で従順である限り，それを

寛大に扱う傾向にあった。彼女は結婚後これらの活動を一時中断したらしいが，後に長女と性的な遊びを時々行った。

　そのような遊びを始めて1，2年後，アリスが9歳の時，何が行われているのかについて彼女の理解が深まったことに直面して，母親はより注意深くなり，そしてさらなる誘惑的な行動をすることをやめた。アリスの存在はベティをそのような注目の標的になることから守った。アリスは確固とした同性愛者になった。後年，彼女の幸せの最大の傷は，離婚した父親が，彼女が同性愛者であることを知ってしまうことへの恐れで，そのため父親はアリスのアパートのあるグリニッジビレッジから地下鉄でほんのわずかなところに住んでいたが，彼を訪れることはなかった。母親のように，彼女はそれ以外のほとんどのことに従順だった。彼女は同年輩の人たちの自由奔放な生き方に幾分屈したが，年配の人たちの前では礼儀正しくきちんとしていた。

　一方，ベティは異性愛者だったが，母親と祖父の中流基準に盛んに抵抗し，彼らからは生意気で，取り返しがつかないほど堕落していると思われていた。彼女は，アリスが父親に感じていたのと同じ罪悪感を母親に対して持っていた。

　同じ実在の親たちを持つ2人の人間の場合の異なる結果は，構造の視点から理解するのは難しくない。アリスのセックスに関する立場と罪悪感は母親の「子ども」と父親の「親」によって決定され，一方彼女の社交態度は母親の「親」に適合していた。ベティの社交態度とその結果の罪悪は父親の「子ども」と母親の「親」に影響を受け，一方彼女の性的特徴は父親の「親」に適合していた。これは聞くより見た方がわかりやすいかもしれない。「親的」な構造は図19(a)に示す。

　祖父トゥリスの態度のため，トゥリス夫人は同性愛の強い欲求からの「親的」な保護がなかった。そのため，彼女の「子ども」は自由にこれらの活動に熱中することができ，彼女の「子ども」はアリスの「子ども」を誘惑した。アリスの「親」の父親的側面は彼女に罪悪感を感じさせたが，

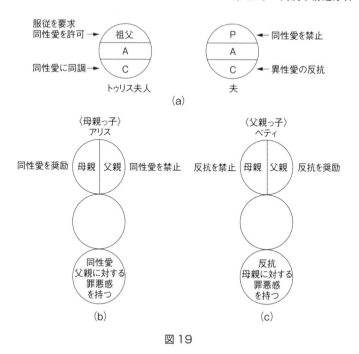

図 19

止めさせるほどの罪悪感ではなかった。これを図 19 (b) に示す。アリスは母親っ子だったので，彼女は生意気な行動に対する母親の強い「親的」な禁止の影響を感じ，実際には性的な活動以外は祖父トゥリスの願いに応じた。

　ベティは父親っ子だった。もし彼女が家の中で同性愛の充足感の可能性をどことなく感じたら，彼女の「子ども」は父親の影響に自分を順応させ，これらの可能性に抵抗した。しかし，彼女の父親自身の反抗する「子ども」は，彼が一族を離れる原因となったが，ベティも一族に対してより反抗的であるように誘惑した。しかし，この反抗はベティが母親の非難に立ち向かうのを難しくしたが，それは母親の「親」を通して祖父トゥリスから伝達されたものだった。これを図 19 (c) に示す。

2.「子ども」の構造分析

　外来や個人診療で臨床的に観察される患者の使用する「子ども」は，4つの異なった方向で現れる。

　1. それは性格的な態度という形をとるかもしれない。一般的には口語で〈田舎者〉とか〈まー，先生。あなたは何でも知っていますね！〉として知られるようなびっくり仰天する純真な感受性だ。この状態では，患者は質問し，セラピストの名人芸と全知に驚嘆する。類似する現れは，〈かわいそうな私〉という手のつけようのない媚態だ。

　2.「子ども」が「成人」の活動に一時的に侵入することがあるかもしれない。エネット氏が興奮して太ももを叩いて，思慮分別のある討議を中断したときのようにだ。

　3.「子ども」は「成人」と並行して活発で，自分を無意識のジェスチャーや声音などで表すかもしれない。この活動を示すには，顔の筋肉のひとつのかたまりの数ミリ以下の動きで充分だろう。

　4.「子ども」は心理ゲームの進展を注意深く観察し，何かがうまくいかなくなるまでは決して大っぴらには姿を現さない。もしそれが起こったら，簡単には気づかれないようなたったひとつの鋭い観察をするかもしれない。この明らかにされた現象の例をこのあとに提示する。最初の3つの事例では，「子ども」は統合された全体として表出されるので，構造のより細部は簡単に見抜けない。4つ目の事例は二次兆候で，早期に固着した自我状態の単独側面の表出であり，それは「教授」として知られる「子ども」のなかの「成人」だ。

　クアトリー夫人は経験豊富な患者だった。彼女はこれまでに3人のセラピストについたが，3人と治療を終結するまでに，彼女はそれぞれのセラピストを著しく操ることに成功していた。彼女はQ先生に協力したが，定期的に言った。「私はバカなので，それはわかりません」。Q先生は，彼

女が「成人」を汚染で麻痺させたが，「子ども」は彼女が思わせたいほど
バカではなく，その発端や動機はいまだにはっきりしないが，彼女は心理
ゲームをしているのではないかと疑った。

　彼女がしばらく毎週の治療を受けたあとで，ある日夢を提示し，しばら
く話したのち，彼女の習慣として，Q 先生が何かコメントをするのを期待
して待った。彼は勇気づけるように言った。「それは面白いですね」。クア
トリー夫人は先生を不満げに見て言った。「あなたはもっと何かを言うは
ずです。あなたはそれが性的な意味を持つと私に告げるはずです」

　また，他の機会に，彼女は家庭内の出来事を物語り，Q 先生に彼女が正
しくて夫が間違っていると言ってほしいことは明らかだった。Q 先生は，
もし彼女にそのように言ったらどうなるかと尋ねた。「まあ，そうしたら
私は気が晴れます」と彼女は答えた。「では，もし私がご主人は正しくて，
あなたが間違っていると言ったら？」と先生は尋ねた。「まあ，そうだと
私はずっとわかってました」と彼女は答えた。

　クアトリー夫人のある側面は彼女の心理ゲームの進展を注意深く観察す
ることなのは明らかだった。Q 先生が彼女の夢を間違って扱ったことに対
して強く非難した時，彼女は精神科の先生か教授の役割を演じ，それは自
分が常にグループの中で一番バカだと主張する人にとって，素晴らしい立
場だった。家族の出来事の討議は，起こっていることについての同じよう
な抜け目のない評価を示した。彼女は以前に何人かの経験豊富なサイコセ
ラピストから，彼女の家庭の議論への〈治療的支持〉を引き出すのが上手
なことを示していたし，今彼女は同じように Q 先生を夫との 3 人の心理
ゲームに引き込もうとしていた。しかし，彼女自身がはっきりさせたよう
に，彼女の人格のある部分では自分が何をもくろんでいるか，初めからわ
かっていた。

　人間関係におけるこのような評価や操作の抜け目のなさは，成長する子ど
もの人格の重要な側面であり，それは経験に基づいた繊細で客観的なデー
タ処理を必要とするので，その子の新心理の機能の一部なのだ。このた

め，たぶん「子ども」のなかの「成人」から来ると診断して正しいだろ
う。それは子どもについての多くの逸話で示されるように，当惑し，時に
はたじろぐような正確さがある。3〜4回の表出の後には，グループは大
抵〈教授〉というのがこの人格の副次的側面への適切な名前だと気づく。
エリクソン[4] が言うように，小児精神科医は精神分析を実践する子どもで
はないが，我々の〈治療的〉努力を観察し，そして最も鋭い洞察で反応す
る子どもの中にいる精神科医から学ぶことが非常に多いことも事実だ。フ
ェレンツィが指摘するように[5]，このような能力の大部分は教育によって
失われる。

　一次の「親」と「成人」が退役している入院患者は明らかに精神病なの
で，「子ども」の細部の構造がより見えやすい。病院では，病的な早期の
自我状態の苦悶に今一度耐えている人が見られる。それらは，彼らの心が
読まれるという感覚に対する苦悩，彼らの隠された敵意と性的混乱は彼ら
の辛辣で直感的な親の鋭い注視から隠すことができず，彼らの一言一言が
印を付けられ，彼らに投げ返されるというものだ。または，はく奪と残虐
性の前に，我が身の邪悪性の痛烈さから，唯一の解決は惨めな自己卑下だ
という感覚に対する苦悩だ。そして，もし暴君を職権から締め出すことが
できたら，誰が小さな子どもが世界全体を所有するという狂気じみた高揚
感を抑えることができるだろう。そのため「子ども」は両親を歪曲せずに
見るが，非常に多くの心的エネルギーが注入された最初の心的イメージと
してのみ見ると，親たちは子どもの前にほとんど直感的な鮮やかさで立
ち，大人が偏執症，うつ病，躁病と呼ぶものになる。彼自身の原初的な心
像と原初的な判断[6] を呼び起こす思慮に富んだ観察者は，その親たちを患
者と同じぐらい鮮明に見ることができる。そのため，多くの精神病患者に
は原始的で二次の「親」，「子ども」のなかの「親」は言葉では言い表せな
いが，目に見えるようになる。

　統合失調症とみなされる人に関するよく知られた直感は，同じ「子ど
も」のなかの「成人」である「教授」の現れで，それがクアトリー夫人の

場合に提示されたものだった。そして，兆候は同じ形を取るかもしれない。善意のある，〈一般的に認められた〉サイコセラピストは統合失調症患者に治療的な間違いを犯したから，治療を他の方法で行うべきだと言われるかもしれない。この禁止令が暗示や一時的なジェスチャーや命令で与えられたにせよ，賢いセラピストはまじめに敬意を持って聞き，そして往々にして〈発見〉をしたことに気づく。例えば，精神分析の発見に繋がった基本原則はフロイドの最初の古典的患者だったフラウ・エミー・フォン・N が彼に明確に述べた。彼女は繰り返し自分の指で彼を指し，叫んだ。「静かにしなさい——話さないで——私に触らないで！」。これらの言葉がセラピストに与えた印象は回数から判断されるかもしれないが，彼はそれを事例報告に入れた[7]。患者は後に，思考の流れを邪魔されるとすべてがより混乱しもっと悪くなるから怖かったと説明した。そのため，この時はフラウ・エミー・フォン・N の「子ども」のなかの「成人」はフロイドよりも高度な専門家で，それほど有能な人は誰でも〈教授〉の肩書に値する。

　精神病であらわになった「子ども」のなかの「子ども」は，それ自身の心像への反応の原始の強烈さによって一目瞭然となる。この強烈さは認識の甘い観察者には妥当でないと思われるかもしれないが，それは根本の像自体の強烈さで正当化され，このため，それは全く言い過ぎではない。これらの心像の特色はブロイエルとフロイドがよく認識し，彼らはそれらを〈可塑〉像[7]と呼んだ。

［注　釈］

　ジョンソンとシュツレック[1]は，親の〈無意識的な誘惑〉はその結果として，子どもの〈超自我の欠陥〉になると言う。構造分析は交流用語ではトロイ氏のケースのように〈無意識的な誘惑〉（乱交へ），ベティ・トゥリスのケースの受動的な許可（反抗への），そしてアリス・トゥリスのケースの積極的な誘惑（同

性愛へ）と区別する。「親」の二次構造分析は正確な病因学の意見を認める。それは父方と母方の影響を区別し，そしてそれらを祖父母と実際の両親の子ども時代の活動まで遡る，体系立てられた枠組みを提供する。シュツレックはジョンソンの結論を強化するために，さまざまな臨床上の資料で概念を拡大した。ここに提供するのは包括的な理論記述で，そのような研究結果の一般化を明確さや有効性で助ける。構造分析はフィッシャーとマンデル[9]やその他の研究者の結果を一般化する，価値のある枠組みも提供する。

　臨床においては，クアトリー夫人の場合は彼女と彼女の夫が一緒に夫婦のグループに行くことで対処した。そこでも彼女は，夫の〈不作法〉を述べることで支持を得ようとした。これは夫婦の間で行われる最も一般的な心理ゲームで，〈法廷〉と呼ばれる。グループの他のメンバーはそれを熟知していたので，彼らは彼女とゲームをすることをせず，その代わりに彼女にそれを分析するように勧めた。彼女は分析し，いくつかは成功した。しばらくすると，彼女はその心理ゲームをしなくなった。確かに，その鍵は抑うつポジションだった。「ずっと私は，間違っているのは私だと知っていました」，そして〈法廷〉という心理ゲームは，本当に悪いのは彼女の夫だとみんなに繰り返し言ってもらうことで抑うつを避ける試みだった。他のメンバーがゲームをすることを拒否したことで，焦点を家庭の場面から彼女の幼児期の抑うつに切り替えることができた。

　構造の状況自体はブロイエルとフロイド（1895）が最初から指摘していた。『観察Ⅰ』（アンナО嬢）の中で，ブロイエルは述べる。「ふたつの全く異なる意識の状態があり，非常に頻繁にそして自然に入れ替わり，病気の間にそれらはかけ離れていった。それらのひとつでは，彼女は周囲の状況を知り，悲しく心配だが比較的正常だった。しかし，他の時には彼女は幻覚を起こし，言うことを聞かなかった」。この〈ふたつ目の状態〉のある時，彼女は子守唄を思い出すまで全く話すことができなかった。ブロイエルは後に，精神病が深刻なときでも「成人」は粘り強いことに言及した。「しかしこのふたつの状態がいかにはっきりと違っていても，〈ふたつ目の状態〉は最初のものと混ざるだけでなく，患者も言うように，少なくとも患者の最悪な状態の間は〈脳の中のどこか隅っこに鋭く，静かな観察者が座っていて，その人がこの気違い沙汰のすべてを見て

いました〉」

　それゆえ，『観察 I』のなかでふたつの〈状況〉，〈状態〉，または〈意識の状態〉（ブロイエルの翻訳者はこう呼ぶ）はそれぞれ〈通常〉の自我状態と〈子どもっぽい〉自我状態で，ここではそれらは「成人」系と「子ども」系と呼ばれ，前者は静かに座って，後者を見守ることができる。『観察 II』（エミー・フォン・N）の中では，精神病の自我状態はそれ自体が分裂し，彼女が自分の可塑や原初のイメージについて話しているとき，同時にフロイドに心理療法の技法について指示を出すことができたが，それは彼女の覆面をしていない「子ども」のうちの「成人」の部分の活動だった。当時は完全に適切な理由で，フロイドの注目は構造に関する考察から精神力動の分野に逸らされ，これが結局臨床よりもむしろ概念的な構造スキームに帰着した。

　最近の暴動（1959 年 12 月）が証明するように，現在はフィージー諸島の重点は宗教から人種と経済の諸要因に移行した。

参考文献

1）Johnson, A. M., & Szurek, S. A. "The Genesis of Anti-social Acting Out in Children and Adults." *Psychoanalytic Quart.* 21：323-343, 1952.
2）Derrick, R. A. *A History of Fiji. Loc. cit.*
3）Mead, Margaret. *New Lives for Old.* William Morrow & Company, New York, 1956.
4）Erikson, Erik H. *Childhood & Society.* W. W. Norton & Company, New York, 1950.
5）Fenichel, Otto. *Psychoanalytic Theory of Neurosis. Loc. cit.*, p. 229.
6）Berne, Eric. "Primal Images and Primal Judgments." *Loc, cit.*
7）Breuer, J., & Freud, S. *Studies in Hysteria.* Nervous and Mental Disease Monographs, New York, 1950, pp. 14-76.（Trans. by A. A. Brill）.
8）Szurek, S. A. "Concerning the Sexual Disorders of Parents and Their Children." *J. Nerv. & Ment. Dis.* 120：369-378, 1954.
9）Fisher, S. & Mandell, D. "Communication of Neurotic Patterns over Two and Three Generations." *Psychiatry* 19：41-46, 1956.

第18章　結婚のセラピー

1. 兆　候

　結婚しているふたりを同時に治療することはよくない実践だと一般的には考えられている。そのような状況下では，ほんの少しのゆがみが治療関係を傷つけるように利用されてしまったり，少なくとも過度に複雑にしてしまうような介入を避けることはセラピストにとって非常に難しい。あまりの困難さのため，そのような事例での治療の成功は文献に発表するに足りる例外的な出来事としてみなされている[1]。現在の言葉では，両者が同じセラピストから治療を受けている場合は，セラピストが3者でする心理ゲームに巻き込まれないようにするのは難しい。もし2人のセラピストがいれば，4者でする心理ゲームへの企てに抵抗することの方がはるかに容易だ。

　セラピーとはっきり異なる〈結婚カウンセリング〉では，すべての側面において初めから3者でする心理ゲームとしてお膳立てされていて，自分たちだけではできないので3番目のプレーヤーが必要なカップルでは成功するだろう。カウンセラーは，社交レベルではコーチの役目を果たし，カップルにどうすればより良いゲームができるかを教えたり，審判員としての職務を果たしたりする。心理学的なレベルではセラピストは結婚そのもの，大抵は「親的」な立場としての第3者となる。

　この結果として，これらの難しさが認知されて，いくつかの条件またはその他で定式化されたが，そのやり方は多くの良心的で神経質な臨床家の

好みに合わないので，保守的なセラピストの間では結婚セラピーや結婚カウンセリングを避ける傾向が強い。一般的なやり方は，カップルにセラピーは状況や関係よりは個人を治療することが目的だと話すことだ。

　従来型の結婚したカップルのグループセラピーも通常同じような反論にあう。なぜならば，それもあまりにしばしば多者でする心理ゲームの形を取り，今からそれらのいくつかを記述する。この理由で，ゲーム分析が活用できる以前は，著者は時折の実験的な例外を除いては個人とグループセラピーの両方で保守的な方針に従った。このような実験はいつも喜ばしい終わりを迎えたわけではなく，それらの過程は十分な正確さと明瞭度を伴った観察と管理が不可能だった。交流分析の原則が充分に明らかになってから，結婚状況でのその有効性をテストする試みとしての予備研究が行われた。これは 1 組のカップルをひとつの〈グループ〉として扱うことで構成された。結果は，治療的にも科学的見地からも満足のゆくものだったので，本格的な結婚のグループを形成することが決まった。

　そのようなプロジェクトへの最も快適な数は 4 組カップルのように思われる。2 組のカップルには危険が伴う。なぜなら，心理ゲーム分析には〈任意に抽出された〉異なる人格の聴衆がいることが望ましく，結婚しているカップルはあまりに多くのものに同じように反応する傾向があるからだ。数々の状況で，2 組の結婚したカップルは 2 人のメンバーからなるグループと同様な困難さを示す。3 組のカップルも同様に危険度が高い。なぜなら 1 組のカップルが不参加のときはいつでも，セラピストはとても無気力な 2 組のカップルの状況に直面するからだ。5 組のカップルでは，正確なワークをするには大きすぎて扱いにくくなる。

　そのような 4 組の既婚者のグループは，筆者の精神医学のキャリア全体の中で最も刺激的な経験を構成する。ひとつには，結婚したカップルの間の心理ゲームは長い間継続していることがその理由だ。そのため，心理ゲームは強い感情と自信を伴って行われるのですぐに明白になり，グループの他のメンバーにたやすく見て取れ，理解される。それはひとつには通常

のグループでは定着できたとしても，それを作り上げるのに長い時間がかかる真の親密さが，結婚しているカップルにはすでに存在していることによる。ふたりの人間の間の本当に深い愛情の表現以上に傍観者の精神を高揚させ，心を打つものはない。他に同じように心を動かされる人がいる場合には特にそうだ。修辞学的に述べると，人々の本質的な良心への自信の喪失に悲しい思いをした人は皆そのようなグループに参加すべきだ。そして時として，最も美しい魂の像を見せるのは一番病いの深刻な人だ。この点でセラピストの感情を共有したメンバーの中のふたりは，このグループを「車輪以来の最大の発明だ」と述べた。

　結婚グループの選択には標準はないのが理想的だ。今までの経験では，自分たちで自主的に来るカップルは4つの意味のある種類に分かれることを示している。

　1．お互いに誤解をしているが離婚を希望しない人々。これはその人たちの心理ゲームが破壊的かまたは納得いくように行われていないか，あるいはそこから脱却しているか，薄くすり減り始めているかを意味する。

　2．〈脚本の表面化〉と呼べるかもしれないものに苦しむ人々。結婚は配偶者のひとりが〈衝動的〉な婚外の不義をするまでは長い間幸せにいくだろう。そこでの重要な結果は，それに続く必ずしも精神科の問題ではない家庭内の混乱ではなく，精神病理の発症であり，大抵は強迫的嫉妬で，しばしば同性愛の色合いがあるため両者にとって衝撃的なものだ。この出来事はファンタジーと夢から3人の結婚という全体のドラマに作り上げられているが，これは結婚している間ずっと両者の心の中に潜在的にあった脚本だということが明らかになる。

　3．和解に前向きな最近離婚した人々。ここでグループはまさしく中間判決と終局判決の間の長い待ち時間を提供し，それらの状態の法則に従った潜在的な機能を果たす。

　一般的に言うと，これらの3つの種類の事例の場合の予後は悪くはない。将来の展望がとても良くないのは4つ目の種類だ。

4.〈私がどんなに一生懸命頑張ったかわかる？〉という心理ゲームの一部として，カップルの一方か両方がグループに来て，〈精神科〉という心理ゲームを順守することでセラピストを利用し，〈潔白な心〉で離婚を手に入れようと企てるカップルたち。

この種類のセラピーは，少なくとも交流分析に関してはまだその初期段階だ。グループに入った8カップルのうち1組はすでに離婚をした。これともうひとつの事例では最終的な結果はわかっていない。残りの6組は（2年後のフォローアップでは）離婚していない。

2. 結婚の構造

グループが開始された時，どのカップルも少なくとも一方は構造分析とやり取り分析をよく知っていた。参加者全員は，プロジェクトが実験的な性質を帯びていて，その目的も手続きも事前には提示できないことを理解していた。それにもかかわらず，物事はとてもうまくいき，3度目のミーティングまでには結婚での困難さが一般的な交流の言葉で説明可能になり，目標を設定できるようになった。結婚の契約の性質は，新しいカップルが加わる毎に繰り返し確認するという方法で，明確化された。結婚の構造は3つの異なった側面から説明することが可能だ——それはアメリカやカナダの結婚，つまり恋愛結婚についての側面と言える。

1. **正式な契約**はふたりの「成人」の間で行われ，それは結婚式に含まれ，その儀式で双方が，お互いさまざまな状況で忠実に誠実であることを誓う。統計的証拠は，この契約が常に真剣に受け止められているとは限らないことを示す。「成人」の誓約は離婚や不倫があるときはいつも無効になる。なぜなら，これらの出来事のどちらも厳粛な誠意を欺き，表向きの立場の放棄を意味するからだ。

2. **関係の契約**は公然には述べられない心理的なものだ。交際期間中は，一方が「親」として，他方は「子ども」として機能する傾向がある。これ

は暗黙に寄生的な合意の性質を帯びているか，双方が状況の求めに応じて態度を変えるという実用的な取り決めかもしれない。もしそれが寄生的な同意であれば，ハネムーンが終わった後，片方が役割を変わりたいと思うとすぐ他方（その状況下ではかなりの正当性をもって）が〈反則！〉と叫んで無効になる。交際期間中にもし女性が男性を母親のように世話をしていたら，この関係が結婚した後も続き，それが本質的に秘密の結婚契約の一部だと彼は暗黙のうちに思い込み，そして彼女も暗黙のうちに同意している。もし彼女がここで方向を変え，彼女が彼の世話をする代わりに彼が彼女の世話をすることを要求すれば，面倒なことが起こり，状況は外部からの手助けなしには和解できないかもしれない。

　3. しかしながら，結婚の本質的な土台はふたりの「子どもたち」の間の秘密の契約で，それは**脚本の契約**だ。可能なすべての候補者の中からの結婚相手の選択はこれに基づいている。将来の配偶者はそれぞれ配役担当責任者の立場にいる。男性は彼の脚本が必要とする役を最善に演じる主演女優を探し，女性は彼女のプロトコルに適合した役を演じる主演男優を探す。適性テストの期間中は，候補者はまず最初に適切なやり取り反応をする人としない人に分けられる。それから，前者の間で心理ゲームのテストによって領域が狭められる。挑発的な策略は，やり取り的に資格のある候補者の誰が，必要とされる心理ゲームを演じるかを明らかにするように意図されている。ゲーム資格のある候補者の中における最終的な選択は，脚本のすべてをやり抜く可能性が最も高い人となる。つまり，パートナーはお互いに相互の脚本は相補的だという直感的な思い込みによって結びつけられる。

　ライヒ[2]はフロイドを次のように引用している。「重要性の低いことを決めるとき，私はいつも良い点と悪い点のすべてを考慮することが有利だと思ってきた。しかしながら，結婚相手や職業の選択という極めて重要なことでは決定は無意識から来るべきだ……我々の個人的な人生の重要な決定には自分の性向の深く内的な要求により……司られるべきだ」。結婚グ

ループの経験は，この強制命令の〈すべきだ（should）〉は〈しよう（will）〉に変えることができることを示す。自由な結婚では，選択は必然的に「子ども」の要求によって支配される。これから示す例は，脚本の契約の臨床的，運用的兆候のいくつかを示す。この契約から派生するさまざまな結果はとても複雑なので，限られた空間で系統的，あるいは徹底的に論証することはできないが，実例は基本的な原則を明確にするのに役立ち，少なくとも専門用語はよりはっきりするだろう。そうすれば読者は，この点において自分自身の観察と調査を継続する立場になり，それは要点を証明しようとするいかなる試みよりも，はるかに説得力があるだろう。

3.　セラピーの目標

　交流分析の結婚セラピーの治療の目標は，結婚契約の初期の構造から自然に浮かび上がる。目的は，可能であるなら正式な契約を維持しつつ，それと同時に関係と脚本契約の歩み寄りのもとで各当事者ができるだけ多くの満足を得ることだ。この目標は患者たちに以下の臨床上の発言から説明される。

　「この結婚の関係と心理ゲームは強迫的ではなく選択的でなくてはならず，そうすれば破壊的で非建設的な要素が排除できます。これを達成した後では，配偶者はお互いに興味を持つかもしれないし，持たないかもしれません。より建設的な関係と心理ゲームの出現には時間が要ります。そしてその結果，結婚を長続きさせたいと願うかどうかを双方が合理的な理由で決めることができるようになります。これは正式な契約の枠組み内での心理的な離婚を意味します。それぞれの配偶者が新しい形で現れると，当人たちが強く望めば，心理的な再婚への良いチャンスが提供されます。もし当人たちが希望しないのであれば，治療は正式な契約の永続的な破棄に終わるでしょう」

　実際には，結婚は心理ゲームと脚本の要素が層ごとに〈剥がされる〉

と，最初のプロトコルの観点から性的な困難さが露わにされるまでは進歩的に改善されることがわかっている。この時点で疑問が持ち上がる。〈さて，私たちはどうするのか？〉，あるいは〈私たちは代わりに何をするのか？〉だ。それから，古いパターンに逆戻りする強い誘惑がある。もし，パートナーの片方が新しく見つけた立場を断固として維持し，逆戻りしなかったら，もう一方の配偶者は婚外で古い心理ゲームをするか脚本を迅速に完成に持っていくのを助けるパートナーを探す傾向になる。もしこの誘惑が回避されて良い結果が出ると，今までのところ一様にそうだったように，その結婚内で同じ古い性的葛藤の〈上に〉新しい関係が形づくられ，葛藤は未解決のままでもそれは異なった方法で扱われるようになる。

　恐らく，もしそれぞれのパートナーが，これらの葛藤が正体を現す重要な時期に精神分析に入ったら，彼らの解決はより断固たる再婚につながるだろうが，それは同じパートナーとかあるいは別の，新しく，より原始的ではない要求のある相補的脚本をもつパートナーとだ。ここまでのところ交流分析だけで3つの結果がある。最悪では，動揺は相当あるがより良くコントロールされた結婚，あるいは多くの要求の譲歩と受容，あるいは最良では，今までは潜んでいたお互いの能力や可能性を発見したウキウキとした気分だ。これらの3つは子どもが実際にいる場合には彼らにも有益だ。

4.　愛　情

　愛情と呼ばれる息吹きは，他の心理療法体系が解決できないように交流分析でも不可能で，もしこの感情が二者に存在したら，それは現在のところ精神医学的な探求が及ばないボーナスだ。しかしながら恋愛は，構造，やり取り用語で表すように理想的な結婚への必要条件ではない。後者は，ふたりの関係と脚本が相補的で最終的には建設的な幸福な人々（前に定義されたような）の間における親の承認をともなった自由な結合を暗示する

だろう。そのうえで，彼らの共通した価値観に互いに打ち込むふたりはアベラードとエロイーズ（訳注：中世フランス哲学者アベラードと修道女，作家エロイーズの恋愛悲劇と結婚は歴史に残るロマンスとして知られている）以上に評価が高いかもしれない。

5.　障害のある結婚の過程

　アメリカの典型的なうまくいかない結婚の連鎖は，実際には男性よりも女性により多く見られる。16 歳での初めての結婚は解放的な作用を意味する。カップルは 10 日から 10 カ月の間一緒に住み，それから取り消しか離婚がある。子どもがいる場合，大抵は妻の親戚の誰かに里子に出されるが，そうでなければ結婚の解放的機能は敗北する。少女は今や市民としての独立を確立し，自分の脚本を推進して自由に生きることができるが，それは通常実行が難しく自虐的だ。2 回目の結婚はだいたい 5 年後に起こり，おおよそ 5 年間続く。それは夫による放置や残酷な行為によって破棄される。夫は妻の脚本が求めることをするが，脚本が良くない。それで彼女は新しい子どもたちの生活のために働きに出なければならず，子どもたちが人生の興味の最重要事項となる。彼女の 3 回目の結婚は 30 歳位の時で，物質的ニーズを満たすが，彼女の脚本のノスタルジアがまだある程度持続しているため彼女を不満にするので，彼女は夫を挑発し始める。夫は実際に 2 番目の夫と同じ資質だが，かなり攻撃性を少なく授かった柔和なバージョンなので，彼はこれらの挑発に彼女（と彼）の脚本に適合する方法で反応する。この時点で脚本は女性にとって「成人」自我異和的になる。彼女は何かが誤った方向に行ったと感じて結婚，または自分自身への治療を模索する。恐らく初めて不身持ちによって自分の欲求を表現した夫は，治療に興味を持つかもしれないし，持たないかもしれない。
　唯一の結婚は典型的に，次のように治療にやってくる。結びつきは最初多くの点で理想的な結婚に勝るとも劣らない。自己決定がハネムーンかま

たは婚前の性交渉で成就し，それは若いカップルの両親たちとの６人でする心理ゲームの特質を持つ。この期間，この複雑な心理ゲームに関連する要因を積極的に解放するので，双方にとってセックスは満足するものだ。最初のウキウキした気分が減っていくと，内在していた性的困難さを感じ始める。カップルはそこでセックスの代用であるふたりで行う心理ゲームに取り組み，それは恐れている性的な対立の頻度を軽減するように意図されているが，その一方で同時に両者にとって隠された利得を生み出している。妻は〈冷感症の女性〉を演じるかもしれない。彼女は男性をけだものと呼び，大騒ぎに発展し，しばしばマネーゲームになっていく。このように，脅威である性的親密さはどちらもがその不安に直面することなく回避される。その間に内的な二次的，そして社交利得は慎ましく収集される。しかしながら，時おりの性行為は子どもをもたらす。これらは価値ある理由で喜んで受け取られるが，また，ありがたい気晴らしとしても役割を果たす。両方が子育てに関連する活動に大きく関わり，このせいで性的な誘いかけの機会はほとんどなくなり，セックスを延期したり中断する正当な理由を提供する。

　しかしながら，子どもたちが成長するにつれカップルはより頻繁に暇な時ができる。そして古い心理ゲームが再開される。彼らは相補的な役割の心理ゲームをするが，双方の心の中にできた規則の些細な違いから困難さが生じる。これらの相違と彼らの脚本の少しの違いがますます重要になり，〈反則！〉という叫びがより頻繁に聞こえるようになる。カップルが40歳に近づくにつれ，彼らの心理ゲームと脚本の失敗がある程度の絶望をもたらす。これが専門家の助けを求めるきっかけとなる。

6. 臨床事例

　グループの誰かがもしクアトリー氏に質問をしたら，彼は快く答えた。もし誰かがクアトリー夫人に質問をしたら，それにも彼が答えた。クアト

リー夫人はこれに抗議した。彼女は，クアトリー氏がいつも父親のように振る舞い，彼女を尻込みする子どものように扱うと言った。しかし，彼女が自分で話す機会を与えられたときに，それを活用しなかったことが指摘された。誰かが彼女になぜかと尋ねると彼女は，自分はあまりにバカで質問の意味がわからなかったと特徴的に返答した。したがって，この関係は相互の同意により維持されていたことは明白だった。クアトリー氏は，セラピストから妻への質問に答えるのを控えるようにと指示された。そうすると２つの現象が観察された。第一に，クアトリー夫人は，夫が答えないと彼はもう彼女のことはどうでもいいのだと言って怒った。第二に，クアトリー氏は油断するとすぐうっかりして古いやり方に戻った。そして彼は指をパチっと鳴らして，「またやってしまった！」と言うのだった。しばらくすると，彼はそのような間違いをすることを愉快に感じ始め，クアトリー夫人を除くグループのみんなが笑いに加わった。しかし，彼らがセックスをするときにはこれらの役割が反対だと知ると，誰もそれを愉快だとは思わなかった。クアトリー氏が「親」でクアトリー夫人が「子ども」の代わりに，彼が「子ども」に，そして彼女が「親」になったので，性行為は両者にとって不満足なものだった。関係の契約についての治療的問題は，グループの中でも性交の間も，双方の「成人」を安定させることだった。

　ペンツィー夫妻の場合は，グループでの状況は反対だった。ペンツィー夫人は，ペンツィー氏が自分で質問に答えるのを決して許さなかった。彼は殉教者のように辛抱したが，時々異議を申し立てた。しかし，状況がはっきりしてくるにつれ，彼が深刻な赤面恐怖症で苦しんでいて，発言をしたら赤くなるのではないかと心配していたことが明らかになった。このように，彼は〈あなたさえいなければ〉という心理ゲームをしていたのだ。彼は自分の赤面恐怖症の防護として，お喋りで支配的なペンツィー夫人と結婚し，彼女が自分の役割を果たすと彼は彼女に対して文句を言った。

　ヘッチ夫妻はグループ経過の後半になってから参加したので，専門用語

を理解することができなかった。彼らの２度目のセッション時にセラピストは席につきながら，ヘッチ氏がくつろげるように「こんにちは」と言った。ヘッチ氏は返事をしなかった。セッション中に，Ｑ先生はこのことに触れた。ヘッチ氏は，そのような馬鹿げた儀式は意味がなく，彼はそれらを信じていないと述べた。そしてヘッチ夫人は，ヘッチ氏がいつもそのように無愛想で，彼女への返事も短いと言った。彼は，彼女が何か質問をしたり何かを話したら，必要な事を言ってから黙ると抗議した。彼は多くの不必要な雑音はいらないと考えていた。ヘッチ夫人は，彼が常にぶっきらぼうな返事で，話を途中で止めると言った。ヘッチ氏は彼の論点を示すために彼の会社の話をした。ある日秘書が仕事場に着き，「お早うございます」と上司に言った。上司は「私は天気予報など尋ねてはいない。私が求めるのはあなたが仕事をこなすことだけだ」と答えた。ヘッチ氏は，上司は良識を示したと思った。彼は，ヘッチ夫人が馬鹿げた事すべてを信じるように育てられてきたのだと言った。ヘッチ夫人は礼儀正しいと人生がもっと心地よくなると言った。

　これはＱ先生が，グループの皆が話していた暇つぶしと心理ゲームの考えを彼らに紹介する良い機会となった。ヘッチ夫人は〈礼儀作法〉という心理ゲームをしたがったが，ヘッチ氏はそれを望んでいなかった。それが彼らの結婚の誤りのひとつだった。

　セプティム夫妻は，他のカップルと**4人の結婚**をしていた。セプティム氏はおよそ６カ月後にこれについて不安になり，妻をグループに〈引きずって〉きた。Ｑ先生はこの脚本は彼らが共通に持っているもので，結婚は初めから他のカップルを巻き込むように無意識に意図されていたという立場を取った。彼らはお互いにそのような取り決めに興味を持つような相手を選び，結婚前にこの方向への各自の可能性についてどことなく知っていた。彼らは両者ともこれを強く否定し，それはばかげているとセプティム氏は言った。彼としては，すでに他のカップルとは今すぐにでも縁を切る心づもりだと言った。しかしグループからの質問で，すぐに双方の核心

に関する空想だけでなく，彼らが結婚する前の同じ方向への一時的な明ら
かな動きがあったことも引き出された。間もなくセプティム夫人は，彼女
の芸術のために生きて物事を経験したかったので，**4 人の結婚**はそれをす
るための方法だったと打ち明けた。このカップルは 2 回目のミーティング
の後は戻ってこなかった。Q 先生は，故意に素早い決着の場をもたらし
た。なぜならば，セプティム夫妻がどちらの方向に行きたいか決めるまで
彼らはグループの残りの人たちの前進を妨げることになるからだ。これは
難しい決断だったが，Q 先生は自分の責任はどこにあるのかを決めなけれ
ばならず，彼が考え出したのはその方法だった。

7.　抵　抗

　結婚のグループで好まれる形の抵抗で，素朴なメンバーが例外なく使う
のは〈法廷〉と呼ばれる心理ゲームだ。夫は妻がしたことについて長い話
をグループにして，グループから原告の彼へのサポートを引き出そうと試
みる。それから妻は被告側の答弁としてグループに，夫が彼女の行動を挑
発するために何をしたかを説明する。次の回では妻が原告で夫が被告とな
るかもしれない。それぞれの事例で，グループは陪審員として，セラピス
トは裁判官として機能することを期待されている。
　これらを解消するには 2 つの方法がある。ひとつは原告にとりあえず同
意することで心理ゲームを顕在化させて，彼がそれでどのように感じるか
を尋ねることだ。その次に，セラピストが原告に異議を唱え，その場合は
彼がどのように感じるかを尋ねる。これはすでにクアトリー夫人の事例で
示し，彼女はセラピストが彼女は正しいと言ったら気分が楽になり，彼女
が間違えていると言ったときには「私はそれをずっと知っていました」と
答えた。この手段は思慮深く用いるべきだが，どちらにしてもそれは年に
2 回または 3 回以上は使うべきではない。
　もうひとつの方法は心理ゲームを禁止することだが，これはとても簡単

な方法で上品に行うことが可能だ。グループは自分たちのことを一人称で話すか，配偶者のことを二人称で話すことはできるが，三人称は使ってはいけないと言われる。

　これはまた他の状況にも役に立つ。グループミーティングではお互いに決して話さないカップルたちがいる。彼らは他の人と話をしたり，彼らについて，またはお互いについて話すが，お互いには決して話さない。セラピストは教訓的な格言を述べる。「たまには配偶者がお互いに話すのはおそらく善いことでしょう」。この教えの声明は，三人称の禁止とともに大体は状況を解決する。もしカップルがためらっていたら，グループは普通それまでにはユーモアがたっぷりになっているので，皆が協力して手助けをする。

［注　釈］

　19 世紀前半のフランスの上流階級の間で行われた結婚の心理ゲームは，バルザックが面白く詳細に記述している[3]。今のブルジョアのふたりでする〈冷感症の女姓〉や〈あなたさえいなければ〉の心理ゲームに比べれば，パリジャンの夫，妻，そして人目を避ける愛人の 3 人でするゲームは貴族的な巧妙さがあり，それは知性と創造性により幅広い余地を与える。その時代と場所では，それは現代の手荒な心理ゲームと同程度の不健康さに過ぎなかったかもしれないし，『ラ・ロンド』の中でシュニッツラーがひそかに研究した細菌学に関する側面を除き，より審美的な資質がある。バルザックはあからさまに心理ゲームという言葉を使うので，軽いムードを誘発する。彼は，〈防衛〉，〈わな〉，〈戦略〉，〈同盟〉について話す。カイザーリングのシンポジウム[4]での何人かの著者たちも同様に，結婚を心理ゲームのように扱っている。

　もっと深刻なのは，結婚に関するほぼすべての冗談は，初期にラテン語で言われた「あの女性はあなたにとって何ですか？」，「女性ではありません，妻です」から昨日の連載漫画まで，そこに含まれる敵対するパターンを認めたもの

だ。面白いことに，この悲しい側面は漫画で，一方文学では少なくとももっと深く，満足感のある情愛は大抵いつも悲劇的な終わりを迎える。心理ゲームのない献身的愛情の真の幸福，結婚セラピーの理想的なゴールは未だほとんど称賛されていない。ピレモンとバウキス（訳注：ギリシャ神話。人身に身をやつしたゼウスたちを歓待したおかげで大洪水を免れた貧しい夫婦）に心底感動した人はおらず，農業労働者の土曜の夜は田舎の教会の中庭で詩作する詩人と同じくほとんどの人にとってはつまらないようだ。

　この著作の時点では，どの結婚にも一定の量の病理があるように思われ，それはふたりのパートナーで分けられ，おそらく子どもたちにも共有される。したがって，ひとりが健康だともうひとりは不健康で，また逆もある。腰痛は病理の〈心因性〉に共通する兆候なので，それは枠組として使われるかもしれない。そうすると人は〈炎症を起こした椎間板〉について話すことが可能になる。この結果として〈4つの椎間板の結婚〉，〈3つの椎間板の結婚〉，〈2つの椎間板の結婚〉がある。4つの椎間板の結婚ではパートナーのひとりは健康でもう一方が〈4つの椎間板を持つ〉かもしれないし，あるいは病理を分けて一方が〈3つの椎間板〉を，そしてもうひとりが〈1つの椎間板〉を持つかもしれない。または双方が，それぞれ〈2つの椎間板〉を持っているかもしれない。つまりそれは，片方が健康でもう片方が重度の痛みを持つ代わりに，双方が中程度の腰痛を持つことを意味する。

　パートナーのひとりが治療を受け，もうひとりは受けていない場合は，もうひとりの方は患者が良くなるにつれ，より情緒不安定ぎみになったり，症状が増加する傾向がある。心理ゲーム分析の用語で言うと，配偶者は絶望が増加した状態に入り（例えば〈より多くの椎間板〉の兆候），それは患者が彼の古い心理ゲーム（患者の改善は〈より少ない椎間板〉によって現れる）をするのを拒否するので配偶者の利得が取り上げられてしまうからだ。そこでの推論は，ほとんどの事例では全体の病理を減少させる唯一の希望は，パートナーの両方が治療を受けることだ。椎間板の寓話は，結婚を評価するための便利な予後の尺度を提供する。そのような尺度では〈4つの椎間板〉の結婚は，その過程は困難であろうが生き延びるかもしれない。〈5つの椎間板〉の結婚の将来は非常に

疑わしい。〈1つ〉または〈2つの椎間板〉の結婚は，精神科ではないカウンセ
ラーでも治療可能だろうが，〈3つの椎間板〉の結婚は精神科的治療の対処が必
要だ。

参考文献

1) Jackson, J. & Grotjahn, M. "Concurrent Psychotherapy of a Latent Schiz-
ophrenic and His Wife." *Psychiatry* 22 : 153–160, 1959.
2) Reik, T. *Listening with the Third Ear.* Farrar, Straus & Company, New
York, 1949, p. vii.
3) Balzac, H. de *The Physiology of Marriage.* Privately printed, London,
1904.
4) Keyserling, H. *The Book of Marriage.* Blue Ribbon Books, New York,
1926.

第19章　退行分析

交流分析の最終的な目的は構造の再調整と再統合だ。これにはまず再構築，そして次に再編成が必要となる。再構築化の〈解剖の〉段階は，診断の洗練と汚染解除といった作業による自我境界の明確化と定義から成る。〈生理学的な〉段階は，選択的に計画された特定の自我状態を特定な方法で活性化して心的エネルギーの備給を再分配することに関わり，これは社交コントロールを通して「成人」の支配権を確立する目的で行われる。再編成は通常，「子ども」の改善，それとともに「親」の修正や取り換えが特徴となる。このダイナミックな再編成の段階に続き二次的な分析段階があり，それは「子ども」の混乱解除の試みだ。

パーソナリティ全体の再調整と再統合のための最良な状況には，「成人」と「親」が存在するところでの「子ども」からの情動的な発言が必要だ。「成人」と「親」がすべての体験をしている間，完全に就役することを求めるのは，心理学や薬理学による催眠過程の一般的な価値を損ねる。なぜならば，心理学や薬理学などほとんどの人為的なものの本質的な機能は，パーソナリティの他の側面を退役させることで「子ども」を自由にさせることだからだ。精神分析は，この困難を自由連想という工夫を通して克服している。ここでの欠点は，「子ども」はしばしば自分を間接的にまたはムラがあり，ぽつぽつと表現するので，多くの部分はセラピストの解釈能力と専門的な解釈への患者の受容性によるということだ。交流分析の論理的な発展は覚醒時の「子ども」への直接的な訴えかけだ。論理的思考と経験は，「子ども」は他の子どもに最も自由に自分を表現するという考えに

至った。それゆえに，治療上の自己表現の問題への理想的な解決法に最も
近いアプローチは，退行分析の手法だ。この手法の発展はまだ萌芽状態
で，いくつかの固有の問題を克服して最良の治療結果を得るためにはまだ
何年かの経験と改善が必要だ。

　退行分析は患者に教える技法で，その前提条件は構造分析の明確な理解
だ。必要とされる防衛の緩和や心的エネルギーの備給の移動の兆候は，
「親的な」態度を維持しなければならない独断的なトロイ氏や，「成人」の
姿勢を維持しなければならない知的なクイント医師のような患者では達成
が最も難しい。他の人々はしばしば驚くような速度でかなりの程度の技術
を獲得し，特別な適性をもつ人（彼らの特質はこれまでのところ理解でき
ない）の中にはそれを直ちに得る人もいる。

　「子ども」を実際に再体験した自我状態として再生しようとする試みの
理論的根拠は，認識論的なものだ。簡単に復習すると，「子ども」は機能
的に心的器官または組織で，要は原始心理の表出とみなされる。**現象学的
には**「子ども」は明確に区分され，統合された自我状態のように見える。
それは**行動的には**生理学的，心理的，言語的兆候の症状を通して，**社交的
には**そのやり取りの質を通して知られるようになる。これらの表出の起源
は，個人が実際に子ども時代にも表した現象を再現し，確立することによ
って**歴史的な**確認が可能だ。しかし，行動的記述と歴史は両方とも「成
人」のアプローチだ。患者とセラピストは「子ども」**について**推察に基づ
いて話し，それは認識論者が〈記述による知識〉と呼ぶものだ。この治療
的効果は大抵目に見えて満足を与えるものだが，それは，外部データから
の推論よりむしろ原始の自我状態それ自体が患者の心の中で鮮やかに再生
されるときに起こるのとは異なる種類のものだ。そのような再生はフロイ
ドの〈除反応〉，クービー[1] の〈本能的記憶〉，そしてペンフィールド[2] の
側頭葉現象と同類だ。それは言葉の最狭義で言っても，〈直接的知覚に基
づく経験による知識〉をなす非推論的な不安だ[3, 4]。ここでは「成人」が
「子ども」について話しているのではなく，「子ども」自身が話している。

　このことを明確に理解するために，臨床家はそれをまさに逐語的に受け取ることが必要だ。その配置は，ふたりの人間がセラピストと部屋に一緒にいるときと全く同じだ。そこには観察する大人と病的な子どもがいるが，ただ彼らは身体的に分離できない。問題は，子どもが自分の意見を言えるように彼らを心理的にどのように切り離すかだ（単純化のために第三者の「親」はさしあたり無視する）。催眠のような人工的な方法による切り離しは最終的な結果に有害だ。小児科医が，外で待っている母親に彼女の子どもが診察室で何を話したかを伝えるのと，母親が自分の耳でそれを聞くのとでは異なる。

　以前に葬られた原始の自我状態が覚醒状態の間に完全な鮮やかさで再生されるとき，それを永久的に患者とセラピストが自由に精密な検査ができるようになる。〈除反応〉と〈徹底操作〉（訳注：ともに精神分析用語。除反応─主体が外傷的な出来事の記憶に結びついた情動から解放される。徹底操作─セラピストの行う解釈が引き起こす抵抗を克服する精神分析過程）が起こるだけでなく，自我状態も実際の子どものように扱うことができる。それは，その内部構造の複雑さすべてを花が開くようにあらわにするまで注意深く，さらに優しく養育することが可能だ。それはいわば，前には観察されなかった特徴が完全な理解となるまで何度も手の中でひっくり返すことができるということだ。そのような活性化した自我状態は，クービーの言うような記憶とはみなされず，それ自体の経験として，どちらかというとペンフィールドの一時的な現象だ。

　アイリスは，時折の中断はあったがグループに数年間来ていて，構造分析とやり取り分析で言うところの優れた〈精神科〉の心理ゲームを行った。彼女は，観察と推論で自分自身と他の人々の自我状態を診断し，やり取りを分析することができた。やがて彼女に集中的な個人セラピーを受ける機会が訪れ，それは彼女とセラピストの両者が彼女の準備ができていると考えているものだった。以前の彼女との折々の面談は月並みで，彼女自身とＱ先生にとってやや退屈だった。両者ともに彼女が〈精神科〉の心

理ゲームをしていて，これが彼女にはかなりの助けになってはいたものの，何か足りないものがあることに気づいていた。（具体的にいうと，彼女はこの心理ゲームを3つの異なった種類で演じた。それらは，精神保健，精神分析，そして交流だ。彼女は精神保健からは引き離され，〈未開の分析〉へのいくらかの余地を許され，彼女にとって最も有効だと思われたので，多様な交流を積極的に勧められた。）定期的なカウチ（長椅子）での時間を始めると，彼女は別人になった。現象学的な「子ども」が現れ始め，ある日それは全開となって出現した。彼女は，以前のある卑劣な状況を実際に感じることができ，これらの再体験の感情がいかに影響力をもって彼女の運命を決定していたかを認識した。彼女は今や自分の二重の自我同一性を「成人」と「子ども」として強烈に感じた。次の日，彼女は報告した。「聞いてください，昨日から私はこの何年もの中で一番スッキリしています。それはあたかも私が霧の中から現れてきたようです。「子ども」を認識するのと実際に感じるのとは異なります。怖いです。私の「子ども」は私をより心地良くはしてくれないけれど，私を安心させてくれます。少なくとも私はそれらの感情がどこからくるのかを知っています」

　このように，退行分析は「子ども」の研究を推論上の基盤から現象学的なものへと移行する意図的な試みだ。構造分析に多くの経験を持ち，やり取り分析と心理ゲーム分析の理解もいくらかはある，適切に準備ができた患者にはセラピストは次のようなことを述べる。

　「私は5歳で，まだ学校へは行っていません。あなたは8歳以下で，自分の年齢を選んでください。さあ，どうぞ」

　ここでセラピストは，まだ多音節語や婉曲表現を知らない子どもの役を演じる。これは特別な種類の役割で，それは彼がよく知っている役だからだ。つまり，彼は5歳だった時の自分になればよかった。

　退行分析のセッションの結果を報告するのは容易ではない。セラピストの立場は，分割して備蓄された心的エネルギーのひとつだ。彼は自分自身と患者の行動の両方の，半分「子ども」で半分「成人」の観察者でなけれ

ばならない。「子ども」に備蓄されたいかなる心的エネルギーも，いつも
の彼の治療的な「成人」から取り除かれ，その結果として，両方の自我状
態の活性化を同時に維持するために，彼（成人）の部分を極度に集中する
ことが必要になる。それに関連する影響は「成人」の記憶の障害だ。彼は
そのときに起こることには効果的に対処できるが，後になって出来事を再
現するのは難しい。テープレコーダーの使用は禁止されている。実際の5
歳か6歳の子どもへのテープレコーダーの導入は，そのような人々にとっ
て優位を占める人工遺物が何であるかをすぐに示す。そして退行分析の理
解はまだとても未発達なので，この段階ではレコーダーが部屋にあること
による経過への影響を評価することは不可能だ。

　しかしながら，おおよその再現は少なくとも起こったことの雰囲気を伝
えるだろう。2歳の時に父親が亡くなったウィート氏は，個人セッション
で彼自身の性的過ちに関しての「親的な」態度のいくつかについての話を
していた。

Q先生：私は5歳でまだ学校には行っていません。あなたは8歳以下
　　　　で，自分の年齢を選んでください。さあどうぞ
W氏：　僕のパパは死んだ。君のパパはどこにいるの？
Q先生：パパは病気の人を診ている。医者なんだ
W氏：　僕は大きくなったら医者になるんだ
Q先生：死んだ，ってどういうこと？
W氏：　死んじゃった，ってことだよ，魚が死んだとか，猫が死んだと
　　　　か，鳥が死んだ，とかのように
Q先生：それは同じじゃない。だって**人間**が死ぬのは違うから。お葬式
　　　　があったりするだろう
W氏：　どうしてわかるんだい？
Q先生：とにかく知ってるんだ。人はお葬式をしてお墓に埋めるんだ。
　　　　君のパパはお墓に入ってるの？

W氏：　入ってるよ。そして天国にもいるんだ

Q先生：お墓に入っているのに，どうして天国にもいられるんだい？

W氏：　だって，いるんだ

Q先生：天国はどこ？

W氏：　空の上さ

Q先生：空にいるのなら，お墓にはいられないよ

W氏：　いられるさ。パパから何かが出てきて天国に行って，残りをお墓に入れるのさ

Q先生：それはどこから出てくるの？

W氏：　口から出てくるんだ

Q先生：君はおかしいね。僕，それは信じない。口から出てくるなんて，どうしてわかるんだい？　見えるの？

W氏：　いや，でもそうなんだ

Q先生：見えないなら，どうしてわかるの？

W氏：　ママが僕に言ったからさ。本当のパパは天国に行って，体だけお墓に入れるんだって

Q先生：えー，どうして2つの場所にいられるのか僕にはわからないよ。お父さんは空で何するの？

W氏：　イエス様の横に座って，僕たちを見守るんだ。ねえ君，君はおかしな格好だね。君はやせこけた顔しているね

Q先生：君はパパが2カ所にいるって信じてるなんて頭がおかしいよ

W氏：　僕だって本当のパパがいたらどんなによいか。（泣く）いいよ，もう十分だ

　この短い体験は，ウィート氏の「子ども」が自分の「親」の起源，機能と現実についていかに混乱していたかを患者とセラピストの両者に明らかにした。以前は彼の父親の影響と，彼の行動に影響を与えるほどの父親についての無意識的幻想の問題すべては，解釈と推論に関する問題だった。

さらなる退行分析は，これらの幻想がいかに豊富で，死についての矛盾に折り合いをつけるのが「子ども」にとってどれほど無理なことかをさらけ出した。彼の解剖学的な意味での父親は雪に覆われた墓地の凍った土の下で震え，言葉で語られた他の種類の父親は温厚なイエス様の横で満足げに座っている。彼の静穏は子孫の行いによって定期的に動揺させられ，子孫は彼自身の時が来て，父なる神と自分の父親の魂（特注で第一次世界大戦前の優雅さのある完全な装いをした）の前で永遠の審判を行った時に悲しい説明を受ける。

　通常の社交交流では，人工頭脳的感覚の理解では「子ども」は「成人」を〈プログラムする〉が，ここでは状況が反対になり，セラピストの「成人」が彼の「子ども」を〈プログラム〉しなければならない。いくつかの技術的な困難さは，提示した短い抜粋からも明白になった。5歳の少年はセラピストのようにひとつの主題をそれほどしつこく追究するだろうか？ それがもし5歳の男の子にとっては自然な言葉だとしても，患者に〈頭がおかしい〉という言葉を使うのはそもそも許されるのか？ 患者は本当にセラピストを親とみなすのをやめて，あたかも彼がもうひとりの子どもであるかのように話すことができるだろうか？ 退行分析がまだ非常に実験的な段階であり，選んだ事例で細心の注意をもってのみ用いることが可能なのは明白だ。

　このテクニックのグループ療法での使用も同様に興味深い結果をもたらす。

Q先生：　私は5歳でまだ学校に行っていません。皆さんは8歳以下で，自分の年齢を選んでください。ではどうぞ
ヘザー：　私のおじいちゃんは私に悪いことをするの
マグノリア：私は，親戚の男の人で何か不適切なことをする人を思い出せないわ
Q先生：　マグノリアは学校に行っているので，僕がわからない難しい

　　　　　　言葉を使う。〈不適切〉って何？

カメリア：私は知ってる。だって私のママが話してくれたもの。〈不適
　　　　　切〉っていうのは，してはいけないことをすることよ

デイジー：カメリア，あなたはお母さんと親しい関係にあったのね

Q先生：　あの女の人，デイジーさんは私たちのことを聞いている。そ
　　　　　して彼女もむずかしい言葉を使う

アイリス：私は時々ここで遊ぶのが怖い。だって，あの女の人，デイジ
　　　　　ーさんが私たちを見張っているから

Q先生：　どうしてみんなは僕のうちに遊びにきたんだい？

ロシタ：　私は男の子のうちに行って遊ぶのが好きなの。色々な面白い
　　　　　ことができるし，お母さんが，会いに来る何人かの男の人と
　　　　　するような悪いこともできるから

　このようなやり取りが約20分間続く。そのあと，メンバーのそれぞれ
はこの出来事が自分に普通とは違う影響を与えたと述べた。カメリアは，
子どもの頃の腹痛を思い出させるような強い痛みを胸に感じた。ロシタ
は，あたかも浮遊しているように感じた。ヘザーの両手は震えていて，ポ
ピーは泣いていた。デイジーは酷い頭痛がして，彼女は7歳か8歳頃から
ずっと頭痛がなかったと言った。マグノリアの心臓はドキドキしていた。
アイリスは，やってきたおびただしい量の新しい記憶に愕然としていた。
ヒアシンスは，初めから終わりまで突然クスクス笑いをしないようにする
のに苦労した。

　これらの女性たちはこの技法の力にとても感動したので，ヘザーが次の
セッションでもこのやり方を繰り返そうと提案したが，彼女たちの全員が
反対を表明し，彼女たちが再開する準備ができるまでには数週間かかっ
た。その間，同時に個人治療を受けていた人たちには，新しく話すことが
たくさんあった。

　8歳は，それを過ぎると記憶喪失を主張する人がほとんどいないという

理由で，患者の退行に重要な年齢として選ばれた。したがって，患者のすべては事の成り行きの何らかの基礎を持っているだろうし，〈完全な記憶喪失〉は抵抗としてすぐには利用できない。セラピストに5歳という年齢が選ばれたのは，現実感覚のいくらかの発達が示唆されるが，それは就学前の語彙に限られるからだ。語彙の制限は，参加していない人々やことばの素養でこれを明らかにする人々に立ち向かうのを容易にする。それは，彼らに何が要求されているかを説明する適切な方法を示す。もし彼女たちがそのような広義のヒントを受け入れられなかったら，おそらく彼女たちは単に不確かであるというよりはむしろ抵抗していると言えるだろう。

　退行分析はサイコドラマの一種だが，その理論的背景と技術[5] からそれはより正確であるように思われる。それは対象範囲が制限されていて，人為性もまた抑えられている。なぜなら例外なく，セラピストも含めたすべての参加者が，以前に血と汗と涙でそれぞれの役割を演じたことがあるからだ。それはたぶん，特に材料の使い方においてローゼン[6] の〈直接分析〉と密接に結びついている。

　これが現在交流分析の最前線として知られていることのすべてであり，今のところ暫定的なので，さらなる発言は賢明ではないだろう。この主題についてのさらなる光は，LSD-25 のチャンドラーとハートマン[7] から来るだろうし，それは退行分析と多くの共通点があり，他の薬理学的退行のいくつかの欠点はないように思われる。

参考文献

1）Kubie, L. *Loc. cit.*

2）Penfield, W. *Loc. cit.*

3）Runes, Dagobert D. *Dictionary of Philosophy.* Philosophical Library, New York, n.d. "Acquaintance, Knowledge by"；"Description, Knowledge by"；"Epistemology," Section f.

4）James, W. *Psychology.* Henry Holt & Company, New York, 1910. p. 14.

5）Moreno, J. L. *Psychodrama*, Vol. 1. Beacon House, New York, 1946.

6) Rosen, J. *Loc. cit.*
7) Chandler, A. L. & Hartman, M. A. *Loc. cit.*

第20章 理論的，技術的考察

1. 理 論

　システムはその内部から一般化することはできない。地球の最も微細な
調査でも，研究者が空を見上げるという勇気を出すまでは宇宙の中でその
場所を見出せないだろう。一般化は〈これは何の例なのか？〉と問うこと
でなされる。明解な描写は近代の数の理論で見つけることができる。素数
の性質と関係は，過去22世紀の間で最も知的な何人かの，集中的で根気
強い調査の対象だった。しかしなお，この分野はエラトステネス（訳注：
古代ギリシャの数学者，天文学者。初めて緯度，経度の概念を作り上げ，
地球の周囲の距離と地軸の傾きを当時としては驚くべき正確さで割り出し
た）の最初の研究から後では比較的不毛で，近似値であふれている。しか
しながら最近，疑問に答えるある方法が見出された。〈素数の連続は何の
例なのか？〉だ。答えはそのような〈数学的ふるい〉[1]の多くの可能性の
ある種類と無限の例があるということだ。エラトステネスのアドバイスの
この一般化は，さらなる理論的発展と実践への応用に興味深い可能性があ
ることは素人にでさえ明らかだ。数学者は大抵そのような洞察力の広がり
を歓迎し，それは以前には相互に関係づけることが難しかったひとつの包
括的な概念のもとにまとめるという利点がある。
　構造分析とやり取り分析は，もしかしたら似たような機能を提供する可
能性のきざしがある。例えば，構造用語教科書，研究論文や社会臨床科学
の研究論文への解釈の試みはすでに2つの利点を明らかにした。まず第一

に，明確さと簡潔さの向上はそのような研究の大部分を大幅に減少できる。そして第二に，それは〈異なる分野にまたがる〉問題について，これまでは完全に異なる領域に共通の関連性のある専門用語を提供することで役立つ。

　白状すれば，構造分析は精神力動が芯であるりんごでしかないと言うべきだろう。誠実な学生は，芯がりんごにうまく滑り込むことを見出すだろう。りんごを無理やり芯に押し込もうとする性急な企ては，臨床経験という成果の切除という嘆かわしい結果に終わるだろう。

2. ロールプレイング

　自我状態は，ロールプレイングの概念をすべて含むという不合理性にまで下げない限り，〈役割〉とは区別されなければならない。構造分析のポジションはこれを考慮して定義されるべきだ。

　会計士がロータリークラブのディナーで話をするとき，彼は会計士ならこうすると期待されていると思うように振る舞うだろう。これはロールプレイングだ。しかし，事務所で数字の行に集中しているとき，彼は会計士の役割を演じているのではなく，彼は会計士なのだ。彼は，数字の行を加えるのに必要な自我状態を維持する。

　セラピストがセラピストの役割を演じると，敏感な患者の治療は進まないだろう。彼はセラピストにならなければならない。もし彼が，ある患者は「親的な」安心させる言葉を必要としていると決めたら，彼は，親の役を演じない。むしろ，彼は自身の「親的な」自我状態を解放する。彼が同僚の前で，彼自身が親のように感じない患者に対して自分の「親主義」を〈見せつける〉ように試みることは，彼には良いテストだ。この場合，セラピストは役割を演じ，率直な患者はすぐ彼を安心させる「親」になることと，安心させる親の役を演じることの違いをはっきり示すだろう。心理療法訓練機関の機能のひとつは，セラピストの役割を演じたいトレイニー

をセラピスト**になり**たい者と区別することだ。

　患者は脚本の中のある役，あるいは他の患者の心理ゲームの役を演じるかもしれない。しかし個人としては，彼が「親」，「成人」または「子ども」のときは役割を演じてはいない。彼はこれら3つのうちのひとつの自我状態で存在する。「子ども」の自我状態にいる患者はある役割を演じることを決めるかもしれない。しかし，彼がどの役割を演じるにしても，またどのように役割から役割へ移動したとしても，彼の自我状態は「子ども」のままだ。彼はある種類の子どもの役を演じさえするかもしれないが，それは彼の「子ども」の自我状態の選択可能なうちのひとつでしかない。同じように，〈家〉を演じる実際の子どもたちは，それぞれ「母親」，「医者」，「赤ちゃん」の役をするかもしれないが，彼らは皆これらの役割を演じている間ずっとある年齢の子どもたちのままでいる。

3. 訓　練

　構造分析の訓練は精神分析の訓練ほど達成が困難ではないが，十分に多大な努力を要し，精神分析の訓練を含む以前の条件づけに対しては，同じく批判的な姿勢が必要とされる。適切な臨床の感覚を獲得するためには，少なくとも毎日の実践と1年間の毎週のセミナーが必要だ。筆者はかつて，交流分析について20分の研究発表を頼まれたことがあり，このアプローチの経験がない参加者が討論者に指定されていた。これはあたかも，トランジスタを見たことのない挑戦的な真空管製造者組合の前で，トランジスタ回路のデザインの理論と実践の研究発表をするようなものだった。かつてフロイドが述べたように，ある考えを弄ぶのと，それに心を決めるのは別のことだ。この警句は次のように言い換えることができるだろう。「女性は一緒に暮らしてみるまでは決してわからない」で，交流分析との時折の公園の散策では，その可能性がすべて明らかになることはほぼないだろう。交流分析家の訓練が比較的短いのは，必ずしも交流分析がより単

純で重要性が低いからではなく，それは他の心理療法システムより題材が
より自発的に，はまり込むようにわかってくるからだ。

4. 治療への手がかり

1. 初心者には，「成人」を「子ども」から区別するのを学ぶのに集中す
ることを勧める。「親」は，その認識が素材によって強いられるまでその
ままにしておくことが可能だ。新しい患者も同様だ。

2. システムは臨床資料のかなり後に紹介されるべきだ。例えば，患者
の開示したものから少なくとも3つの診断的説明を持つことが賢明だ。も
し患者が最初の例を理解しなければ，2つ目を提供することができる。も
しこれもまた拒否されたら，それは理解不足というよりはむしろ，抵抗か
タイミングが悪いのかを疑うべきだ。3つ目の例は，それが後に他のアプ
ローチを確認するために使われるまで保存される。

3. 後に，「親」または「子ども」の診断は実際の成育に関する資料によ
って確認されなければならない。患者の機能的親のひとり，あるいは子ど
も時代の患者自身が，そこで示された態度で振る舞ったに違いない。その
ような確認が得られない場合は，その診断は保留されなければならない。

4. 三分法はかなり文字通りに受け取らなければならない。それはあた
かもそれぞれの患者が3人の違う人のようなものだ。セラピストがこのよ
うに感知するまで，彼はこのシステムを効果的に使う準備はできていな
い。例えば，患者は3つの異なった理由のために治療を求めてくる。ひと
つは彼の母親（または父親）が彼をそこに連れてきた理由，もうひとつは
合理的な説明，そして3つ目は彼が就学前の子どもとして来たであろう理
由で，飴やその代わりのものを貰いにきたというようなものだ。再度言う
が，彼の側面のひとつは来ることに抵抗したかもしれないが，他の2つが
彼をそこに引っ張ってきたのかもしれない。

個人面談のときに何が起きているか理解が難しいときには，あたかも実

際に部屋の中に 6 人の異なった人々がいるように分析をすると，しばしば理解を明確にすることができる。例えば，セラピスト，彼の父親，そして小さな少年の彼自身。そして患者の側には小さな少女，客観的な中立の女性家庭教師，子守り女あるいは小児科医，そして患者の母親だ。

5.　もう一度言うが，ここには〈成熟〉と〈未熟〉という言葉の場所はない。どの患者も構造的に完全な「成人」を持っていると仮定されている。問題は，それにどのように心的エネルギーを注入するかだ。ラジオはいつもそこにあるが，問題はそれをどうやってコンセントに繋ぐのかだ。

6.　〈子供っぽい〉という言葉は，軽蔑的な感覚で使われるので，同様に除外されなければならない。「子ども」は混乱しているか非建設的な感情でいっぱいかもしれないが，子どものような資質はパーソナリティの最も価値のある側面の可能性がある。

7.　提示した事例では，多くの部分が「子ども」の行動的，社交的側面に関わっているのは，それらが客観的な観察だからだ。これらの討論は知的な見識を提供するのみだ。最良の結果のためには患者が自我状態そのもの，現象学的「子ども」を経験すること，泥だらけの少年やボロボロのドレスを着た少女に再びなって，彼女の子ども時代の周りの親友たちがどうであったかを鮮明に想像することが必要だ。

8.　心理ゲームの概念はとても明確であることを覚えておく必要がある。心理ゲームは単なる習慣や態度または反応ではなく，それは特定の一連の工程で，そのひとつひとつに特定の反応が期待されている。初めの動き，反応。2つ目の動き，反応。3つ目の動き，反応。そしてチェックメイト！（訳注：チェスにおいて「対戦相手のキングを王手詰みに追い込んだ」という勝利宣言）

9.　心理ゲームと暇つぶしは時折起こることではなく，社会で費やされる時間と努力の大部分を占めるということに気づくのには少し時間がかかるかもしれない。

10.　患者がある心理ゲームをするのがわかると，結局のところこれは時

折の爆発を意味するのではなく，それはほぼ絶え間なく，始終，日々に強弱の程度を変えながら演じられるということが患者とセラピスト両者に見えてくる。

　11．その理想的な介入は〈的を射た〉やり取りで，患者の3つの人格の側面すべてに意味があり受容できるものであり，それは3つすべてが言うことを全部耳にするからだ。グループが緊張状態のとき，ヘッチ氏はポケットからキャンディーバーを出して，妻に半分あげた。それからこのふたりの若い夫婦は椅子に丸くなって，まるで高校の子どもたちのようにもぐもぐと食べた。Q先生は気づいて言った。「あなた方がどうして結婚したのかがたった今わかりましたよ。あなた方はまるで，あなたたちが話してくれた暴君的な親たちから逃げて森にいる浮浪児のようですね」。ヘッチ氏は加えた。「そして私たちは一緒にチョコを食べます」。Q先生はより詳しく述べた。「そうです，あなたたちは一緒に甘いチョコレートを作ります」。みんなが笑い，ヘッチ夫人がまとめた。「悪意を抱く者に災いあれ！」（訳注：古いフランス語の一種のアングロ・ノルマン語の格言）

　Q先生の冗談は的を射たものに近かった。それは〈甘い〉という言葉でヘッチ氏たちの甘ったるい「親」たちを喜ばせた。それは適切で面白かったので，彼らの「成人」を満足させた。そしてそれは少なくとも，その発言に意図的な肛門期の特徴を見つけたヘッチ夫人の「子ども」に届き，それは彼らの脚本契約の本質をほのめかすことを意図していた。

　12．初心者が弾みをつけた後は熱中する期間がある。これには，特に語彙の使用に対しての強い嫌悪の段階が続くだろう。この反動は学びのプロセスの普通の部分なので，不安を搔き立てたり諦めを引き起こす必要はない。確かに，そのような反応が起こらなければ，どのような深い確信も獲得することができるか疑わしい。それはまさに新しい専門領域が人格の部分に統合されようとするときで，恒久的な関与は今にも起ころうとし，より深い抵抗が一時的に現れるかもしれない。これはどのような専門的な訓練にもある一部のように思われ，おそらく自然な構造的現象だろう。

5. 結　果

　読者は今や交流分析ができることのいくつかについてよく理解してい
る。過去 4 年間の筆者の実践で，およそ 100 人の人々がそれを公正に試し
た。（少なくとも連続 7 週間，時としては 2 年から 3 年の間。）そのうちの
20 人は精神病前駆症状か精神病，または精神病後だった。事例の大半で
治療は患者，患者の家族，そしてセラピストの全員が以前より良い気分で
終わった。この形の治療を使った他のセラピストたちの経験は多くの場合
同様だ。伝統的な精神分析，精神分析的セラピーや他のさまざまなアプロ
ーチを使うひとりかそれ以上の精神科医に以前かかったことのある患者へ
の働きかけは，特に満足のいくものだった。なぜならば，彼らは準備万端
だったからだ。これらの人々は大抵交流分析に対して好感を持って上機嫌
で去っていった。

　特に交流分析を意味のある方法で使わなかった患者の何人かは，態度や
行動にほとんど変化を見せなかった。3 つの事例は明らかな失敗で，患者
の治療は（自主的な）入院に終わった。これらの人々は皆，精神科入院の
既往歴があった。

　3 つの失敗のうち，一番苦悩が少なく，最も教訓的でためになったのは，
最初のアルコール依存症者で心理ゲーム分析を試みた B 夫人だった。彼
女は，2 回の個人面談と 10 週のグループセッションの後，ある日いくつ
かの洞察を得たように思われ，グループに現れて皆に自分のことをどう思
ったかを話してほしいと頼んだ。彼女が積極的に参加したのはこれが初め
てだったので，皆はとても感心した。セラピストは，彼女がようやく自分
の心理ゲームを始められるほど十分にくつろいでいることを認識した。グ
ループのメンバーは客観的に，そして正当に称賛を込めて反応をした。B
夫人は〈真実〉が欲しいと言って抗議したが，それは明らかに不愉快なコ
メントを意味した。グループはそれに応じなかった。心理ゲーム用語で言

うと，彼らは彼女の〈アルコール依存症患者〉の心理ゲームで迫害者を演じるのを拒否した。彼女は帰宅し，夫に自分がもし一杯でもお酒を飲んだら，離婚するかまたは病院に入れなければならないと伝えた。彼は同意した。彼女はすぐに酩酊し，彼は彼女を病院に連れていった。彼女が退院した後，彼らは離婚した。

6．心的装置

　これまで定式化された理論に基づく説明ができないある状態，それは汚染のないひとつの自我状態に分割があるようだ，という例が最近発見された。この例外を説明する試みとして，すみやかにいくつかの曖昧さを明確にするのに有効な，新しい要因が推測されなければならないことがわかった。

　これらの新しい要因を紹介するための臨床的パラダイムは，デカター氏に関係する。デカター氏は30代の成功した旅行のセールスマンで，長期の旅行の後に高い性的緊張状態で帰宅した。妻との満足のいく一度の性交の後，次の朝地元での仕事を再開した。一度の性交はただ彼の健全な性欲を和らげただけで，彼はその夜帰宅した時にもっと多くを楽しみにしていた。したがって，日中，女性の顧客と話をしたり，聞いたりしている間に時々，彼女たちとの性的なファンタジーを持っているのに気づいたのは驚きではなかった。彼は，そのような時間に自分の「成人」が性的部分とビジネスの部分の2つに分かれたのを観察した。著者はこの診断に同意したいと思った。性的ファンタジーは前性器期（訳註：精神分析の発達理論の性器期以前，性対象が自己愛）の要素を含んでいないように思われた。それらは侵襲的で，察しが良く，それぞれの状況の現実的な可能性によく適合していた。原則としてそれらは愛ではないかもしれないが，現実的な生殖器性的〈対象関係〉の基準に合い，それらは健全な生物学的本能の圧力に基づいていた。抑制も原始の要素もなかったので，それらは外心理と原

始心理の影響を受けずに現実検討で統制される「成人」以外の何物ともみなすことはできなかった。

　これらのファンタジーが進行する間，彼はいつもの効果的で実務的な様子で話し，聞き続け，これもまた「成人」の活動を象徴していた。このような訳で彼の「成人」は，すべて臨床的目的としては，同時に機能する2つの異なった心の状態に分けられると認めざるを得ない。しかしながら彼は，ファンタジーは興味深く，彼の実務的な活動は成功していたが，それぞれの強度に何かが欠けていると述べた。これらの発言から，2つの側面の間に心的エネルギーの備給の何らかの分割があり，結果としてそれらがどちらも通常別々に機能するときほどエネルギーを持っていなかったのではないかと推測することができる。彼はまたビジネスに心の一部分を保ち，顧客の長い論述を聞く間に完全にファンタジーに戻らないようにするのに役立ったのは，義務感あるいは〈すべき〉という感情だったと述べた。

　その後に続く討論は，交流分析の安定した臨床基盤を持つ人々が最も有意義に読み取るだろう。さもなければ，実践的な臨床上の必要事項である推論要素は，机上の学問的な心理学にあまりによく見られる根拠のない概念の一式とみなされるかもしれない。

　ここで3つの**段階**について話すことにしよう。それらは決定因，組織体と現象だ。**現象**はすでに自我状態として聞き覚えがあるだろう。つまり「子ども」，「成人」，「親」だ。**組織体**もまた心的〈器官〉としてよく知られている。つまり原始心理，新心理，そして外心理だ。**決定因**は組織体と現象の質を決める要因で，それらがプログラミングを確立する。**内的**プログラミングは，固有の生物学的力から発生する。これらはどの組織体にも影響を与える可能性があり，これゆえに結果として現象が起こる。**立証的**プログラミングは，過去の経験に基づく自主的なデータプロセスから発生する。**外的**プログラミングは，合体した外的基準から発生する。

　旅するセールスマンの事例では，現象は「成人」の自我状態で，新心理

の表出だった。しかし一方で強い内的生物学的決定因があり，もう一方で
は強い外的（道徳的）決定因があった。彼の解決法は「成人」の自我状態
を分割し，一部分は本能的に決められ，もう一方は義務の感覚で維持され
た。しかしながら，執行役の力は常に新心理に維持されたので，彼の行動
が正しく，現実の可能性に対して十分に検証されていた。

　次の段階はそれぞれの組織体が２つの機能を持つことを前提とし，最も
重要な点はこれらの２つの機能は独立しているということだ。ひとつの機
能は決定因を効果的な**影響力**に組織化することで，もう一方の機能は現象
を体系化することだ。（これら２つの機能の独立性は，心的エネルギーの
備給バランスの基礎として容易に説明できるだろう。最も活発に心的エネ
ルギーを注入される組織体は執行役を引き受け，より心的エネルギーの注
入が少ないものは単に影響力の役をつとめる。）本能は系統発生学的に原
始なので，原始心理が内的プログラミングを系統立てると論理的に仮定さ
れるだろう。新心理はデータ処理に関わるので，それは確率のプログラミ
ングの組織体とみなすことができるだろう。そして外心理は，借りた自我
状態に関わる器官なので，外部のプログラミングを形成する任務をあてが
われるだろう。

　我々は今，構造分析で遭遇したいくつかの不明瞭な点を再考察する立場
にいる。ひとつの自我状態はある心的器官または組織体の活動の現象学
的，行動的な現れだ。これらの同じ器官は，その定められたときに最も活
動的な決定因を効果的に体系化するという独立した役目を持っている。こ
れは９つの単純な状態を持つ２つの並行した一組をもたらす。それらは内
的確率性または外的プログラミングを持つ「子ども」，同じ可能性を持つ
「成人」，そして同じ可能性を持つ「親」だ。これらすべての事例を試みる
わけではないが，いくつかを検討するのは有益だろう。

　原始心理の特徴はフロイドが一次過程と呼ぶものだ。そして新心理は二
次的過程で，外心理は何か同一化と類似している。これゆえに「子ども」
は一次過程に向かうが，確率のプログラミングはこれを妨げる傾向があ

る。「成人」の傾向は二次過程だが，内的（本能的）プログラミングはこの機能を損なう傾向がある。「親」の傾向は借りた媒介変数に沿って機能するが，これは内的または確率のプログラミングによって影響を受けるかもしれない。

　これらの状況は以前に汚染という名で討論したもののいくつかと類似しているように思われるが，それらの現象との関係はこれから解明されなければならない。汚染は空間的な観点から述べられてきたが，今の討議は機能的見地からのものだ。

　「親」は 2 つの態度を持つものとして述べてきた。それらは養育的と禁止的だ。それらの解明について以前は成育歴のデータに基づいていたが，これらの態度は今や機能的に説明することが可能だ。それらの機能的な解釈は，死の本能が受け入れられるかどうかによる。もしその概念を受け入れることが可能であれば，両方の態度は内的にプログラムされた外心理の自我状態だとみなされるだろう。つまり養育的な態度がリビドーによって決定され，禁止的な態度はモルティド（訳注：精神分析用語で，死の本能と結びついたエネルギー）（あるいはデストルード。人によっては死の本能のエネルギーをこう呼ぶのを好む）によって決定される。もし死の本能が受け入れられなければ，養育的な「親」はそれでも内的に（例えば内分泌学的に）プログラムされ，禁止的な「親」は外的にプログラムされたとみなされるだろう。

　「親」は一方で影響（〈母親が望んだように〉）として述べられ，他方では活動的な自我状態（〈母親のような〉）としても説明されてきた。今や前者は外的プログラミング（旅するセールスマンの「成人」が義務感からビジネスを続けた時のように）を意味し，後者はそれでもなおプログラムされた自我状態，それは 3 つのうちのひとつか，あるいはその 3 つの組み合わせのいずれかに言及している。それらの 3 つとは，〈私が病気の時に看病してくれたお母さんのよう〉（内的），〈食費について口論する母親のよう〉（確率），〈私のお尻を叩いている時の母親〉（外的，あるいは内的モル

ティドの）だ。これもまた現象学的見地からというよりは機能的側面から
述べられるので，「親」の二次構造に関係していることは明白だ。

　順応する「子ども」と自然な「子ども」の区別も今やより簡単に述べる
ことができる。順応する「子ども」は外的にプログラムされた原始心理の
自我状態だが，自然な「子ども」は内的にプログラムされた原始心理の自
我状態だ。早熟な「子ども」は可能性がプログラムされた「子ども」とし
て完全性のために加えても良いが，実践での決定要因はもちろんすべての
事例と同様，より複雑な関係を持っている。ここでの事例は略図か，また
は生体組織では何が見られるかという抽象概念としてのみ意図して提示さ
れている。

　プログラミングの推論または概念は，「成人」の自我状態に関わる多く
の例で遭遇する困難を解明する試みに特に必要だ。その有効性のここでの
ひとつの例は〈合理的な〉権力と〈権威主義的な〉権力の区別だ。合理的
な権力は，独裁者やソロモン王のような統治者から，ある種類の交通警察
官という人々だろう。現代の一般的な例は，豪州植民地行政官で海外にい
る英国人。彼らの土着住民への**アプローチ**は通常は統計のデータ処理装
置のものと同じだが，彼らの**態度**は父親的温情主義で，問題の解決法は大
抵，土着民の変化の純真な側面に向けられている[2]。これは図20 (a)に示
すような「親」がプログラムした「成人」に特徴づけられるかもしれな
い。権威主義的な権力は一般に描かれるような大小の独裁者で，次のよう
な人だ。その人のアプローチは主に自身の主題に対しての彼の意思を押し
つけることだが，妥当な根拠の姿勢を維持しているので，彼のプロパガン
ダは彼の絶対権力を正当化するように計算された統計的データを示してい
る。彼の〈本当の自己〉は「親」なので，〈彼自身〉は彼が言っているこ
とを信じるかもしれない。これは，図20 (b)に示す「成人」がプログラム
した「親」だ。（完全性のために予測不可能な独裁的な権力者を加えるこ
ともできるだろう。例えば，自分たちの原始のファンタジーを，抑制のな
い残虐さと奔放で実現しようとした「子ども」によってプログラムされた

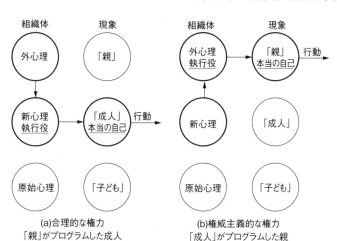

図 20

ローマの皇帝などだ。）

　より普遍的なレベルでは，図 17 (d)に示す倫理的な「成人」〈エートス〉は，機能的には「親」がプログラムした「成人」とみなされ，その明示的意味は良い母親は幼児に倫理的に行動するというものだ。感じる成人〈パトス〉は，お兄ちゃんが痛みで苦しむとある年齢の弟が泣く，という事実を参照すると「子ども」がプログラムした「成人」と理解できるかもしれない。

　ここで決定因子と呼ばれるものは交流分析の臨床材料から一般化されたもので，もっと早期に類似の題材から導き出された他の一連の概念に似ている。この一致は，独立した一連の観察が両方のシステムの正当性を後押しする傾向となるので喜ばしい。イド，エゴ，そしてスーパーエゴの概念は，フロイドの追随者たちの手により幾分専門用語化されてきたが，正式な討論ではフロイドの元の明確な語句に忠実になることが好ましい[3]。

　イド（エス）。〈遺伝したもの，誕生の時に存在したもの，体質に固着したものすべてを含み，それゆえに何にもまして身体的組織に由来し，我々

には未知の形でイドの中に最初の精神上の表現を見出した本能……。この最も古い心的装置は人生を通して最も重要であり続ける〉。この記述は〈イドの活動〉の一般向けの観念だけでなく，生殖器の性的要因と母親の養育的な行動を説明するのに非常に有効で，この意味でイドの活動は〈内的プログラミング〉に似ている。

　エゴ（自我）。〈それは自己保存の任務を持ち……その任務を外からの刺激に気づき，刺激の経験を（記憶に）蓄え，過剰な刺激を（逃避により）避け，適度な刺激に（順応により）対処し，最後には外的世界が（活動を通して）自身の有利になるように妥当な変容をもたらすことを学び，遂行する……そして，イドとの関係においてエゴは，本能の要求を支配し，それらが満足を得ることを許可するかどうかを決定し，外的世界で賛同される時期と環境になるまで延期するか，あるいはイドの興奮を完全に抑制するかでその任務を遂行する〉。そのような働きは新心理プログラミングのモデルの特別な特徴をもつ，自己プログラミングの確率コンピュータに似ている。

　スーパーエゴ（超自我）。〈長い子ども時代の間，成長する人間は両親に頼って生き，沈殿物をその後に残し，彼のエゴの中にこの親の影響を引き延ばす仲介者を形づくる……親の影響は当然ながら単に両親たち自身のパーソナリティだけでなく，彼らによって伝達される人種，国，そして家族の伝統をも含む……個人の発達過程における彼のスーパーエゴは，後の継承者からの貢献と彼の両親の代理人に取って代わる〉。事実上スーパーエゴは外心理の影響のための宝庫だ。

　そして要約すると，〈……イドとスーパーエゴにはひとつ共通点がある。それらは両方とも過去の影響を表す（イドは遺伝の影響を，スーパーエゴは本質的に他の人から引き継いだ影響）のに対して，エゴは主にその人自身の経験により決定される〉

　フロイドはシステマティックな現象学に何の問題も提起しなかったが，構造分析が心理学理論の隙間を埋めるのに有益なところはここで，それは

ちょうど，交流分析が社交行動の初歩的な単位（やり取り）とより大きな
単位（心理ゲームと脚本）で社交理論の隙間を埋めるようなものだ。

［注　釈］

　構造分析は2，3年の予備的な進展の後，1954年の秋，初めて筆者によりある程度定期的に使われ始めた。1956年までには，やり取りと心理ゲーム分析の必要性と原則は，よりシステマティックで継続的な治療プログラムを示す十分な明確さでわかってきた。1954年9月から1956年の9月までの初期段階の間に得られた結果は他のところで示したが[4]，下記の表に要約した。使用した基準は本テキストで言及したものに類似している。"F" は，患者の（自主的な）入院で治療が終了した失敗を意味する。"O" は，行動や態度にほとんど変化を示さなかった人を意味する。"I" は，それぞれの事例で得られた意見の一致がどのようなものでも，それに向かって着実に改善していった人を意味する。"P"の行はすべての精神病前駆症状，精神病，そして精神病後を，そして "N" の行はその他のすべての患者を含む。

合計	数			割合(%)		
	F	O	I	F	O	I
P 23	2	3	18	10	12	78
N 42	0	14	28	0	33	67

　このような数字の価値は良くても疑問が残り，最悪の場合は患者，専門家と一般の人々，そしてそれらをまとめるセラピストに誤解される恐れがある。本文で触れた患者に同様の表を描くという提案を，何人かの同僚や患者自身たちと討論したが，反応はほぼ満場一致で好ましくないか反対だった。主に懸念される患者たちは，セラピストが提案するかもしれないどのような評価的な手続きにもかなり協力的だったが，彼らは概して，統計的基準は心理療法の進展の実態に重要な関係はほとんどないとみなしているように思われた。ある女性は例を挙げた。「今朝私はたまたま洗濯機を見て，それが**本物**に見えました。私は

それがとてもうれしかったです。ここに来る前は，物はそのように見えませんでした」。問題は，「それが私にとってどれだけ大事なことかをどうしたらわかるか，そしてそれをどのようにして人に証明するのかです」。あからさまな失敗を分類するのは容易いが，成功は，少なくとも開業医では，それを誠実に数字で表すのは難しい。

　7週間は治療として受け入れることができる最短の期間で，それは生物学的に自然な周期だと思われるからだ。自我の境界が新しい準安定性のポジションに移動をするには大抵39から45日かかる。これは，例えば（居住区域に興味のある人々にとって）新しい家に〈慣れる〉，言うなれば〈結晶化〉の期間[5]だ。そのため頻度にかかわらず，予約が最低週1回あり，少なくとも7週間は定期的に来た患者の調査のみを真剣に受け取るということが実質的に提示されている。もし1週間に一度以下の頻度であったら，それぞれの予約を〈新しい経験〉にする別の期間を考慮する必要があるので，結果としてその継続性を断絶する。初期段階で，ある1週がとばされた場合にも明らかに継続性は断ち切られる。

　驚くべき数の精神分析家が構造の現象，つまり自我状態の移動，またはここで「成人」と「子ども」と呼ばれるものについて，患者が話したことを報告している。驚くのはフェダーンと彼の弟子たち以外は誰も，このことに関して何も真剣な注意を払わなかったことだ。私はエクスタイン（Ekstein）とワラースタイン（Walerstain）[6]の，まさにこれらの観察を強調した論文をワイゼンフェルドのおかげで注目したが，論文の最後は自然主義的なアプローチを捨て防衛メカニズムの技術的な討論に終始している。しかし興味深いのは，未来があり興奮するような初期の観察に比べて，彼らの結論はありふれたものであるように思われることだ。この論文では，境界性と精神病の子どもたちの原始心理，新心理，そして外心理の自我状態の移動を興味深い方法で示している。

参考文献

1) Hawkins, D. "Mathematical Sieves." *Scientific American*. 199：105–112, December, 1958.
2) *Pacific Islands Monthly*. Pacific Publications Pty., Sydney. Passim.

3）Freud, S. *An Outline of Psychoanalysis. Loc. cit.*, pp. 14-18.

4）Berne, E. "Ego States in Psychotherapy." *Loc. cit.*

5）Stendhal. *On Love*. Peter Pauper Press, Mount Vernon, N. Y., n.d.

6）Ekstein, R. & Wallerstein, J. "Observations on the Psychology of Border-line and Psychotic Children." *Psychoanal. Study of the Child*, IX, 344-369, 1954.

症　例

終結ケースとそのフォローアップ

　以下に，構造分析とやり取り分析のコースを終了したケースの経過と結果を示す。理論的な開発が十分に開花し，やっと最近になり，最初から終結までこのアプローチのシステマティックな活用が可能になったが，追跡調査は比較的短期間だ。そうは言うものの，これはまれな例ではなく，幸運かセラピーがその目的を達成したからか，現在では最終的な結果が何年にもわたって特別の興味をもって認められるような少数の事例が存在する。これらのケースは，管理されたセラピー治療の状況下で，症状と社会生活上の予想外に早い改善（以前の基準では）が見られた患者から成る。

　エナトスキー夫人の事例をより詳細に取り上げる前に，主婦で30歳のヘンドリックス夫人のケースは手短に考察する価値がある。ヘンドリックス夫人は，10年前に興奮性うつ病で苦しんでいるときに初めて診察した。その時，彼女は従来型の支持的療法の治療を1年間受け（口語的には〈口唇期の補給を提供した〉），その間に彼女は回復した。

　彼女が10年後に戻ってきた時，以前のエピソードの時に比べてより活発な自殺ファンタジーがあり，悪くなっていた。今度は構造分析とやり取り分析で治療を受け，6週間で前回の時にセラピーを受けたまる1年間よりも症状の改善が見られた。これは彼女自身とセラピストの意見だけではなく，彼女の家族と親友たちの意見でもあった。そしてこの改善は，〈補給〉の〈支持的〉な提供とは明らかに異なった経過でもたらされた。その次の6週間後には，彼女はこれまでの人生の中で最もうまく対処し，世の中で生きていくことを選択して，長年にわたる

自閉的な熱望のいくつかを手放した。彼女はまた，自分の立場や不幸な子ども時
代を前提とする不健康な傾向を放棄した。〈義足〉や〈彼らさえいなければ〉の
心理ゲームをする代わりに，彼女の家族生活で始まった新しい可能性の枠組みの
中で，自分の存在意義を見つけ始めていた。このケースは臨床の現場で，これ以
上は望めないないほどうまく管理された状況を提供したので言及した。つまり，
同じ患者が2回の類似するはっきりとしたエピソードを，明らかに分けられる間
隔をもって起こし，同じセラピストが2つの異なった手法で治療したというもの
だ。

　さて，エナトスキー夫人に戻そう。14章の初めに詳しく述べたが，この女性
は当初突然に始まる〈うつ〉への訴えを述べた。彼女は以前に3種類の治療を受
けていたことを思い出すかもしれない。それらは，アルコール依存者更生会，催
眠療法，そして禅やヨガと組み合わせた心理療法だった。彼女は特に構造分析と
やり取り分析への優れた適性を示し，まもなく彼女自身と夫，彼女と息子の間で
行われていた心理ゲームの社交コントロールを発揮した。正式な診断は統合失調
症性ヒステリーが最も適切と言える。以下，重要な部分の抜粋でこのケースの毎
回の面接を振り返る。

1．4月1日

　患者は初回面接の際，時間通りに到着した。彼女はほかのセラピストの所に
行っていたが，不満になったので，市立のクリニックに連絡をして，そこのソー
シャルワーカーと何度かやり取りをしたのち，Q先生を紹介されたと述べた。彼
女は続けるように促され，精神科の履歴を引き出すために，関連したところで適
切な質問がなされた。彼女は10年間アルコール依存症だったが，アルコール依
存症更生会で治ったと述べた。アルコール依存症の発症のきっかけは彼女が19
歳の時の母親の精神病だった。うつも同じ時に始まったと述べた。以前の精神科
治療の種類についても話し合われた。その土地で生まれた34歳で，結婚歴1回
のプロテスタントの主婦。高卒で，夫は機械工だという予備段階の人口統計学的
な情報も入手した。父親の職業，彼女の結婚年数，兄弟の年月での順位，そして
子どもの年齢も記録された。トラウマ的な出来事の予備段階での調査で，父親は

大酒飲みで，両親は彼女が7歳の時に離婚したことが引き出された。

病歴は頭痛，一方の腕と足にしびれ，しかし痙攣，アレルギー，皮膚病，その他一般的な精神医学的関連の身体的疾患はなかった。すべての手術，怪我，重病時の年齢も記録された。全体的な精神病理学のため，夢遊病，爪かみ，夜驚，吃音，どもり，夜尿，指吸い，その他の就学前の問題など幼少期が調査された。学校の履歴も手短に調べられた。薬剤などの化学物質の影響や有害物質にさらされている状態についても記録された。詳しい精神的な状況の調査が行われ，最後に彼女はどれか覚えている夢を説明するようにと尋ねられた。最近彼女は夢を見た。「彼らは，夫を水の中から救い出そうとしていました。彼の頭は傷つき，私は叫び始めました」。彼女は健康について強く忠告する内的な声をよく聞くし，2年前には一度〈外的〉な声を聞いたと言った。これが予備的な履歴の聞き取りの要件を満たし，患者は自分がしたいようにブラブラ歩き回ることを許された。

論考：履歴の聴き取りは注意深く計画され，患者が常に主導権を持っているように感じ，情報収集についてセラピストは型通りだったり，明らかに手順通りというより，少なくとも好奇心を持っているようにした。これは，患者が可能な限り自分のやり方で面接を構造することを許可し，精神科問診の心理ゲームをする必要がないことを意味する。しびれの訴えから，彼女は検査のため神経科医にリファーされた。

2．4月8日

神経科医は頸部の関節炎を疑ったが，特別な治療は勧めなかった。患者はこの面接を心理的調査のように行った。彼女のある〈大人の部分〉が批判するので，無意識のうちに〈小さな女の子〉のように許可と反抗を欲していると述べた。〈小さな女の子〉は〈子供じみている〉ようだと彼女は言った。その〈小さな女の子〉を締めつけようとするのではなく，外に出してあげたらどうかと提案された。彼女はあまりにそれは図々しいと答えた。「でも，私は子どもが好きです。私は父の期待に沿えないことを知っていますし，沿おうとすることに疲れました」。これには彼女の夫の〈期待〉も含まれていた。彼女が実際にそう言ったように，そのような期待は彼女にとって〈親的な期待〉として一般化された。彼

女は，夫と父親を自分の人生にとって最も大切なふたりの〈親〉だと見ていた。彼女は夫に対して誘惑的で，父親に対しても同じだと認めた。父と母が離婚した時彼女（7歳）は思った。「私だったら彼を引き留めることもできたわ」と。そのため，彼女には親のような存在への順守に対する葛藤があるだけでなく，誘惑的な態度もある。

　論考：患者の構造分析に対する特別な能力はすでに明らかだ。彼女は自分自身で〈小さな女の子〉と〈大人の部分〉を区別し，彼女が自分の親とみなす特定の人に対する〈小さな女の子〉の順応を認めた。そのため，この三分法を非指示的な方法で強化することだけが必要だった。他の多くの患者では，これは3回目か4回目の面接，もしくはもっと後の回まで取り掛かれないかもしれない。

3．4月15日

　彼女は何をするかを指示する人を快く思わなかった。特に女性ではそうだった。これは〈親たち〉へのもうひとつの反応だった。彼女は〈有頂天な感じ〉について述べた。これはとても小さな女の子が感じるに違いないし，これもまた「子ども」だと指摘された。それに対して彼女は答えた。「まー本当に，それはそうですわ！　おっしゃるように，私には小さな女の子が見えます……信じるのは難しいかもしれませんが，私にはとても辻褄が合っています。あなたがそう言うと，私は歩きたくないと感じます。ロンパーズを着た小さな女の子……何かヘンな感じがします。彼らは私を右肩で引っ張り上げ，私はものすごく怒っている……でも，私は自分の息子に同じことをします。〈私は反対しない，だって彼がどう感じるかわかっているから〉と考えている間は賛成しません。本当に賛成していないのは私の母親なんです。それはあなたのいう「親」の部分ですか？　私はこのすべてについて，少し怖い気がします」

　この時点で，これらの診断的な評価について，神秘的だったり空想的な側面はないことが強調された。

　論考：患者はここで「子ども」の現象的な現実のいくつかを体験し，彼女が前回の面接で確立した行動，社交，そして歴史的な現実に追加した。そのため，交流分析での治療への兆しは好ましいものだ。

4．4月22日

「今週，私はこの15年間で初めて幸せでした。私は「子ども」を見つけるのに，遠くを探す必要がなく，私の夫やほかの人の中にそれを見つけることができます。私は息子との間で問題を抱えています」。彼女の息子との心理ゲームは，「親」（彼女の不賛成と決意），「子ども」（息子の反抗に対する彼女の唆しと不機嫌），そして「成人」（息子が最終的に勉強をした時の彼女の満足）の観点から不正確ではあるが，適時にそして具体的な方法で明確化された。「親」の働きかけ（優しい理由）よりも「成人」のアプローチ（良い理由）の方が試す価値があることが示唆された。

　論考：患者は今や，やり取り分析に関与し，そして社交コントロールのアイデアが提示された。

5．4月28日

　彼女は，息子と前よりうまくいっていると報告した。「子ども」についてさらに解明するため退行分析が試みられた。彼女は物語る。「猫がじゅうたんを汚し，彼らは私を責め，私にそれを拭かせました。私は汚したことを否定しましたが，言葉に詰まってしまいました」。その後の話し合いで，アルコール依存者更生会（AA）や英国国教会の両方が〈汚物〉の懺悔を求めたと述べた。そのために彼女は両方とも見限った。面接が終わる頃彼女は尋ねた。「攻撃的になっても構わないのですか？」。それに対する答えは，「私にそれを言ってほしいのですか？」。彼女はそのようなことは「親」的な許可ではなく，むしろ「成人」の土俵で決めるべきだという言外の意味を理解し反応した。「いいえ，ほしくありません」

　論考：この回の面接では，彼女のいくつかの脚本の要素が引き出された。彼女は何らかのうまく適応した形で，セラピストと猫の状況を繰り返そうとすることが予測できる。「攻撃的になっても構わないのですか？」という彼女の質問は，たぶんこの適応への第一歩だろう。これはセラピストに心理ゲームをせず，彼女の「成人」を強化する機会を与える。患者は構造分析とやり取り分析の理解についてすばらしく前進しているので，彼女はすでにかなり上級のグループセラピー

に参加する十分な準備ができていると考えられた。彼女が入ろうとしていたグループは大方女性で構成されていた。

6．5月4日

　夢。「私は自分を見て，言いました。〈そんなに悪くないわ〉って」。彼女はグループを気に入ったが，その週の残りは居心地が悪かった。彼女は，子ども時代の同性愛遊びを含むいくつかの思い出を物語った。「そうだ！　だから私はAA（アルコール依存者更生会）が好きじゃなかったんだわ。あそこには同性愛の女性が2人いて，そのうちのひとりが私のことをセクシーだって言ったの」。彼女は膣のかゆみを訴えた。「母と私はいっしょに寝てて，母は私に嫌な思いをさせたわ」

　論考：彼女の夢に現れた内容は「成人」と考えられ，そして良い予後の可能性を示した。グループでの経験は性的葛藤を活性化させ，これがそれらの本質に関わる最初の兆候だった。

7．5月11日

　彼女は，そのグループ・ミーティングを去る時にかなり興奮しているのを感じた。「物事はとても早く動いています。あの人たちはなぜ私を笑わせ，赤面させたのでしょう？　家での物事は良くなっています。今は息子にキスできるし，娘は初めて私の膝の上に座りました。私は物事が単調だと良い愛人にはなれないのです」

　論考：14章でその一部を概要で述べた彼女の家族ゲームの分析は，いくつかの「成人」の社交コントロールの確立という結果をもたらした。彼女の子どもたちはこの進歩したコントロールに気づいたことは明らかで，彼らは長い期間の中で初めて彼女が自分の立場を維持できると感じ，それに呼応して反応したのだった。彼女のグループでの興奮と，物事が単調だと良い愛人にはなれないのです，という彼女の発言は彼女が夫と性的な心理ゲームをしていることを示した。

　その週の後半のグループでの経験は，彼女の心理ゲームのいくつかには親的な人物が必要だということをかなりはっきりと示した。グループには新しい患者

がいて，その人は男性のソーシャルワーカーで，彼女は彼の職業にとても興味をもった。グループで彼らは何をすることになっているのかと彼女は彼に尋ねた。それについては，彼女の方が彼より知っていることが指摘された。というのも，その回は彼にとっては最初のミーティングで，彼女にとっては3回目のミーティングだったからだ。彼女は他の人が彼女に何をするか指図することを快く思わないと言うが，しかしながら彼女は彼の教養に感心したようで，彼女の優れた経験にもかかわらず，無知で単純な人物のように，その新参者に指示を仰いだ。それは心理ゲームをお膳立てする試みであることは明らかだった。この解釈は的を射た。彼女は親的になりそうな候補者をどのように〈わな〉にかけ，それからそれについて不満を言うかをはっきり認めた。

8. 5月18日

彼女はグループの中での退行分析で動揺した。それは，彼女の精神病への恐怖と州立病院にいる彼女の母親のことを考えさせた。彼女自身の演出は美しい庭園に繋がるいくつかの優雅な門だった。これは5歳以前のエデンの庭ファンタジーから派生したものだった。その題材は，庭園が何年も昔に母親を訪問した時の州立病院の門に適合することを意味した。グループでのこの経験は，彼女に入院して責任から解放されたいのではないかと伝える適時な機会を提供した。

彼女はこの5～6年で一度しか母親を訪問していないので，また訪問することが望ましいのではないかと提案された。この提案は「親的」ではなく「成人」からであるように，言い方には十分な注意が払われた。母親を訪問しない悪い子だという意味合いはどのようなものも避けなければならなかった。彼女は，自分の「成人」の練習としてそのような訪問の価値を，そして母親が亡くなったときの彼女の「親」と「子ども」間の将来の困難を防ぐ方法として，理解できた。この提案が歓迎されたのは，彼女が新しい情報を持ち出したことで明らかになった。彼女の夫は決して自分の髪の毛を洗わず，常にうまい言い訳をし，彼女はそれを受け入れた。彼は何カ月も髪を洗わなかった。彼女は，それがさほど気にならないと言った。セラピストは，彼女が結婚した時からそれを知っていたはずだと言った。彼女はそれを否定した。

9.　5月25日

　彼女は，ずっと病気の人よりも病気の動物の方が怖かったと言った。今週，彼女の猫が病気だったが，彼女は初めてその猫が怖くないと思った。昔彼女が小さい頃，父親が彼女を叩いたら，彼女の犬が父親に飛び掛かった。するとすぐ，父親は犬をどこかにやってしまった。彼女は子どもたちに，母親は死んだと言っていた。彼女は，母親のことを考えようとするといつもお酒を飲み始めた。ある時，母親が妊娠8カ月の時に彼女の父親が母親に毒を盛ろうとしたと聞かされた。彼らは患者を助け，母親は死ぬだろうと思ったが，彼女は，生き返った。この話を彼女にした叔母は言った。「あなたの人生は生まれた時からゴチャゴチャなのよ」

　論考：この意味ははっきりしない。しかし，彼女が母親に関してかなり複雑な葛藤に取り組んでいることは明らかだ。病気の猫への社交コントロールの持続は，近い将来彼女の母親を訪問するのが可能かもしれない証拠だ。

10.　6月1日

　「正直に言うと，私が母親を訪問するのが怖いのは，私もそこにいたいと思うかもしれないからなのです」，「私はなぜ存在するの？　時々，私は自分の存在を疑います」と，彼女は不思議に思う。彼女の両親の結婚は妊娠によるやむを得ない結婚で，彼女は常に自分は求められていなかったと感じていた。セラピストは，彼女自身の出生証明書のコピーを取るように提案した。

　論考：患者は今，実存的な問題に関わっている。彼女の「成人」が常に不安定なのは，彼女の「子ども」が彼女の存在，彼女が存在する権利，そして存在する形について疑念を植えつけたからだ。彼女の出生証明書は彼女が存在することの証拠書類となり，彼女の「子ども」には特に印象的だろう。社交コントロールが確立され，彼女は彼女自身が選択する形で存在することが可能だということを学べば，州立病院に引きこもりたいという願望はきっと減少するはずだ。

11. 6月8日

　彼女は，アルコール依存症患者の夫の心理ゲームについて述べる。AA では，彼女は彼のために祈り，慰めるべきだと言われ，それが彼女を病気にした。彼女は何か違うことを試した。「ある日，彼に自分自身の面倒が見られないようだから，病院に行くために救急車を呼ぶと言ったら，彼は起きて，二度とアルコールを飲みませんでした」。彼は，自分が飲むことで彼女がしらふでいることを援助しようとしただけだと言った。そうなったのは，先週彼が大酒を飲んでいて，彼女は肩の痛みがあり彼を叩きたかったが，その代わりに叱りつけたからだ。

　このことから彼らの秘密の結婚契約の一部は，彼が飲み，彼女が救助者として機能することに基づいているように思われた。この心理ゲームは，AA で彼女の利益になるように強化された。彼女が救助者を続けるのを拒否し，代わりに迫害者になったとき，心理ゲームは混乱し，彼は飲むのを止めた。（明らかに，それは前の週の彼女の不安定な状況によって再開された。）

　この概略が彼女に示された。彼女は最初こう言った。「それが私たちの結婚契約の一部なんてはずがありません。だって，私たちはふたりとも出会った時は飲まなかったのですから」。その後，少したって，彼女は面接中に突然言った。「あっ，私たちが結婚した時，私は彼が髪の毛を洗わないことは知っていましたが，彼が飲むことは知らなかったことを，今思い出しました」。セラピストは，ボサボサの髪は秘密の結婚契約の一部だったと言った。彼女は懐疑的に見えた。それから彼女は少し考えてから言った。「おやまあ，そうです。私は彼が飲むのを知っていました。私たちは高校の頃，いつもふたりで一緒に飲んでいました」

　彼らの結婚早期には，彼らはどうやら切り替え可能なアルコールの心理ゲームをしていたらしい。もし彼女が飲んだら，夫は飲まなかった。そしてもし彼が飲んだら，彼女はしらふのままでいた。彼らの関係は元々この心理ゲームに基づいていたが，後に中断し，それを忘れるためにかなりの努力をしたに違いない。

　論考：この回は，患者に彼女の結婚の構造をはっきりさせるのを助け，また結婚ゲームを続けるために必要な時間と努力の量，そして同様に意識的なコントロールなしの抑圧に使われるエネルギーの量について強調した。

12. 7月6日

　夏休みの間1カ月の休止期間があった。患者は戻ってきた時には肩の痛みがあった。彼女は州立病院に行き，そして母親は彼女を追い払った。彼女はこれに絶望した。彼女はいくらか嗅覚の錯覚があった。彼女はオフィスがガス臭いと思ったが，それは清潔な石鹸だと決めた。これが彼女を精神活動の話し合いに導き入れた。最近のヨガの練習の間，彼女はほとんど直感像だと言える心的イメージを発現させた。彼女は庭園と羽のない天使を，輝くようにはっきりとした色と細部まで見た。彼女には子どもの頃，同じような種類のイメージがあったことを思い出した。彼女にはまたキリストと彼女の息子のイメージもあった。彼らの様子は鮮明で生き生きとしていた。彼女は動物や花も見る。実際のところ，彼女は公園を歩いているとき，木々や花々にこっそりと，でも声に出して話しかけるのが好きだった。これらの活動で表現されている切望について彼女と話し合った。芸術的そして詩情的な側面が指摘され，そのため彼女は書いたり，フィンガーペインティングをすることを勧められた。彼女は自分の出生証明書を見て，自分の実存的疑いで心がかき乱されることは減った。

　論考：彼女が以前に言ったこれらの現象と聴覚症状は必ずしも憂慮すべきことではなかった。それらは，彼女と両親との間のひどく不穏な関係に関連する幼少期の復元傾向を暗示した。従来型の手法は彼女に〈支持的〉な治療を行い，この精神病理を抑え込んで，その上で生きていくことを提供しただろう。構造分析は大胆さを必要とする他の可能性を提供する。この動揺した「子ども」に自分自身を表現し，その結果としての前向きな経験から利益を得ることを許可する。

13. 7月13日

　彼女は自分の内科医のところに行き，医師は彼女の血圧が高かったので，ローウルフィア（訳注：血圧低下剤）を処方した。彼女は夫にフィンガーペイントをすると話したが，彼は怒って言った。「パステルを使えよ！」。彼女がそれを拒むと，彼は飲み始めた。彼女はこの〈大騒ぎ〉の心理ゲームで何が起こったかを認識し，これに引き込まれたことになんらかの絶望を感じた。しかし，彼女は

〈大騒ぎ〉のゲームを彼としなければ，彼が絶望するので，難しい選択だと言う。彼女はまた，美しい庭園の入り口は，彼女がごく小さい時に母親が行かせていた託児所の門にとても似ていると言った。ここで新しい問題が持ち上がった。心理療法の効果とローウルフィアの効果をどう区別するかだ。彼女はこれに手を貸したがった。

14. 7月20日

　彼女は興味を失い，疲れを感じていた。それは薬のせいかもしれないと彼女は同意した。彼女はこれまで誰にも言わなかった身内の不祥事を明らかにし，彼女の飲酒は母親が精神病になった後に始まったのではなく，この不祥事のあとからだと述べた。

　この面接で極めて重要な動きがあった。セラピー面接中，彼女はいつも通りにぶざまで無防備な恰好で座った。ここで彼女は再び AA の同性愛の女性について文句を言った。彼女は男性も彼女に言い寄ると文句を言った。言い寄られるようなことは何もしていなかったから，彼女はなぜなのかわからなかった。彼女は無防備な恰好について知らされ，かなりの驚きを示した。それから，彼女は長年にわたり似たような無防備な恰好で座っていたので，他人の積極性に起因すると考えていたことが，むしろ彼女自身の露骨な誘惑的な姿勢の結果なのだろうと指摘された。それに続くグループの会合では彼女はほとんど静かだったので，質問されると彼女は，医師が言ったこと，そしてこれがどんなに彼女を動揺させたかを話した。

　論考：これは極めて重要な面接だ。通常の家庭生活の可能性を犠牲にして，彼女の夫やほかの男性や女性と行った心理ゲームで，患者は一次的，そして二次的なものなどたくさんの利得を得た。一次的外的利得は楽しい性行為を避けることだ。もし彼女がこれらの利得を手放すことができれば，彼女の放棄を繰り返すよりさらに満足の大きい正常な夫婦関係を始める準備ができるかもしれない。彼女の「子ども」の統合失調症的要素は症状から明らかだ。ヒステリー症の要素は，彼女の社交的に受け入れられている心理ゲームの〈ラボ〉で最もはっきりと現れる。それゆえに診断は統合失調症性ヒステリーとなる。

　彼女の場合，そのような率直さに耐えるにはまだあまりに脆かったので，心理ゲームの命名は避けた。彼女にはそれに名前を付けずに，わかりやすく説明された。しかし，非常に高度なグループでは，それは専門的には〈Ⅰ度のラポ〉として知られている。それはヒステリーの古典的な心理ゲームだ。残酷で，〈不注意な〉，誘惑的な露出症，そしてその後に反応が間近に迫ると驚きと傷ついた純潔の抗議が続く。（以前に注目したように，〈Ⅲ度のラポ〉は最も凶悪な形で，法廷や死体安置所で終わる。）この時点でのセラピー治療の課題は，彼女の準備が適切で，彼女の「子ども」とセラピスト間の関係はこの対立を効果的にするために十分によく理解されているかだ。ある意味で，彼女と子どもたちの人生は，この件に関してセラピストの判断にかかっている。もし彼女が怒って治療を止めると決めたら，その後長い間，たぶん永久に彼女は精神科医療を失う恐れがある。もし彼女がそれを受け入れたら，効果は疑う余地がない。というのも，この特定の心理ゲームは彼女の結婚において幸せの主要な障害になっているからだ。セラピストは当然，成功の確信がそれなりになければ，危険を冒してまでこのような問題を持ち出すことはしない。

15. 8月10日

　セラピストは2週間の休暇の後，戻ってきた。対決は成功していた。患者は，思春期早期に義理の母親が眠った振りをしている間に父親に暴行を受けたと話した。父親は他の子どもたちにもみだらなことをしたが，義理の母は常に父親をかばった。彼女はこの〈暴行〉を自分自身の誘惑的なものと関連づけた。患者はこの状況をそれなりの長さをかけて説明し，セックスは汚くて，わいせつという彼女の感覚を引き出した。彼女はこの感覚のため，常に夫とは性的に非常に注意深く，そしてこの理由で彼とのセックスを避けようとしたと言った。彼女はセックスを楽しむために自分を十分に解き放すことができず，それは彼女にとっては単なる重荷だったので，夫とする心理ゲームはセックスを避ける試みだということを理解した。

　論考：患者は明らかにセラピストの率直さにショックを受けたが，彼女の結婚の構造を一層さらけ出し，それに対してどうすれば良いかということを示した

ので満足した。

16. 8月17日 （最終面接）

　患者はこれが最後の面接になると告げる。彼女が性的に興奮したら夫が彼女のことを汚いとかひわいだと思うだろうと怖れることはもはやない。彼女は夫がそう思うか一度として聞いたわけではなかったが，単にそうだと思い込んでいた。その週に，彼女は彼に違った風に接触したら，彼は満足げな驚きで反応した。この数日，彼は長年で初めて口笛を吹きながら帰宅した。

　彼女はそれ以外にも気づいたことがある。彼女は常に自分を哀れに感じ，回復したアルコール依存症者だからと同情と称賛を引き出そうとした。彼女は，今やこれは〈義足〉という心理ゲームなのだということを認識した。この時点で彼女は，自分でやってみる準備ができたと感じた。彼女は父親に対しても違うように感じた。もしかすると，彼女は誘惑に対して自分が思っていた以上に寄与したかもしれない。スカートが短すぎるという意見はとてもショックだったが，彼女を助けた。「私はセックスをしたいとは決して認めませんでした。私は常に〈注目〉が欲しいと思っていました。でも，今では私はセックスが欲しいと認めることができます」。その週に，彼女は病気で他の町の病院にいる父親を尋ねた。彼女は訪問をかなり客観的に観察することができた。その時，彼女は父親と離婚し，彼をもう欲しないと思った。それが夫と性的に付き合えるようになった理由だった。彼女は，セラピストを仲介者として移行を達成したと感じた。セラピストは当初しばらく父親の役割を果たしていたが，彼女は，もう彼を必要としない。彼女は，夫と彼女の症状の原因となっている性的抑圧や彼に対する性感について自由に話すことができる。彼は彼女に同意し，彼女の気持ちに報いた。前回の面接の後，彼女はすべてをよく考えたら，その晩美しくて，優しく，穏やかな女性の夢を見て，彼女は内面でとても心地よく感じた。子どもたちも変わった。彼らは幸せそうで，くつろぎ，助けになった。

　彼女の血圧は下がり，かゆみは消えた。改善は薬のせいかもしれないとセラピストは考えた。彼女はそれに答えて，「いいえ。そうは思いません。私はその違いがわかります。以前にも飲んでいましたから。薬は効いてくると，私は疲労

感と不安感を感じます。でも，これは全く新しい感覚なのです」

　彼女はフィンガーペインティングではなく，絵を描いていて，自分がしたいことをしていると報告した。彼女はこれが間違っておらず，生きることを学んでいるようだと感じた。「私はもう人に同情しません，私は，彼らもどうやれば良いかがわかれば，やれるはずだと思います。私はもう人より劣っているとは感じません。でも，その感情はまだ完全になくなったわけではありません。私はグループにはもう参加したくありません。私はむしろ夫と時間を過ごしたいです。彼が口笛を吹きながら家に帰って来ると，私たちはまた新たに付き合い始めたような感じです。それはすばらしいことです。私は３カ月やってみて，もし気分が悪くなったらあなたに連絡します。それから私はそれほど〈神経過敏〉でもありません。つまり，心因性の症状とか罪悪感とか，そしてセックスについて話すことへの恐怖感というような。これは奇跡です。そうとしか言いようがありません。幸せという私の感情を説明することはできませんが，私たち［あなたと私］はこれについて共同作業をしたと感じています。私の夫とはさらなる親密さと調和があり，彼はこの家の主になったように子どもたちを引き受けることさえしています。私はＡＡに対して〈義足〉という私の心理ゲームで彼らを活用したことに少し罪の意識を感じさえします」

　彼女には率直に構造分析が助けになったか，また心理ゲーム分析が役に立ったか聞いた。それぞれに対して彼女は答えた。「もちろんそうです！」。そして加えた，「それに脚本です。例えば，私は夫にはユーモアのセンスがないと言ったら，あなたは〈ちょっと待って，あなた方はずっと心理ゲームをし，それぞれの脚本の行動化をしていたのですから，あなたは彼を知らないし，彼はあなたを知らないのです。あなた方はお互いに本当はどうなのか知りません〉と言いました。あなたは正しかった。だって今は彼が本当はユーモアのセンスがあることを発見しましたし，それがなかったのは，ゲームの一部だったということも。私は自分の家庭に関心があり，それをありがたく思っています。私は再び詩を書いて，夫への私の愛情を表すことができます。私はそれを自分の中に仕舞い込んでいました」。この時点で面接の１時間は終わりに近づいていた。セラピストは尋ねた。「コーヒーをいかがですか？」。彼女は答えた。「ありがとうございます。

でも結構です。飲んだばかりですから。私はあなたに私がどう感じるかをお話し
しました。以上で，これがすべてで，こちらに来ることは大きな喜びでしたし，
とても楽しかったです」

　全体的な論考：上記の抜粋は明らかに不完全であるにもかかわらず，この満
足のいく進歩を懐疑的な態度，警告，または唇をギュッと結んでみなす必要はな
い。経験を積んだ読者に生じたかもしれない多くの質問に患者自身がすでに答え
ている。

　例えば，彼女はセラピストを彼女の父親の代わりだと気づき，それに続き，
夫をセラピストの代わりと受け止め，そのためこれは古典的なわかりにくい治癒
には分類できない。最も印象的な事柄は，彼女の子どもたちと，特に夫の態度の
変化だ。そのような間接的な基準は通常，セラピストや患者の意見よりも説得力
がある。最初のセラピー治療の目的は体系的に達成したという証拠がある。彼女
は多くの心理ゲームをすることを止め，それをより満足のいく直接的な関係と親
密さに置き換えた。彼女の服装と行動はより控えめになり，同時に彼女はより性
的に魅力的で，性的に満足しているように見えた。原始レベルで何が起こったか
についての簡潔な解説を提供することができる。彼女は他の男性のセラピストと
の間で起こったように，支配され，催眠をかけられるという仮の妄想でセラピス
トのところにやって来た。彼女は心理ゲームと対決することでゆっくりとこの妄
想を断念し，彼女の誘惑的な姿勢についての所見でセラピストは誘惑されないこ
とがはっきりとわかった。彼女の強化された「成人」で，さらにまた彼女は子ど
ものような野望を断念し，大人の事柄に取り掛かる決断をすることが可能になっ
た。

　最近の意見では，このケースの経過は改善が安定していることを示していな
いかもしれないが，より楽観的な見方をするためにはただひとつの仮説が必要と
され，その仮説は経験によって裏付けられる。つまり，心理ゲームをすることと
その人の脚本を通してすることは任意で，強い「成人」は満足のいく現実の経験
の方を好んで，これらを断念することができる。これは交流分析の行動的側面
だ。

　あと数日で彼女が提案した３カ月の試験期間が終わる頃，彼女はセラピスト

に次のようなことを書いた。「私は気分爽快です。私は何も薬を飲む必要がなく，もう1カ月も高血圧の錠剤を飲んでいません。先週私たちは，私の35歳の誕生日を祝いました。夫と私は子どもたちを置いて出かけました。湖水，そして木々も美しかった。あー，あれを絵に描ければいいのに。私たちは大きなネズミイルカを見ました。私が見たのは初めてで，それは眺めていても美しく，動きがとても優雅で……夫と私はとても仲良くやっています。昼も夜もとても違います。私たちはより親密になり，もっと思いやりがあり，私は私で居られます。それがほとんどの場合，私を困惑させたように思います。私は常に礼儀正しくなければならない，などだったから。彼は相変わらず口笛を吹きながら2階に来ます。それは何にも増して私に喜びをもたらしてくれます。私は，あなたが絵を描くことを提案してくださったことをとてもうれしく思っています。それだけでも私にどれほどのことをしてくれたか，あなたにはわからないでしょう。私は快方に向かっているし，近々絵の具を試すかもしれません。子どもたちはそれらがとても良いと思っていて，いくつかを展示することを提案しています。来月から私は水泳のレッスンを始めます。本当ですよ。これまでずっとできなかったことなのです。その時が近づくにつれ，少し怖くなってきましたが，私は習うって決めました。もし私が頭を水に入れることができたら，それだけでも私にとってはとても感動的です。私の庭はとてもきれいです。これもあなたが助けてくれたことのひとつです。いやはや，今ではすくなくとも週に2回，数時間ずつ庭に出ていますし，誰もそれに反対しません。私がこのような方が，みんなは好きらしいのです」

「私はこのように長々と話すつもりはなかったのですが，あなたに話すことがたくさんあったようです。私の水泳がどのように進歩するか，またお知らせします。サリーナズ在住の私たちみんなから愛をこめて」

この手紙でセラピストは2つのことを再確認した。

1. 患者の進歩は，彼女の血圧剤の投与が終了した後も持続した。

2. 患者の夫と子どもたちの改善は，心理療法が終了した後も持続した。

夫が今では髪を洗うことを付け加えるべきだろう。これまでのところで，この事例で最も悲観的と言えるのは，これが健康な家族生活への飛行を表すということだ。合法的に交流分析に求めることができる唯一の臨床的な要求は，一定の

時間と努力の投資に対して，他のどのような心理療法の手法によってもたらされた結果とも同等かそれ以上の結果をもたらすべきだということだ。エナトスキー夫人の場合，16回の個人面接と12回のグループセッションが行われた（原注：改善は1年後のフォローアップでも維持されていた）。

　これに関して，そして比較の目的で，幅広い経験[1]を持った思慮のある精神分析医の言葉が心に浮かぶ。「我々が征服したものは心因のわずかな一部に過ぎない。対立の表出や発育不全。我々は神経症の出どころは取り除かない。私たちはただ神経症の欲求不満を正当な補償に替える，より良い能力を達成することを助けるだけだ。特定の状況での精神的な調和への依存は免疫を達成不可能にする。フロイドの〈有期と無期の分析〉は限りないセラピーへの熱望を抱く我々に失望と安堵の両方をもたらした」

参考文献

1) Deutsch, H. "Psychoanalytic Therapy in The Light of Follow-up." *J. Amer. Psychoanal. Assoc.* VII：445-458, 1959.

訳者あとがき

　2018年夏，日本在住の丸茂ひろみとシンガポール在住の三浦理恵の訳者ふたりは，それまで3年がかりで格闘していたエリック・バーンの最後の著書『エリック・バーン 人生脚本のすべて』（"What Do You Say After You Say Hello?"）の翻訳を監訳の江花昭一先生のお力を借りながら何とか終了し，あとは校正などの最後の仕上げをするところまで辿り着いていました。

　その矢先，繁田先生から「そろそろ今訳している本も終わりでしょ。次にバーンの最初の著書 "Transactional Analysis In Psychotherapy" を訳す手伝いをしてくださらない？」というお話が舞い込んできたのです。以前から先生はこのバーンの最初の著書を，どうしても日本の交流分析社会に紹介したいと伺っていましたし，その任を私たちに託してくださることはなんとも光栄なことではありました。

　その年の秋に，改めて繁田先生からこの本に寄せる先生の並々ならぬ思いのたけを丸茂が伺い，「なんとしてもお受けするべき仕事なのでは……」という思いに駆られ（先生は『説得の魔術師』の異名を持っていらっしゃることをご存知ですか？　丸茂はすっかりその術にハマってしまった感があります！），12月シンガポールで訳者ふたりは「私たちには再度バーン先生の深甚な英語に立ち向かう体力・気力があるだろうか」云々，長時間にわたり話し合いました。その結果，これは交流分析を学ぶすべての人が一度は読むべき本だという思いを強くし，日本語版を作るべく，繁田先生との3人プロジェクトが始まりました。

　先生がまえがきに書いていらっしゃるように，この本はバーンが「交流分析」の理論，実践技法を世に問う最初の書として書かれたもの。自我状

態，やり取り分析，ゲーム分析，脚本分析の理論の構築過程が明解に，そして思いのこもった文章で書かれています。特にすべての基礎となる構造分析が治療グループにおける患者さんとのやり取り，観察からどのように生まれたかが症例とともに紹介されている部分は，訳すのも楽しく，「うん，うん，そうだ！」と思わずひとりで頷いてしまうこともありました。そして，交流分析を学ぶ人々にとってこの理論，技法を理解し，実践する上で，一度はじっくりと読むべき書であることを再確認する作業となりました。これだけ大切な交流分析の書にもかかわらず，これまで日本語版がなかったことが不思議でさえあります。

　プロジェクト作業も後半に入った 2020 年 1 〜 2 月。"謎の新型肺炎" として始まった新型コロナウイルスがあっという間に世界中を未曾有の事態に巻き込み，現在も出口は見えません。これまで当たり前だった日常を奪われた私たちは，学校，職場，家族，友人関係などあらゆることを見直さなければならず，不安と恐怖におののき，そのため心身を病む人々が急増する事態となっています。皆様ご存じの通り，バーン自身も述べているように，交流分析は心理臨床家のみならず，援助職，医師，看護師，教職員，聖職者，企業人，政治家，法務関係者，コンサルタントなどあらゆる領域で活用できる理論であり，技法です。そして今日では実際に，アメリカ，アジア，ヨーロッパ，アフリカを含む世界各国の医療，教育，企業などの分野でその理論が活用されています。こういう状況下で私たちは一日も早くあらゆる分野で交流分析を学ぶ日本の方々にこの本をお届けしたいという思いで，作業を進めてまいりました。

　そして，やっと本書『エリック・バーン　心理療法としての交流分析：その基本理論の誕生と発展』を仕上げることができました。

　このプロジェクトを遂行するプロセスで，常に暖かい笑顔とウィットで，私たちの心と頭を柔らかくしてくださり，それ以上に「困った時のお知恵袋」役を完璧に果たしてくださった繁田先生には，この貴重な機会を

与えてくださったことを，改めて感謝申し上げたいと思います。また，本書で使われている精神医学用語や精神分析用語に関して，ご教示やご協力を頂きました瀬尾裕香先生，川口典子先生に心からのお礼を申し上げます。 そして，この著書の日本語版を作りたいと相談させていただいたときから一貫して「これがエリック・バーンの最初の著書なら，出版しない訳にはいかないでしょう」と，私たちを励まし，見守ってくださった星和書店の石澤社長と，常に穏やかにして的確なアドバイスや指示をくださった編集の近藤さんに感謝とお礼を申し上げます。

　コロナ禍の今，本書がみなさまの交流分析の理解と実践の深化に役立つことを切に願いつつ，本書をみなさまにお届けいたします。そして，交流分析の実務家として私たちも皆様と共に学び，交流分析の発展に微力ながら寄与していきたいと願っています。

2021 年 2 月
丸茂　ひろみ
三浦　理恵

索　引

〈患者名〉

●監訳者紹介

繁田千恵（しげた　ちえ）

臨床心理士。立正大学大学院文学研究科博士課程修了　博士（文学）。国際交流分析協会教授会員 TSTA（P），NPO 法人セスク　カウンセラー，NPO 法人カウンセリング教育サポートセンター理事，TA 心理研究所所長。

著者に『日本における交流分析の発展と実践』博士論文（風間書房），『良い人間関係を作る本』（中経出版），『子育てに活かす交流分析』（共著，風間書房），訳書に『交流分析による人格適応論』（共訳，誠信書房），『交流分析の理論と実践技法』（監訳，風間書房），『発展的 TA のためのドンキーブリッジ』（監訳，風間書房），『世界で一番暖かい贈り物』（監訳，カウンセリング教育サポートセンター）がある。

●訳者紹介

丸茂ひろみ（まるも　ひろみ）

臨床心理士。立教大学文学部心理学科，カルフォルニア州立大学マスコミ学部を卒業後，大手広告代理店の本社および米国支社に長年勤務。その後，駒澤大学大学院人文科学研究科心理学専攻修士課程を修了。現在はあおばメンタルクリニックに勤務。

訳書に『交流分析の理論と実践技法』（共訳，風間書房），『エリック・バーン　人生脚本のすべて』（共訳，星和書店）がある。

三浦理恵（みうら　りえ）

米国認定社会福祉士。上智大学比較文化学部，米国コロンビア大学社会福祉大学院卒業。国際交流分析協会正会員。発達的交流分析協会（IDTA）運営委員。JAMSNET-asia メンバー。長く海外にて邦人の心理援助に携わる。現在は SACAC Counselling に勤務。

訳書に『エリック・バーン　人生脚本のすべて』（共訳，星和書店）がある。また国際 TA 研究実践ジャーナル（IJTARP　オンライン）概要を翻訳。

● 著者紹介

エリック・バーン（Eric Berne）

1910 年　カナダ・ケベック州モントリオールで生まれる。両親はポーランド系ユダヤ人
1931 年　McGill 大学医学部卒業
1935 年　アメリカに移住 市民権を得る
1936 年　エール大学医学部精神医学・精神衛生学部入学。2 年間を過ごす
1941 年　精神分析医を目指し，ポール・フェダーンの教育分析開始
1943 年　陸軍軍医として召集
1946 年　除隊。カリフォルニア州カーメルに移住
1947－49 年　エリク・エリクソンから教育分析を受ける
1956 年　精神分析医の資格申請が却下
1957 年　*Transactional Analysis: A New and Effective Method of Group Therapy*（交流分析：集団療法における新しい効果的手法）発表
1958 年　上記論文が集団精神療法の学会誌に発表され，交流分析がひとつの精神療法としてアメリカ精神医学界に認められた。サンフランシスコ社会精神医学セミナーが誕生
1964 年　国際 TA 協会が発足
1970 年 7 月 15 日　心臓発作にて死亡
（著作は「監訳者まえがき」を参照）

エリック・バーン 心理療法としての交流分析

2021 年 3 月 16 日　初版第 1 刷発行

著　　　者　エリック・バーン
監 訳 者　繁 田 千 恵
訳　　　者　丸茂ひろみ　　三 浦 理 恵
発 行 者　石 澤 雄 司
発 行 所　株式会社星 和 書 店
　　　　　〒 168-0074　東京都杉並区上高井戸 1-2-5
　　　　　電話　03（3329）0031（営業部）／03（3329）0033（編集部）
　　　　　FAX　03（5374）7186（営業部）／03（5374）7185（編集部）
　　　　　http://www.seiwa-pb.co.jp
印刷・製本　株式会社光邦

Printed in Japan　　　　　　　　　　　　　　ISBN978-4-7911-1075-9

エリック・バーン
人生脚本のすべて

人の運命の心理学 ——
「こんにちは」の後に，あなたは何と言いますか？

〈 著 〉エリック・バーン
〈監訳〉江花昭一
〈 訳 〉丸茂ひろみ，三浦理恵

A5判　552p　定価：本体3,600円＋税

体系的で実践的な心理学，心理療
法である交流分析（TA）の創始
者エリック・バーン（Eric Berne,
1910-1970）最晩年の作品がつ
いに本邦初訳。交流分析の根底に
流れる「人生脚本」理論を深く知り，
関係性交流分析として発展してい
る現代の交流分析を正しく理解するための歴史的重要作。

人生脚本の性質とその発展の過程，患者の脚本の活動的要素を素早
く探すための「脚本チェックリスト」など，初学者や交流分析を実践
する専門家にとっても新鮮で興味深い内容が満載。また，精神論や
哲学的立場などの反論に応えて脚本理論の有効性を強化する試みも
あり，交流分析への理解をさらに深めることができる。

監訳は日本交流分析学会・江花昭一理事長。原書の刊行から半世紀
を経た今も，バーンが提唱した「精神分析の発展としての交流分析」
はいささかも色あせていない。

発行：星和書店　http://www.seiwa-pb.co.jp